美國總統趣譚

朱建民 著

臺灣商務印書館 發行

自序

　　寫完《美國總統繽紛錄》後，即着手寫本書。二書雖同爲有
關美國總統的著作，而體裁各異：前書以人爲經，考其生平，貴
在記述；本書以事爲經，取其意趣，重在排比：兩相參照，互爲
增益。

　　本書寫作過程中，依然爲視力及氣喘所苦，時作時輟，謬誤
之處深望讀者有以教之。

　　　　　　　　　　　　　　　　　朱建民　1998 年 4 月

美國總統趣譚
目　次

自序 …………………………………………………………………… i

一、綽號 ……………………………………………………… 1

二、事有終始 ……………………………………………… 33

三、唯一 ……………………………………………………… 109

四、無以復加 ……………………………………………… 159

五、軼事 ……………………………………………………… 199

六、數字遊戲 ……………………………………………… 289

主要參考書目 …………………………………………… 321

附錄一　美國歷任總統 ……………………………… 323
　　二　美國少數總統得票數 ……………………… 327
　　三　美國總統奇特事蹟 ……………………………… 328

一

緽　號

喬治・華盛頓

1. 「摩西第二」(a " Second Moses")：摩西，根據《舊約》所載，爲希伯來的先知，曾率領族人逃出埃及，脫離困境，以達迦南(Canaan)───上帝答應給亞伯拉罕(Abraham)及其後裔的地方；引伸其義，以喻華盛頓爲一偉大領袖，領導人民贏得獨立，制定憲法，創建國家。

2. 「美國的羅姆拉斯」(the " American Romulus")：羅姆拉斯，傳說中古羅馬的建國者及第一任君主，以喻華盛頓爲美國的開國元勳及第一任總統。

3. 「偉大的美國費比亞斯」(the " Great American Fabius")：費比亞斯，西元前 3 世紀羅馬大將，不直接決戰而以持久戰困迦太基大將漢尼拔而勝之。華盛頓應用緩兵拖延的類似戰略擊敗英軍，故有此稱。

4. 「國父」，「我們國家之父」(the " Father of our Country")：謂建國時有大功而爲人民所愛戴也。此爲華盛頓最常見的尊稱。國，指美國而言。

5. 「國之繼父」，「他的國家的繼父」(the " Stepfather of His Country")：1792 年大選，在聯邦黨與民主共和黨的競爭漸趨白熱化時，即華盛頓亦難免波及。在黨派交惡下華盛頓遂由「國父」降爲「國之繼父」，成爲「美國的凱撒」(the " American Caesar")。其實華盛頓並未做過父親；他收養了妻子與前夫所生的兩名子女，而自己卻無所出。

6.「人中龍」(the "First of Men")：當選總統及再度候選時，如此被稱讚。

美國總統趣譚

約翰・亞當斯

1.「革命的建築師」(the "Architect of the Revolution")。

2.「獨立的擎天柱」(the "Atlas of Independence")：在大陸會議提名任命華盛頓爲大陸軍總司令，贊成13州宣布獨立，參與〈獨立宣言〉起草，領導辯論通過宣言。

3.「誠實老約翰・亞當斯」("Honest Old John Adams")：1788年與華盛頓搭檔候選副總統時所稱。

4.「老爹副總」("Daddy Vice")：當選副總統後自稱。"Vice"爲"Vice President"的省略。

5.「胖嘟嘟閣下」("His Rotundity")及「圓團團閣下」("His Roundness")：任副總統時，國會議員私下對他的稱呼，謂其矮而胖也。他身高5呎6吋，體重250磅。

6.「多餘閣下」("His Superfluous Excellency")：反對者詛罵的稱呼。亞當斯雖爲副總統，卻不得人望，且副總統除兼參議院議長、主持參議院會議外，別無其他職權，似屬多餘之物。華盛頓政府中受重視的人物，爲財政部長亞歷山大・漢彌頓(Alexander Hamilton)及國務卿湯瑪斯・哲斐遜。

7.「漂亮的強尼」("Bonny Johnny")：譏其英國虛飾。亞當斯曾任駐英公使，喜愛英國的繁文縟節。Johnny爲其名John的俗稱。

8.「三票總統」("President by Three Votes")：譏其1796年大選以較哲斐遜多出三張選舉人票當選總統也。其時選舉人選舉總統及副總統，尚未分別投票，而以得票最多而過半數者爲總統，次多者爲副總統。

9. 「美國海軍之父」(the "Father of the American Navy")：
美國海軍第一艘軍艦合衆國號(*United States*) 1797 年 5 月在其任
總統時下水，海軍部 1798 年 5 月在其任內分離陸軍部而獨立。

湯瑪斯・哲斐遜

1. 「革命鬥士」("Champion of the Revolution")。

2. 「〔民主〕共和黨的摩西」("Moses of the 〔Democratic〕
Republicans")：〔民主〕共和黨的創始人之一並擔任黨魁。

3. 「美國暴民的羅伯斯比」("Robespierre of the American
Mob")：羅伯斯比爲法國大革命期間過激黨領袖，處死路易十
六，實行恐怖政策。哲斐遜曾任駐法公使，比較親法，當法國大
革命趨於極端時，聯邦黨以此稱哲斐遜，或乾脆稱之爲過激黨
(Jacobin)。

4. 「民主巨擘」(the "Mammoth of Democracy")：謂其服膺
民主政治，堅信個人權利與自由。

5. 「蒙地舍廬的賢人」(the "Sage of Monticello")：指其多
才多藝也。蒙地舍廬爲其隱居地。

6. 「紅狐狸」(the "Red Fox")：哲斐遜淡紅色頭髮，閃閃
有光，隨年齡增長變成淺茶色。1804 年大選競選連任時，其本黨
（民主共和黨）如此稱之。

7. 「維吉尼亞大學之父」(the "Father of the University of Vir-
ginia")：維吉尼亞大學爲他所創辦並擔任首任校長。

詹姆斯・麥迪遜

1. 「憲法之父」(the "Father of the Constitution")：憲法之

制定、通過、批准，盡力最多。

2. 「小吉米」(" Little Jemmy"）：吉米，詹姆斯(James)的暱稱；小，麥迪遜身高 5 呎 4 吋，體重 100 磅，美國最矮、最輕的總統。

3. 哲斐遜的「皇太子」(" Jefferson's crown prince"）：哲斐遜的忠實信徒，任其國務卿，得其提攜而當選總統，1808 年競選時，聯邦黨以此損之。

4. 「宮廷小丈夫」(the " Little Man in the Palace"）：1812 年競選連任時，聯邦黨以此藐視之。

詹姆斯・孟羅

1. 維吉尼亞朝代的「王儲」(" Heir Apparent"）：哲斐遜的學生、麥迪遜的國務卿，與哲斐遜、麥迪遜同屬聯邦黨所稱的維吉尼亞朝代(the Virginia Dynasty)。1816 年大選時，如此被稱。

2. 「小詹姆斯」(" James the Lesser"）：名詹姆斯，又繼詹姆斯・麥迪遜競選總統，聯邦黨以此藐視之。

3. 「大人物」(" Old Sachem"）：1816 年大選時，有此稱呼。

4. 「革命先賢最後一人」(the " Last of the Fathers"）：意謂革命戰爭時代最後一位任總統之人。

約翰・昆西・亞當斯

1. 「新英格蘭獨立派」(" New England Independent"）：出生麻薩諸塞州，屬新英格蘭。1824 年以無黨籍競選總統，故名。

2. 「清教徒」(" the Puritan"）：意謂道德與宗教生活嚴謹的人，1828 年大選時，擁護者以此稱之。

3.「約翰二世」（"John the Second"）：父子二人均名約翰。約翰・昆西・亞當斯當選總統後，雖工作勤勞，卻不得人心。民主黨譏諷他「儼若國王」的虛飾，說他行事如君主，故以此損之。

4.「雄辯老人」（"Old Man Eloquent"）：總統退職後，選入聯邦眾議院，爲廢除「言論箝制規則」(the "gag rule")，經 8 年不斷奮鬥，獲得成功，因而贏得此綽號（其時年 77）。

安德魯・傑克遜

1.「軍頭」（"Military Chieftain"）：1824 年大選，其競爭對手亨利・克雷(Henry Clay)詆毀之辭。傑克遜早年從軍，先後參加革命戰爭、1812 年戰爭、及塞美奴戰爭(the Seminole War)，立下汗馬功勞。惟"Chieftain"一字並無恭維之意。

2.「老英雄」（"Old Hero"）、「老安迪」（"Old Andy"）：Andy，Andrew 的暱稱。

3.「紐奧爾良英雄」(the "Hero of New Orleans")：1815 年 1 月 8 日紐奧爾良之戰大敗英軍，成爲舉國聞名的英雄。

4.「田納西農民」(the "Farmer of Tennessee")：1828 年大選時的稱呼。傑克遜的政治生涯雖始於田納西，並在田納西有過一番事業，但非農民。

5.「姦夫」（"Adulterer"）：指其妻子的離婚尚未確定，即與之結婚。

6.「兇手」（"Murderer"）：指其好勇鬥狠，常致人於死。

7.「老胡桃木」（"Old Hickory"）：1828 及 1832 年大選時的稱呼，言其堅韌不撓也。

8.「人民的總統」(the "People's President")：傑克遜具有領袖魅力，深受民眾愛戴，鄉村小農、城市工人、退伍老兵、邊區居民視爲「他們自己的總統」（"their own President"）。

9. 「安德魯王一世」（"King Andrew the First"）及「傑克遜王」（"King Jackson"）：1832 年大選，爲競爭對手亨利・克雷及其他批評者所稱，指他治理國家行事如君主而非總統。

馬丁・范布倫

1. 「嫩胡桃木」（"Young Hickory"）：對傑克遜而言，爲傑克遜一手提拔之人，傑克遜既稱「老胡桃木」，范布倫遂爲「嫩胡桃木」。1836 年大選，其所屬民主黨以此稱之。

2. 「小大人物」（the "Little Big Man"）：身高 5 呎 6 吋而有大志，一名老練的政客，持其強大的政治機關──奧爾班尼執政團(the Albany Regency)──當選紐約州長，協助傑克遜當選總統。傑克遜就職後，辭去州長而任國務卿。伊頓事件後，出使英國，旋與傑克遜搭檔，當選副總統。四年後，經傑克遜親自挑選競選總統。其所以扶搖直上，全賴玩弄政治手腕，批評者稱他爲「卑鄙的政客」（the "bastard politician"）。

3. 「老京德胡克」（"Old Kinderhook"）、「京德胡克魔術師」（the "Magician from Kinderhook"）、「小魔術師」(the "Little Magician"）或「京德胡克紅狐狸」(the "Red Fox of Kinderhook"）：京德胡克，其出生地；魔術師，稱其政治才能；狐狸，言其狡猾；沙色頭髮，故曰紅。

4. 「馬丁王一世」（"King Martin the First"）：1836 年大選競選時，政敵以此稱之。馬丁，他的名字。1840 年大選競選連任時，輝格黨稱之爲「馬迪王」（"King Matty"）。馬迪，馬丁的暱稱。或更諷刺之爲「馬丁・范毀損」（"Martin Van Ruin"）──Ruin 與其姓布倫諧音。

威廉‧H‧哈利生

1. 「提帕卡努英雄」(the "Hero of Tippecanoe")或「提帕卡努之戰的英雄」(the "Hero of the Battle of Tippecanoe"):提帕卡努,印第安納州一河名,1811 年哈利生大敗蕭尼印第安人(Shawnee Indians)於此,1836 年大選輝格黨以此稱讚之。

2. 「老橡樹」("Old Buckeye"):言其堅硬耐久也,並稱其與俄亥俄州關係的悠久。橡樹為俄亥俄的州樹——俄亥俄別名橡樹州(Buckeye State)。哈利生先後任俄亥俄州聯邦眾議員及俄亥俄州聯邦參議員。

1840 年大選,輝格黨將其總統候選人哈利生比之 1828 及 1832 年大選民主黨總統候選人傑克遜,稱之為「提帕卡努英雄」及「老橡樹」。

3. 反之,1840 年大選支持范布倫的人,則批評哈利生為「沈默將軍」("General Mum"),謂其對許多重大問題默無一言;或「老婆婆哈利生,娘娘腔將軍」("Granny Harrison, the Petticoat General"),謂其並不如輝格黨所說那樣英雄人物也。

約翰‧泰祿

1. 「意外閣下」("His Accidency")或「意外之意外」(the "Accident of an Accidint"):謂其 1841 年繼任總統,意外得之。約翰‧昆西‧亞當斯損他的綽號。

2. 「無政黨的總統」("a President without a party"):因違背本黨黨綱否決合眾國銀行案,致內閣總辭,而獲得此一稱謂。

3. 「叛徒泰祿」("Traitor Tyler"):內戰期間背叛聯邦,投靠邦聯,並當選邦聯國會眾議員。

詹姆斯・K.・波克

1.「小胡桃木」（"Little Hickory"）：有「老胡桃木」（傑克遜）、「嫩胡桃木」（范布倫），而今又有「小胡桃木」，一脈相傳，一同支持傑克遜。1844 年大選，民主黨以此稱之，但爲提升其形象，亦稱之爲「嫩胡桃木」。

2.「黑馬」波克（"Dark Horse" Polk）：1844 年大選，民主黨全國代表大會第 9 次投票，始獲提名，成爲美國政治史上第一匹黑馬總統候選人。

3.「沈默的候選人」(the "Mum Candidate")：1844 年大選，不事競選旅行，未作競選演說，只發表一封信，輝格黨以此稱之。

4.「辛苦工作的波克」（"Polk the Plodder"）：任職期間孜孜不息，完成自己所設定的政策目標，其中尤以解決俄勒岡疆界糾紛及指導墨西哥戰爭影響最爲重大。拒絕連任，退休三個月後，以 53 歲的壯年溘然而逝，實際上他是工作過勞累死的，歷史學家譽爲「最偉大的一任總統」（"the greatest one-term President"）。

撒迦利・泰勒

1.「老撒」（"Old Zach"）：Zach 爲其名撒迦利(Zachary)的省字，暱稱之也。40 年軍旅生涯，1848 年競選總統時，年 64，以當時標準，夠「老」了。

2.「老粗而管用」（"Old Rough and Ready"）：原爲軍中袍澤對他的稱呼（打仗時穿著鬆垮垮的褲子，戴著扁塌塌的帽子，一副邋遢的樣子，卻歷經 1812 年戰爭、黑鷹戰爭、塞美奴戰爭、墨西哥戰爭，屢建奇功）。1848 年大選，輝格黨借用，以示親切

之意。

　　3. 「獨裁武夫」（"Military Autocrat"）：比之拿破崙，民主
黨詆毀之辭。

佛蘭克林・皮爾斯

　　1. 「美男子佛蘭克」（"Handsome Frank"）：讚其容貌姣
好。佛蘭克為其名佛蘭克林(Frankline)的省寫。

　　2. 「昏厥將軍」(the "Fainting General")：1852 年大選，輝
格黨指其在墨西哥戰爭中臨陣昏厥，實則馬失前蹄，致他跌下受
傷。

詹姆斯・布坎南

　　1. 「老光棍」（"Old Buck"）：言其終生未娶也。"Buck"
亦與其姓諧音。

　　2. 「惠特蘭賢人」(the "Sage of Wheatland")：惠特蘭為在
賓州蘭卡斯特(Lancaster)所購住宅之名。

　　3. 「老頑固」（"Old Fogy"）：1856 年大選時，共和黨以此
稱之，時年 65，可以稱老了。

亞伯拉罕・林肯

　　1. 「誠實的老亞伯」（"Old Honest Abe"）、「誠實的亞伯」
（"Honest Abe"）、或乾脆「老亞伯」（"Old Abe"）、「亞伯大
叔」（"Uncle Abe"）：林肯不矯揉造作，是個說老實話的人；亞
伯，他的名字亞伯拉罕的略稱。

　　2. 「劈柵欄的人」(the "Rail Splitter")：林肯生長在貧窮之

家，早年在邊區從事劈柵欄工作，是一名熟練的劈柵欄的工人。1860 年大選，民主黨高呼「我們要一位政治家而非劈柵欄的人當總統」，共和黨則報之以「能劈柵欄的人就能導航國家的巨輪」。

3. 「西方的漢尼拔」（"Hannibal of the West"）：漢尼拔迦太基名將，取道西班牙、越過阿爾卑斯山，侵入義大利，大破羅馬軍於坎泥(Cannae)。比之漢尼拔者，言其出奇制勝。西方，指西半球。

4. 「小巨人殺手」（"Little Giant Killer"）：指 1858 年期中選舉，與現任史蒂芬·道格拉斯(Stephen Douglas)競爭伊利諾州聯邦參議員席位，雖未獲勝，而辯論之精采全國聞名，終於 1860 年擊敗道格拉斯，贏得大選。道格拉斯短小精幹（身高 5 呎），歷任伊利諾州聯邦參議員，有「小巨人」(the "Little Giant")或「矮子王」（"Squatter King"）之稱。

5. 「大狒狒」（"Big Baboon"）：1860 年大選，反對黨詆毀之辭。林肯身高 6 呎 4 吋，道格拉斯 5 呎；林肯長相難看，道格拉斯漂亮，相比難免有些怪異。

6. 「偉大的解放者」(the "Great Emancipator")：指其 1863 年 1 月 1 日發布奴隸解放令。

7. 1864 年大選，反對者稱之為「林肯完結篇」（"Lincoln the Last"）、「伊利諾州的醜八怪」(the "Illinois Ape")、「暴君」(the "Tyrant")，及「滑稽大王」（"Prince of Jesters"）：醜八怪，指其相貌不揚。暴君，指其強而有力領導政府，遂行戰爭。滑稽，林肯言辭詼諧，是入主白宮第一位富有幽默感的人。

安德魯·約翰生

1. 「匠人州長」(the "Mechanic Governor")：任田納西州長

時的稱謂。約翰生本人是匠人（成衣匠），喜歡與匠人交談，他嘗說人類始祖亞當是成衣匠，聖母瑪利亞的丈夫約瑟是木匠。

2.「土頭土腦的成衣匠」(a "Boorish Tailor")：約翰生是美國唯一成衣匠出身的總統，從政後在去華府擔任聯邦衆議員以前，仍繼續爲自己縫製衣服。1864 年與林肯搭檔競選，民主黨報紙指爲「一個劈柵欄的滑稽丑角和一名土頭土腦的成衣匠」。

3.「安德魯・約翰生賣國賊」("Andrew Johnson Traitor")：任聯邦參議員時，強力支持聯邦，反對分離運動，南方分離分子斥之爲賣國賊，他的生命及家人的安全受到威脅。

尤里西斯・S.・格蘭特

1.「無條件投降格蘭特」("Unconditional Surrender Grant")：事緣 1862 年 2 月格蘭特攻占田納西多納爾遜堡(Fort Donelson)，爲內戰中聯邦軍隊第一個重大勝利，格蘭特全國聞名，升中將。此役他給邦聯西蒙・B.・巴克納將軍(Gen. Simon B. Buckner)的最後通牒，「除無條件立即投降外，不接受任何條件。」("No terms except an unconditional and immediate surrender can be accepted.")由是獲得此一諢名。Unconditional Surrender Grant 三字的首字母與其姓名的首字母同爲 USG。

2.「阿波麥托克斯風雲人物」("Man of Appomatox")或「阿波麥托克斯英雄」("Hero of Appomatox")：1865 年 4 月 9 日格蘭特在阿波麥托克斯鎮（維吉尼亞中部）接受邦聯軍總司令羅伯・E.・李將軍(Gen. Robert E. Lee)投降，結束 4 年內戰，因而贏得此一綽號。

3.「迦利納的製革匠」(the "Tanner of Galena")：1868 年大選，格蘭特競選總統，共和黨如此作宣傳，言其出身寒微也。迦利納，伊利諾州西北部一地名，格蘭特的家居處。格蘭特的父親為一製革匠，擁有製革廠及皮革店。格蘭特小時雖做過各種雜工，但盡可能避免在其父的製革廠工作，因為血跡斑斑的獸皮令他作嘔。他未必真是製革匠，共和黨不僅如此宣傳，且假造一個小製革廠，格蘭特穿著黑皮圍裙裝模作樣。

4. 「醉鬼」(the "Drunkard")、「屠夫」(the "Butcher")：前者指參加墨西哥戰爭後，回國派至各哨所服役期間（1848-54年），據稱他時常酗酒；後者指內戰期間戰場上殺戮過多。

5. 「啞巴候選人」(the "Dummy Candidate")：1868 年大選，他留在迦利納家中，不作競選旅行，不發表競選演說，而讓他人代為競選，反對黨以是諷刺之。

6. 1872 年大選共和黨暱稱之「山姆大叔」("Uncle Sam")：由其名 Ulysses Simpson 轉借而來──Ulysses Simpson 縮寫為 U.S.，U.S.又為 Uncle Sam（山姆大叔）的縮寫。

7. 「軍人之友」(the "Soldier's Friend")：職業軍人稱頌之辭。

8. 「無敵尤里西斯」("Ulysses the Invincible")：言其每戰必勝也。尤里西斯，他的名字。

9. 「無用的格蘭特」("Useless Grant")：Useless 與其名 Ulysses 諧音。言其就任總統後，既不勝任，又弊端充斥，著名歷史學家亨利‧亞當斯（Henry Adams，約翰‧昆西‧亞當斯的孫子）評論說：「偉大軍人可能是娃娃政客。」("A great soldier might be a baby politician.")

10. 其他諷刺的綽號，尚有「獨夫」("Dictator")、「暴君」("Caesar")、「流蕩漢」("Loafer")、「騙子」("Swindler")、「無知無識的人」("Ignoramus")。

拉塞福・B.・海斯

1. 「勇敢的拉塞福」("Brave Rutherford")：拉塞福，海斯的名字。內戰期間從軍參戰，幾次受傷，表現英勇。

2. 「偉大的無名氏」(the "Great Unknown")：1876 年共和黨全國代表大會，三派相持不下，海斯以黑馬被提名，歷史學家亨利・亞當斯指其為「三流無足輕重之人(a third-rate nonentity)，其唯一可取之處為無人討厭他」。按 the "Great Unknown" 原為對蘇格蘭小說家華爾德・司考特(Sir Walter Scott)的尊稱。司考特 1814 年出版其小說集 *Waverley Novels* 時，匿其真實姓名，出版者以此稱之為偉大的無名作家。1876 年大選，反對黨藉以稱海斯，意為真正無名之輩，非讚美也。

3. 「騙子閣下」("His Fraudulency")：1876 年大選，因為一部分選舉人票發生爭議，影響選舉結果，國會設立選舉委員會，由參眾兩院及最高法院各推舉 5 人組織之。委員會將所有有爭議的選舉人票判給海斯，海斯遂得以 185 對 184 票當選。選民票超過半數、選舉人票原亦多於海斯（184 張對 166）的民主黨總統候選人反而輸掉大選，民主黨大譁，指為「大騙局」("the Great Fraud")，稱海斯為「騙子」(the "Fraud")或「拉塞騙子・B・海斯」("Ruther*fraud* B. Hayes")，甚或說他是「篡奪的人」("the Usurper")。

詹姆斯・A.・賈飛德

1. 「船夫吉姆」("Boatman Jim")、「我們的船夫」("Our Boatman")：吉姆，詹姆斯的暱稱。賈飛德少時家貧，曾在運河駕小船為生。

2.「運河少年郎總統」(the "Canal Boy President"）：賈飛德早年想當海員，未成。年 16，在來往克利夫蘭與匹茲堡的運河輪船謀得一份工作，未幾因病離去。後從母命繼續學業，一帆風順，當了總統。

3.「農人賈飛德」("Farmer Garfield"）、「俄亥俄的莊稼漢」(the "Plowman of Ohio"）：俄亥俄，其本籍地。

4.「橡樹男子」(the "Buckeye Boy"），意爲俄亥俄州寵兒。橡樹，俄亥俄的州樹；俄亥俄譯名橡樹州。

5.「聽用」(the "Available Man"）：指 1880 年共和黨全國代表大會，主流派(the Stalwarts)與折衷派(the Half-Breeds)相持不下，至第 36 次投票，賈飛德突然扶搖直上，越過其他更合格的人選，被徵召候選。非讚揚之辭。

契斯特‧A.‧亞瑟

1.「政治駑材」("A political hack"）：謂才能拙劣，不足以當大任。亞瑟當選副總統以前，從未擔任過選舉產生的職位，普遍認爲最不適於當總統的人，但事實上當了總統，表現卻遠在他所繼任的賈飛德之上。

2.「分贓人的分贓人」("Spoilsman's spoilsman"）：謂爲政黨分肥制的產物而又推行分肥制也。格蘭特任命他擔任紐約港海關稅務司肥缺，以酬勞他助選有功。在職期間向所屬攤派政治獻金，肆行無忌，爲海斯免職。當了總統卻銳意改革吏制，簽署並執行彭德頓法(the Pendleton Act)，前後判若兩人。

3.「好客鉅子」(the "Prince of hospitality"）：謂亞瑟因款待賓客受到華府社交界稱讚。遷入之前，先將白宮整修一番；定居之後，宴請賓客美酒佳肴，悅耳的音樂，華麗的服裝，優雅的態度，和藹的舉止，使白宮成爲生氣勃勃的場所，與海斯、賈飛德時代的暮氣沈沈景象大相逕庭。

格羅佛‧克利夫蘭

1. 「好人格羅佛」（"Grover the Good"）：公私均極端誠實，1884 年大選期間，即使報端揭發他曾與寡婦有染、生有一子的醜聞，他也告訴他的助選人員說實話。格羅佛，他的名字。

2. 「布法羅的畜生」（the "Beast of Buffalo"）：據傳他因為打太太，故有此綽號，但他 1886 年才結婚，而 1884 年大選政敵已以此稱之。布法羅，他的發跡地。

3. 「否決市長」（the "Veto Mayor"）：任布法羅市長時，曾多次否決市議會所提不誠實的撥款法案，因而有「否決市長」之稱，亦稱為「頑固先生」（"His Obstinacy"）。

4. 「永久候選人」（the "Perpetual Candidate"）或「老永久」（"Old Perpetual"）、「老格羅佛」（"Old Grover"）：言其 1884、1888 及 1892 年一而再、再而三候選也。

5. 「英吉利候選人」（the "English Candidate"）：1888 年競選期間，共和黨曾寫信問英國駐美公使有關即將舉行的大選的意見，英國公使回答說，對英國而言，克利夫蘭顯然是比較好的候選人。這封信公開後，克利夫蘭立即成為英吉利候選人，這是自尊的愛爾蘭人所不能支持的。這封信害了克利夫蘭，失掉他的本州（紐約），也失掉大選。

6. 「否決總統」（the "Veto President"）：在其第一任 4 年期間共行使過 414 次否決權，超過從華盛頓到亞瑟 21 位前任總統行使的總和二倍而有餘。其第二任 4 年亦有 170 次。稱為「否決總統」，猶勝於「否決市長」。

本嘉明・哈利生

1. 「軍人之友」(the "Soldier's Friend"）：內戰期間服役，官至准將，但不喜歡軍旅生涯。長久以來維護同輩退位軍人的權益，任總統後簽署親屬及殘廢年金法(the Dependent and Disability Pensions Act)，使賠償範圍擴及非由軍事原因而殘廢的退位軍人及其親屬，因而獲得此稱。

2. 「小木屋候選人」(the "Log Cabin Candidate"）：1888 年大選共和黨的推銷手法：劈開圓木繪上哈利生的肖像，以示他與第 9 任總統威廉・亨利・哈利生一脈相傳，能夠繼承乃祖的事業，其 1840 年小木屋／蘋果酒競選策略(log cabin-hard cider campaign)贏得總統寶座，非謂他出生小木屋也。

3. 「人類冰山」(the "Human Iceberg"）：謂其沈著冷靜，嚴守禮節，拘泥形式，遇事泰然自若，漠不關心。1892 年大選競選連任期間，反對黨稱之爲「白宮的冰庫」(the "White House Ice Chest"）。

4. 「小本」("Little Ben"）、「大椅子上的小人物」("A little man in a big chair"）：Ben，Benjamin（本嘉明）的暱稱，身高 5 呎 6 吋，爲美國個子矮的總統之一。大椅子，總統的寶座。1892 年大選期間民主黨不斷以此嘲弄之。

威廉・麥金利

1. 「保護政策的拿破崙」(the "Napoleon of Protection"）：任衆議院歲入委員會主席期間，以推動 1890 年麥金利關稅法(the McKinley Tariff Act)建立破紀錄的高保護關稅而著稱。稱拿破崙者，謂當世無雙也，如 19 世紀後半葉英國政治家威廉・E・格萊斯頓(William E. Gladstone)雄辯滔滔，稱爲雄辯拿破崙(the Napoleon of Oratory)。

2. 「繁榮的先驅」(the "Advance Agent of Prosperity")：謂麥金利當選帶來繁榮也。1896 年共和黨以「麥金利與豐盛餐盒」("McKinley and the Full Dinner Pail")爲競選口號。就職後，經濟復甦，帶來繁榮。農業豐收，工業增產，海外市場增加，工人忙於加班，餐盒豐盛矣。1900 年乃以「餐盒豐盛再四年」("Four More Years of the Full Dinner Pail")爲口號，當選連任。

3. 「無定見的威立」("Wobby Willie")、「騎牆派的鉅子」(the "Prince of Straddlers")：批評者謂其過於小心謹慎。威立，威廉(William)的暱稱。後者爲其對金本位的立場尚未堅定時的稱呼。

4. 「工人的最佳友人」(the "Workingman's Best Friend")：1900 年大選期間共和黨所提，謂其在職期間製造業發達，工人加班趕工，收入增加，豐衣足食。

狄奧多‧羅斯福

1. 「義勇騎兵」(the "Rough Rider")：指美西戰爭期間以義勇騎兵前往古巴參戰。Rough Riders 則指其所招募、指揮參戰的義勇騎兵團。rough rider 原爲騎野馬的人。

2. 「牛仔」(the "Cowboy")：喻其唐突粗獷也。羅斯福早年在達科塔不毛之地(the Dakota Badlands)經營農場，早已是一名牛仔，當了總統之後，仍不時有此稱呼。1904 年大選，通稱之爲「牛仔總統」(the "Cowboy President")。

3. 「四眼田雞」("Four Eyes")：深度近視，戴著夾鼻眼鏡，故有此稱。

4. 「聖胡安山英雄」(the "Hero of San Juan Hill")：美西戰

爭中率領義勇騎兵團出征古巴，聖胡安山之役身先士卒攻上山頂，報章渲染，頓時成爲英雄。實則所攻占者爲聖胡安山附近另一小山。

5.「托辣斯剋星」(the "Trust Buster")：他的政府根據反托辣斯法曾對鐵路、石油、菸草、牛肉、金融等企業聯合提起訴訟，迫令解散。他的反托辣斯運動及與大企業的長期鬥爭，爲他贏得這項綽號。

6.「和事佬」(the "Peacemaker")：指其調停日俄戰爭。

7.「意外閣下」("His Accidency")：意外繼任總統，1904年大選期間，政敵以此稱之，甚至指爲「黷武主義者」("militarist")、「帝國主義者」("imperialist")、「篡位者」("usurper")，及「政治冒險家」("political adventurer")。

8.「偉大的獵人」(the "Great Hunter")：指其卸任後曾至非洲狩獵，獵獲了大約 3,000 頭大獵物。

9.「雄麋鹿」("Bull Moose")：自謂健壯如麋鹿，而且是雄性的麋鹿。1912 年東山再起，組織進步黨，別稱麋鹿黨(the Bull Moose Party)，競選總統。而塔虎脫派則反擊之爲「危險的自大狂」("a dangerous egotist")，「煽動的政客」("demagogue")、「譁衆取寵」("flatterer of the people")。

10.「攪局的泰第」("Teddy the Meddler")：1912 年大選，民主、共和兩黨對他的批評。泰第，狄奧多的簡稱。

威廉・H・塔虎脫

1.「傻大個」("Big Lub")：同學的暱稱。Lub，lubber 的省寫。大，謂其身高體重也。

2.「大畢爾」("Big Bill")：畢爾爲威廉(William)的暱稱；大，言其身材魁梧，體重超過 300 磅。

3.「微笑的比爾」（"Smiling Bill"）：謂其態度友善，笑口常開。

4.「老好威爾」（"Good Old Will"）：謂其生性快樂，是個標準跟誰都很要好的人。威爾，威廉的省寫。

5.「羅斯福的影子」（"Roosevelt's Shadow"）、「狄奧多王的威廉王子」（"Prince William to King Theodore"）：謂受狄奧多·羅斯福的庇護，爲其一手所提拔。反對者揶揄之辭。

6.「智力幾等於天竺鼠的大塊頭」（"a fathead that had an intellect a little short of a guinea pig"）：1912 年競選時，狄奧多·羅斯福的指責。

伍佐·威爾遜

1.「學者從政」（the "Scholar in Politics"）：爲美國唯一學者從政、經過短期公職而競選總統的人。

2.「人民總統」（the "People's President"）：親受法學家路易·D·布蘭戴斯(Louis D. Brandeis)──「人民的法學家」──薰陶，辯才無礙。1912 年大選，從東岸到西岸，到南方，從事競選演說，提出「新自由」(New Freedom)的經濟計畫，恢復競爭，照顧小民，娓娓道來，既不似狄奧多·羅斯福之劍拔弩張，又不像塔虎脫之畏首畏尾。贏得人民歡心，獲得空前勝利。

3.「維持和平的人」(the "Man of Peace")：1916 年大選時，歐戰已發生，而美國保持中立，乃以「他使我們遠離戰爭」(He Kept Us Out of War)爲競選口號，贏得連任。又稱爲「當今風雲人物」(the "Man of the Hour")。

4.「和平主義教授」(a "pacifist professor")、「該死的長老會僞君子」(a "damned Presbyterian hypocrite")：1916 年大選時，狄奧多·羅斯福指責之辭。

華倫・G・哈定

1. 「逢人便攀談的人」（"Great Handshaker"）：哈定和麥金利一樣，無論跟誰都容易攀談交際，而且樂此不疲。

2. 「快樂的流氓」（a "Happy Hooligan"）：1920 年大選其競選對手民主黨總統候選人對他的稱呼。

3. 其他人則稱他「平凡無骨氣的人」（a "platitudinous jelly-fish"）、「傀儡候選人」（a "puppet candidate"）或「政黨僱用的文人」（a "party hack"）甚至稱他爲「笨蛋」（a "slob"）。

卡爾文・柯立芝

1. 「沈默的卡爾」（"Silent Cal"）或「謹言愼行的卡爾」（"Cautious Cal"）：謂其沈默寡言也。卡爾，其名字卡爾文(Calvin)的省稱。

2. 「波多馬克河畔的斯芬克士」（the "Sphinx of the Potomac"）：斯芬克士，埃及開羅郊外人面獅身雕像；波多馬克，流經華府的河流。反對者形容其沈默寡言。

3. 「無骨氣的人」（"jellyfish"）：1924 年大選，反對者的指稱。

赫伯特・胡佛

1. 「伯特」（"Bert"）：赫伯特(Herbert)的省寫，友人的暱稱。

2. 「偉大工程師」（the "Great Engineer"）：以採礦工程師起家，以採礦工程師致富，故有此稱。

3. 「神童」(the "Wunduh boy") : 胡佛曾任哈定及柯立芝的
商務部長，頗多建樹，柯立芝以此稱之，略帶尖刻之意。

4. 「偉大的人道主義者」(the "Great Humanitarian") : 一次
大戰期間從事國際救濟工作，著有功效，聲名遠播。

5. 「赫伯特爵士」("Sir Herbert") : 1928 年大選期間墨守
成規的政客嫉妒他蜚聲鵲起，諷刺之也。

6. 「胡佛勳爵」("Lord Hoover")及「恐懼販子」("Fear-
monger") : 1932 年競選連任期間，反對者指其應對經濟大蕭條
(the Great Depression)──他們稱之爲「胡佛蕭條」(the "Hoover
Depression")──負責，貶損之辭。

佛蘭克林・D.・羅斯福

1. 「蘇格蘭花格子布上的變色龍」("Chameleon on Scotch
plaid") : 指其爲善變之人。1932 年大選時，胡佛以此稱之。

2. 「新政武士」("Knight of the New Deal") : 1932 年大選
時，稱讚其以行新政自矢之辭。

3. 「螺旋狀的候選人」(the "Corkscrew Candidate") : 1932
年大選反對者譏其遇事曲折反覆，而不勇往直前也。

4. 「煽動家」("Demagogue") : 譏他擅長說服。

5. 「布爾什維克黨人」("Bolshevik") : 指其思想急進，認
爲新政是一種新社會主義。

6. 「福恩特勒羅易小勳爵」("Little Lord Fountleroy") : 美
國女作家白奈蒂(Frances Hodgson Burnett)小說中主角，意爲被寵
壞的富家子。

7. 「新政黨員」(the "New Dealocrat") : 意爲支持新政黨之
人。實則新政爲其挽救大蕭條的一連串措施，而非一政黨，以此
相稱，蔑視之也（the *New Deal* + the Dem*ocrat* 而成）。新政亦

貶抑爲「生政」(the "Raw Deal")。按 the "raw deal" 亦可解爲「苛政」。

8. 將其教名 Franklin（佛蘭克林）易爲 Frankenstein（佛蘭肯斯坦——按 Frankenstein 爲英國女作家瑪麗・雪萊〔Mary Shelley〕所著小說中一醫科學生製造的怪物，結果爲怪物所害）而成爲 "Frankenstein D. Roosevelt"，或將其中名 Delano（戴拉諾）易爲 Double-Crossing（騙人）而成爲 "Franklin Double-Crossing Roosevelt"，均爲貶抑之辭，見於 1936 年大選期間。

9.「佛蘭克林王」("King Franklin")：佛蘭克林，其教名。

10.「海德公園吉柯醫生」("Dr. Jekyll of Hyde Park")：海德公園，羅斯福的誕生地。按吉柯醫生爲英國小說家史蒂文生 (Robert Louis Stevenson) 的名著 *Dr. Jekyll and Mr. Hyde* 中具有善惡雙重人格的人物。Dr. Jekyll 原爲善良紳士，服用自配之藥，便成爲兇惡殘暴的 Mr. Hyde。Jekyll 與 Hyde 爲一人而具雙重人格的實例。

11.「戰爭販子」("Warmonger")，參加二次大戰亦稱爲「羅斯福戰爭」("Roosevelt's War")：反對黨以此相稱。

12. 羅斯福則自稱「贏得戰爭的醫生」("Dr. Win-the-War")。

13.「姑息主義者」("Appeaser")：1940 年大選中反對黨指責其親俄。

14.「冤大頭的聖誕老人」("Santa Claus to the World")：1944 年大選中反對黨指責其過分親俄、援俄。聖誕老人傳說中即聖尼古拉 (St. Nicholas)，聖尼古拉爲俄國守護神。

15.「鬥士」(the "Champ"——Champion 的省寫)、「老闆」(the "Boss")、「首長」(the "Chief")、「獨裁者」("Dictator") 等稱呼：1936、1940、1944 年大選中均曾出現。

哈利・S・杜魯門

1. 「另一次密蘇里折衷案」(the "Second Missouri Compromise"）：1820 年密蘇里折衷案劃定奴隸州與非奴隸州的分界，密蘇里因此案以非奴隸州加入聯邦。此則指 1944 年羅斯福第四度競選時，放棄擁有廣大群眾，但為多數代表認為太過自由的副總統亨利・華萊士(Henry Wallace)而選擇誠實無華、性情固執的杜魯門為競選夥伴。密蘇里，杜魯門的故鄉。

2. 「來自密蘇里的人」(the "Man from Missouri"）。

3. 「獨立城的人」(the "Man of Independence"）：獨立城為其幼年居住成長地。此二則所以特別標明其故里，強調其倔強耿直的個性也。

4. 「平凡人的平凡人」(the "Average Man's Average Man"）：言其才智中等也。

5. 「鳴笛停車哈利」("Whistle Stop Harry"）：指其 1948 年競選連任，乘坐火車，走遍全國，小城小鎮鳴笛停車，用他那慣有密蘇里腔調、粗俗的俚語，發表簡短演說，痛斥國會一事無成，終於獲得大勝。哈利，他的名字。

6. 反對他的人則罵他為「高稅哈利」("High-Tax Harry"）、「意外總統」("Accidental President"）、「來自密蘇里的騾子」(a "Missouri Jackass"）、「歷史上最壞的總統」(the "worst President in history"）、「吱吱嘎嘎的小角色」(a "squeaky-voiced tinhorn"）、「討厭的流浪兒」(a "nasty little gamin"）。騾子為密蘇里的州獸。

德懷特・D.・艾森豪

1. 「艾克」（"Ike"）：艾森豪（"Eisenhower"）的暱稱。1952 及 1956 年大選「我愛艾克」（"I Like Ike"）的競選口號更是高唱入雲。

2. 「當今風雲人物」（the "Man of the Hour"）。

3. 「將軍」（the "General"）：不僅是將軍而且是陸軍五星上將。

4. 「高聳雲霄艾森豪」（"Mighty Tower Eisenhower"）：喻功業彪炳，屹立不群也。Mighty Tower 與 Eisenhower 諧音。

批評之者則稱之為：

5. 「極端普普通通艾森豪」（the "Extremely General Eisenhower"）："General" 在此義為普通，而非軍階。

6. 「有名無實的候選人」（the "Phantom Candidate"）：言一切任人擺布也。

7. 「兼職領袖」（"Part-time Leader"）、「兼職總統」（"Part-time President"）：民主黨諷刺之辭，謂其不大過問政務，打高爾夫時間太多。

8. 「老頑固」（an "old dodo"）：偶爾對白宮僚屬如此自稱。

約翰・F.・甘迺迪

1. 「傑克」（"Jack"）：其教名約翰（John）的暱稱，亦有水兵之意，甘氏曾在海軍服役。

2. 「追求理想而不存幻想的人」（"an idealist without illusions)：自己如此形容。

3. 「六十年代風雲人物」（"Man of the '60s"）：1960 年當選

總統後，雄姿奮發，不可一世，其左右更神化其行事風格，比之傳說中亞瑟王的休明盛世(Camelot)。

4. 批評之者稱之爲一名「孩子氣的男子」(a "boy")：其著作《勇者畫像》（*Profiles of the Courage*）則貶之爲「像贊有餘，勇氣不足」("too much profile and not enough courage")。

林敦・B・詹森

1. 「偉大的電導飛彈」("Great Guided Missile")：言其富有活力，行動快速。

2. 「林敦宣教師」("Preacher Lyndon")：林敦，他的教名。謂他說話喋喋不休，非讓人聽信不止。

3. 「精力充沛的德克薩斯人」("Dynamic Texan")：德克薩斯，他的故鄉。

諷刺之者則稱之爲：

4. 「壓倒勝利的林敦」("Landslide Lyndon")：1948年參議院民主黨初選（當時相等於德克薩斯選舉），詹森以 494,191 票對 494,104 票，87 票的差額，擊敗州長科克・R・史蒂文生(Coke R. Stevenson)贏得議席，也贏得「壓倒勝利的林敦」的綽號。

5. 「工於心計的人物」("Great Wheeler Dealer")：謂其是善於運用權勢爲所欲爲的人。

6. 「偉大的操縱者」("Great Manipulator")。

7. 「照明燈泡」("Light Bulb")：批評者貶損之辭。詹森任總統期間很肬心浪費納稅人的錢，白宮傳言他深夜行走白宮時，經常關掉不需要的電燈。綽號由是而來。

理查・M・尼克森

1. 「迪克」（“Dick”）：其教名理查(Richard)的暱稱。

2. 「奸詐的迪克」（“Tricky Dick”）：言其口是心非。1950年在加州競選聯邦參議員，因爲亂給對方扣帽子，爲南加州一家小報的新聞記者所賜，從此這個綽號便與他形影不離。

3. 「狡猾的迪克」（“Slippery Dick”）：謂其不可信賴。

4. 「無一是處說謊的卑鄙傢伙」（“a no-good lying bastard”）：杜魯門批評之辭。

5. 「新尼克森與老行家」(the “New Nixon and Old Pro”)：1968年大選，尼克森捲土重來，以新尼克森參選，本性不改。

6. 「沈默的理查」（“Richard the Silent”）、「膽小的理查」（“Richard the Chicken Hearted”）：1968年東山再起，拒絕與民主黨總統候選人韓福瑞(Hubert H. Humphrey)辯論，韓福瑞以是諷刺之。

7. 「影子」(the “Shadow”)：拒絕公開辯論，謂躲在陰暗處不出面也。

吉拉德・R・福特

1. 「吉瑞」（“Jerry”）：其教名吉拉德(Gerald)的暱稱。

2. 「好好先生」（“Mr. Nice Guy”）、「白宮內童子軍」(a “Boy Scot in the White House”)：爲人誠實、體貼。

3. 「眾議員的眾議員」（“Congressman's Congressman”）：任聯邦眾議員期間，美國政治學會以其專心工作，如此稱之。

4. 「局內人」（“an insider”）：對競選對手卡特「局外人」(an outsider)而言，曾任國會議員、副總統、總統。

5. 「意外副總統與意外總統」(”an accidental Vice President and an accidental President”)：謂其兩個職位均得之於意外，接替失寵之人。

6. 「任命的總統」("an appointed President")：1976 年大選期間卡特以此損之。實則其副總統一職固得之任命，而總統職位則得之繼承。

吉米・卡特

1. 「吉米」("Jimmy")：詹姆斯(James)的暱稱。

2. 「蠻子丘八」("Johnny Reb")：進入海軍官校時因帶南方口音而得的諢名。

3. 「眞正的南方人」(a "Real Southerner")。

4. 「局外人」("an outsider")：旣非國會議員，亦未曾在華府任公職。

5. 「花生農夫」(the "Peanut Farmer")：曾經營家族農場及花生業。競選期間他的包機稱爲「花生一號」("Peanut One")，他的志願助選團稱爲「花生兵團」(the "Peanut Brigade")，就職時鄉親包火車到華府觀禮，稱爲「花生列車」(the "Peanut Train")。

6. 「無名小子吉米」("Wee Jimmy")：譏其無藉藉之名也。

隆拉德・雷根

1. 「德國佬」("Dutch")：出生時重 10 磅，難產，哭聲大，他的母親說他像個「德國胖仔」(a "fat Dutchman")，綽號由此而來。

2. 「吉佩」(the "Gipper")：得自影片中所飾角色之名。吉佩爲大學橄欖球隊明星隊員，得癌症病死，球隊爲追念他而燃起鬥志，連獲全美冠軍。1984 年共和黨達拉斯大會，雷根再提名時，南西喊出「再給吉佩一次鼓勵」（"Make it one more for the Gipper."），博得全場喝采，傳頌一時，其典故出此。

3.「溝通大家」(the "Great Communicator")：早年廣播工作及演藝生涯使他擅長表達意思，深諳塑造形象，用能相互融洽。

4.「雄辯大家」(the "Great Rhetorician")：能言善道，常以片語妙天下。

5.「偏差轉向大師」(the "Great Deflector")：1980 年大選期間因岔開難題而獲得的綽號。

6.「鐵弗隆總統」(the "Teflon President")：1984 年大選所創新名詞，意謂雷根任內即使他個人失政，或其部屬曾發生瀆職，仍不損及其個人聲望，因以鐵弗隆總統職位或塗有鐵弗隆的總統職位(Teflon-coated Presidency)相稱，或直稱雷根爲鐵弗隆總統(the Teflon President)。鐵弗隆爲一種耐熱易洗的合成樹脂，鐵弗隆加工炊具有不沾鍋、易洗的特性，藉以比喻雷根有不易受傷害的本領。

喬治・布希

1.「小老伯」（"Little Pop"或"Poppy"）：布希的祖父撒繆爾・P.・布希(Samuel P. Bush)外號「老伯」(Pop)，因此布希幼時綽號「小老伯」和「老伯」，一直沿用到大學時代。

2.「對半分享」（"Have-Half"）：二歲時，獲贈一玩具車，立即自動表示願與哥哥普瑞斯科特(Prescott)共享，因而得此綽號。顯示不自私的性格，也預示他未來處事有一半無一半的作風。

3.「富家子喬治」（"Silver- Spoon George"）：生於富有之家。喬治，其教名。

4.「預校生」（"Preppy"）：指美國東北部預科學校(prep school)學生，而預校學費高昂，轉爲有錢少爺之意。按布希早年曾在麻州安多維(Andover)就讀明星預校菲力普斯學校(Phillips Academy)。

5.「軟腳蝦」（"Wimp"）：意爲行事無力，不能產生預期效果之人。1988 年大選期間新聞媒體常用以稱布希。然而他在1990-91 年波斯灣戰爭中的堅強領導，不僅不是軟腳蝦的作爲，且可視爲國際間扶弱抑強的典範。

6.「墨西哥跳豆」(the "Mexican Jumping Bean"）：自 1989年入主白宮不久，即被冠上這項雅號，言其太好動也。這對酷愛運動的布希而言，倒是相當貼切。

7.「中國科科長」（"China Desk"）：美國歷任總統中偏愛外交事務的多矣，但像布希那麼有過「北京經驗」者尚無第二人（1974-75 年曾任駐北京聯絡處主任 13 個月）。1989 年就職不久，即趁赴日參加日皇裕仁喪禮之便，轉往北京訪問，特別是同年天安門事件後，他的「中國情結」使他力排衆議，繼續給中共最惠國待遇，因此之故，他被譏爲國務院「中國科科長」。

8.「外交總統」(the "Diplomatic President"）：布希由於曾任駐北京聯絡處主任及駐聯合國大使的經歷，對外交事務特別有興趣。他曾親自參與許多重大外交政策的制定，包括出兵巴拿馬逮捕諾瑞嘉(Manuel A. Noriega)、天安門事件後繼續給予中共最惠國待遇，科威特事件後，親自與盟國首長通話，組成反伊拉克聯合陣線，蘇聯八月政變期間公開指責參與政變的蘇聯強硬派分子。外交是他的最愛，也的確爲他帶來不少政治資產，將他推向政治聲望的高峰。

9.「環保總統」(the "Environmental President"）：布希因制

定 1990 年清淨空氣法(the Clean Air Act of 1990)，加強 1970 年國家空氣品質標準法(the National Air Quality Standards Act of 1970)，大量降低酸雨、都市煙塵及工廠排放有毒氣體，嚴格管制汽車廢氣排放，要求使用清潔燃料，及採取其他具體環保措施，而贏得環保總統的稱號。但 1992 年里約地球高峰會議反對制定降低溫室氣體排放量目標與時間表，致地球增溫公約(the Global Warming Convention)效力大減，及拒絕簽署生物多樣性公約(the Biodiversity Convention)，以保護瀕臨滅絕的動植物，遭受批評，使此一稱號大打折扣。

10. 「雙面總統」(the "Two-faced President")：《時代》週刊選布希為 1990 年風雲人物(Men of the Year)，封面照片刊出布希的兩面，標明「兩個喬治·布希」("The Two George Bushes")，封面提要：「喬治·布希 1990 年好像是兩位總統：一位對世界新秩序展現出高瞻遠矚的洞察力；另一對自己國家表現沒有多少洞察力。」內文說他是外交政策高度能幹的指揮者，內政事務漠不關心的管理人。

威廉·柯林頓

1. 「瞎老鼠」(a "Blind Mouse")：柯林頓喜愛音樂，幼年，與兩位朋友組成一個爵士樂隊，他吹薩克斯風（阿肯色州薩克斯風比賽，他曾得第一名。顯赫後，有時興起，亦嘗露一手），另二人一彈琴，一擊鼓，演奏時戴太陽眼鏡，稱為三隻瞎老鼠(the Three Blind Mice)。

2. 「貓王艾維斯」("Elvis")：樂迷對他的稱呼。艾維斯是美國搖滾歌王普萊斯里(Presley)的名字。普萊斯里風靡世界，有貓王之稱。柯林頓也喜愛爵士樂，吹奏薩克斯風時，頗有貓王彈奏吉他，扭腰擺臀，渾然忘我的神情。

3. 「尿布兵團」(the "Diaper Brigade"）：娃娃兵，1978 年柯林頓當選阿肯色州長，年 32，爲當時最年輕的州長；與他同時當選爲州務卿的保羅・雷維爾(Paul Revere)，年 31；及州檢察長的史蒂夫・克拉克(Steve Clark)，年 31。三個年輕人中學以來即爲好友，同時得意，同朝爲官，媒體稱爲尿布兵團，譏其乳臭未乾也。

4. 「新品種的南方州長」：當選州長後，與他的兩位前任州長德爾・邦柏斯(Dale Bumpers)及大衞・普萊爾(David Pryor)同被稱爲「新品種的南方州長」(the "new breed of Southern governors"），謂其財政政策方面採保守主義，而種族事項則持進步見解。

5. 「圓滑的威立」("Slick Willie"）：威立，威廉的省稱；威廉，柯林頓的名字。此一綽號爲《阿肯色民主黨報》(*the Arkansas Democrat-Gazette*)專欄作家保羅・格林白(Paul Greenberg)所創，他長期觀察柯林頓處理問題折衷互讓的作風，因而給他起這個諢名，有褒有貶。圓滑，褒多於貶。圓滑，無稜角，不執己見，無所可否。柯林頓不喜對抗，不願得罪人，凡事與持不同意見的人謀求妥協。這種「怕事」的個性說者謂他小時受繼父虐待所造成。"Slick"亦有狡黠之意，這一點貶多於褒。狡黠，遇事繞圈子，運用各種計謀，採取不同途徑，以達到目的，使對方摸不清他的立場，對他準確一擊，甚或令對方相信和他們站在一起。柯林頓這種性格，批評者指出，常予人以搖擺不定、優柔寡斷、軟弱無能的印象。1992 年佛羅依德・布朗(Floyd Brown)出版《圓滑的威立：美國何以不能信任比爾・柯林頓》(*Slick Willie: Why America Cannot Trust Bill Clinton*)，雖未使該年他的競選活動出軌，卻讓這個綽號流傳更爲久遠。

6. 「金剛候選人」("Robo-Candidate"）：1992 年大選期間所獲得的綽號，謂遭遇挫折而屹立不墜，猶之乎金剛不壞之身。

競選期間柯林頓的品德遭到嚴重責難——被指婚姻不忠，逃避兵役，在英國參加反戰示威，前往俄國動機堪疑，對波斯灣戰爭態度曖昧，使他的候選地位搖搖欲墜。尤有甚者，則為新罕布夏初選失利，以往未有新州初選失利而贏得大選者。但他對這些打擊都能吸收而不倒，勇往直前席捲南部各州初選，在全國代表大會之前已鎖定提名的必要代表人數，因此有此綽號。

7.「敗部復活小子」(the "Comeback Kid")：1992 年 2 月新罕布夏初選前不久，其婚外情及逃避兵役接連為媒體披露，然新州初選仍獲得第二名，僅次於該區寵兒、前麻州聯邦參議員保羅‧宋嘉斯(Paul Tsongas)，經「兩次打擊」("two strikes")而仍有此結果，遂自封為「敗部復活小子」，謂已扭轉情勢，不但未出局，而且漸入佳境。

8.「美國歷史上最喜歡擁抱的大元帥」("the huggiest Commander in Chief in the history of the Republic")：柯林頓喜歡結交，影響他人；也喜歡競選活動，和選民談論問題。他是一位觸覺靈敏的政治人物(a tactile politician)，通常撫摸、輕拍或緊抱正在和他打交道的人。在招待會或群眾集會上遇到有人向他訴苦，他聽到他們的傷心故事後，感動之餘，有時也會擁抱他們一下。當了總統，《紐約時報》專欄作家安娜‧昆德倫(Anna Quindlen)稱他為「美國歷史上最喜歡擁抱的大元帥」，總統兼三軍統帥；大元帥即總統也。

9.「帥哥」("Handsome")：1995 年 11 月至 1997 年 5 月與前白宮實習助理莫妮卡‧陸文斯基(Monica Lewinsky)交往期間，打情罵俏時，陸女以此暱稱之，而他則暱稱陸女為「甜妞」("Sweetie")。

事有終始

華 盛 頓

1. 第一位只受過小學正規教育的總統：早期總統如兩位亞當斯、哲斐遜、麥迪遜、孟羅等都受過完整的教育，而自學的亦不少，如泰勒、費爾摩、林肯、約翰生等。

2. 第一位接受哈佛大學名譽學位的總統：1776 年 4 月 3 日哈佛大學在劍橋(Cambridge)華盛頓總部授予大陸軍總司令喬治·華盛頓名譽法學博士學位。革命軍圍攻波士頓期間哈佛大學由劍橋遷至康科特(Concord)，1776 年 3 月英軍撤退波士頓，6 月哈佛大學遷回原址，授予學位係在華盛頓總部，而非哈佛校園。1833 年哈佛授予安德魯·傑克遜名譽學位，是第二次授予總統的學位，第一次授予現職總統。

3. 第一任、也是唯一的一位全票當選的總統：1789 年 2 月 4 日第一次總統大選，獨立的 13 州中北卡羅來納及羅德島尚未批准聯邦憲法，紐約州在限期截止前（1789 年 1 月 1 日）尚未選出總統選舉人，參加選舉的 10 州共選出 73 名總統選舉人，其中 1 人患痛風，3 人為河水冰封所阻，未能於各本州集合投票選舉，實際參加選舉的 69 名選舉人全體一致票選華盛頓為首任總統。1792 年 12 月 5 日第二次總統大選，另有兩州（佛蒙特及肯塔基）加入聯邦，第一次各州及所有總統選舉人均參加。和 1789 年一樣，無正式提名，亦無政黨大會或黨團會議，華盛頓以 15 州、132 名選舉人全票支持當選連任。

4. 第一位在紐約市宣誓就職的總統：1789 年 4 月 30 日在紐約市華爾街(Wall Street)聯邦會堂(Federal Hall)門廊(Portico)上宣誓。第二位在紐約宣誓就職的，爲 1881 年亞瑟繼任總統。

5. 總統就職宣誓誓詞憲法有明文規定，1789 年華盛頓第一任期在紐約市宣誓就職，除照憲法所定文句朗誦誓詞外，最後加一句「神其鑒諸」（"So help me God"），以後垂爲定例。惟宣誓在聯邦會堂門廊，而就職演說則在參議院會議廳。自傑克遜以後，大多數總統就職宣誓及就職演說同在國會山莊臺階上。

6. 第一位年薪 25,000 美元的總統：華盛頓曾明白表示願不受俸給，爲國服務，惟國會應准其開支實報實銷。國會未接受，1789 年 9 月立法規定總統年薪二萬五千元。

7. 第一位任滿兩任的總統，拒絕第三任，首創第二任及兩任制的先例，這是他任總統對後世最大的遺產之一。除佛蘭克林·D.·羅斯福因戰爭迫在眉睫或大戰方殷一度破例外，爲以後總統所遵循。1947 年憲法修正案第 22 條且著爲明文。但在當時並無明文限制，他如果願意繼續任總統，不會有多大抱怨，甚至有壓力希望他如此做，而他卻堅決拒絕第三任。任滿兩任（包括非連續的兩任）的總統截至柯林頓共 12 人。

8. 第一位聯邦黨的總統：1789 年第一任選舉時，黨派色彩尚不濃厚，1792 年大選時，已出現聯邦黨與反聯邦黨(the Federalists and Anti-Federalists)。聯邦黨總統共 2 人：華盛頓及約翰·亞當斯。

9. 首創新年元旦舉行招待會接待來賓的習慣：自華盛頓迄 1934 年元旦止歷任總統奉爲故常，佛蘭克林·D.·羅斯福因患有小兒麻痺症，站在迎賓行列頗感困難，故廢除之。

10. 第一位行使否決權的總統：共行使過兩次，均在其第二任期內。

11. 發布第一個告別辭的總統：1796 年 9 月 17 日。華盛頓的告別辭，1792 年原已擬定。是年總統大選將屆，華盛頓堅決表示不願連任，5 月間請來老友詹姆斯・麥迪遜協助草擬對國人臨別贈言，麥迪遜乘機勸其打消隱退之念，其他人也同樣勸進。華盛頓注意傾聽，默無一言。緘默遂被解釋爲接受另一任期。4 年後，華盛頓從檔案中找出告別辭舊稿，並請亞歷山大・漢彌頓 (Alexander Hamilton)審閱，漢彌頓全部改寫，兩個月送還。文體上華盛頓稍加改變，決定交費城報紙發表，1796 年 9 月 17 日費城《美國日報》(*Daily American Advertiser*)首先刊出，全國其他報紙轉載。華盛頓 9 月 7 日簽字，惟從未親自口頭發表。告別辭關心「黨派意識」("the spirit of party")的危險，警告與外國「永久同盟」("permanent alliances")的牽累。

12. 「戰時第一人，平時第一人，國人心中第一人」("first in war, first in peace, first in the hearts of his countrymen")──華盛頓逝世後，1799 年 12 月 26 日亨利・李(Henry Lee)在國會致誄辭所說，言其戰時爲總司令，平時爲總統，死後國人哀悼難忘。李爲革命戰爭中驍勇善戰的騎兵軍官，深爲華盛頓所讚賞，後任維吉尼亞州長及國會議員。他是內戰南方邦聯軍隊總司令羅伯・E.・李(Robert E. Lee)將軍之父。

13. 第一位爲紐約大學名人院(Hall of Fame of Great Americans)選入紀念的總統：1900 年名人院創立時膺選。

約翰・亞當斯

1. 第一位哈佛大學出身的總統：1755 年哈佛畢業。哈佛畢業的美國總統共 5 人：兩位亞當斯、兩位羅斯福及甘迺迪。另海斯，哈佛法學院畢業。

2. 第一位律師出身的總統：美國 41 位總統中曾執業律師者 24 人，占大多數。最近一位當過律師的總統爲柯林頓，1981-82

年。

3. **第一位曾任駐外使節的總統：**1778 年任駐法特派員(Com-missioner)，1779 年奉派與英議和，1783 年議定巴黎和約，結束革命戰爭。1780-82 年為第一任駐荷公使（使荷期間，1781 年荷蘭給予美國一大筆貸款，對革命戰爭中的美國為一重大精神鼓舞），1785-88 年為第一任駐英公使（在英國，發覺創傷猶新，未能建立真正和睦關係，1788 年自請回國），與其子約翰・昆西・亞當斯同為多次出使重要國家，外交經驗豐富的總統。最近一位曾任駐外使節的總統為布希，駐聯合國大使，1971-73 年，及駐北京聯絡處主任（大使），1974-75 年。

4. **第一位由副總統直接當選為總統：**最近一位為布希。二人同為任滿 4 年，一任而止，所不同者亞當斯競選連任，敗於其副總統，而布希則敗於其政府以外的另一黨候選人。

5. **第一位身高不及 6 呎的總統：**5 呎 6 吋。最近一位為尼克森：5 呎 11.5 吋。

6. **1796 年大選是總統選舉第一次真正競選，選舉團第一次真正考驗：**1789 年及 1792 年兩次大選，華盛頓眾望所歸，是無競選的選舉。1796 年大選則不然。聯邦黨領袖們事先非正式決定以約翰・亞當斯為其總統候選人，南卡羅來納州長湯瑪斯・平克尼(Thomas Pinckney)為副總統候選人。民主共和黨(Democratic-Republicans)國會領袖們選舉湯瑪斯・哲斐遜及紐約州聯邦參議員艾倫・柏爾(Aaron Burr)分別為其總統及副總統候選人。華盛頓未公開說明他寧願何人為其繼承人，但公認他偏愛亞當斯。亞當斯想當總統，但不願為此去拼。哲斐遜非無野心，但不想 1796 年當總統。亞當斯以 71 張選舉人票——比必要的過半數多 1 票——勉強當選總統，哲斐遜以 68 票當選副總統。平克尼 59 票，柏爾 30 票。總統比副總統只多 3 票，亞當斯時常被民主共和黨稱為「靠三票當選的總統」（"President by Three Votes"）。

7. 由於憲法原有規定總統與副總統選舉並非分別投票，此次大選總統當選人與副總統當選人分別屬於兩個不同政黨——聯邦黨與民主共和黨——此爲第一次，也是唯一的一次。

8. 第一位住進白宮的總統：1800 年 11 月 17 日。6 月聯邦政府由費城遷至華府聯邦永久首都——世界上第一個計畫建造的都城。11 月 17 日國會第一次在聯邦新首都集會，亞當斯及夫人亞比該(Abigail)遷入總統新廈，後稱爲白宮。

9. 第一位未行使過否決權的總統。

10. 第一位未當選連任的總統。

11. 第一位未參加其繼任總統就職典禮的卸任總統：其子昆西亦然。

12. 「麻薩諸塞朝代」(the "Massachusetts Dynasty")的第一任總統：所謂「麻薩諸塞朝代」指亞當斯父子而言，其實二人並非相繼主政，與「維吉尼亞朝代」(the "Virginia Dynasty")不同，而且二人各一任而止，亦非如「維吉尼亞朝代」三位總統均任滿最長限期——二任。

13. 第一位寫有自傳的總統：*Diary and Autobiography of John Adams*, ed. L. H. Butterfield, 4 vols.。

哲 斐 遜

1. 第一位威廉及瑪利學院(The College of William and Mary)畢業的總統：1762 年畢業。威廉及瑪利學院出身的總統 3 人——哲斐遜、孟羅及泰祿。

2. 第一位國務卿，1789-93 年任華盛頓第一任期的國務卿，也是國務卿而當選總統的第一人。國務卿出身的總統 6 人：哲斐遜、麥迪遜、孟羅、約翰·昆西·亞當斯、范布倫及布坎南，19 世紀中葉以後已無。

3. 第一位，也是唯一的一位在大選中以現任副總統擊敗其現任總統連任而當選的總統：約翰・亞當斯的副總統，1800 年大選擊敗亞當斯尋求連任而當選。

4. 1800 年大選哲斐遜與亞當斯競爭，爲兩黨第一次利用國會黨團會議(the Congressional Party Caucus)提名，兩黨第一次眞正角力：聯邦黨國會議員支持現任總統亞當斯及前任駐法公使，在 XYZ 事件中以「不納一文錢」(Not a sixpence)拒絕行賄而出名的查爾斯・C.・平克尼(Charles C. Pinckney)競選總統及副總統，但未明確提名亞當斯爲總統候選人，漢彌頓及其他聯邦黨人希望平克尼獲得較多票數而當選總統。民主共和黨國會議員提名前聯邦參議員艾倫・柏爾(Aaron Burr)與現任副總統哲斐遜搭檔競選。亞當斯與哲斐遜爲了體面，都避免親自參加選戰，因爲當時風氣未開，公開尋求總統職位，認爲不妥。而且亞當斯的牙齒多已脫落，發音不清，哲斐遜聲音微弱，不善言辭；二人均不願登台發表政治演說。但二人並未保持超然地位，雙方各寫了許多信，要求朋友代爲活動，也都利用報紙爲自己宣傳造勢，選戰激烈又充滿人身攻擊。選舉結果哲斐遜與柏爾各得 73 票，亞當斯 65 票，平克尼 64 票。依照憲法原有規定，遇有一人以上獲得選舉人票過半數，且票數相等者，應由衆議院以各州爲單位選舉其中一人爲總統。衆議院聯邦黨議員原居多數，競選連任雖多已失敗，但仍在職，初不願選擇哲斐遜，惟由於漢彌頓的運作，轉而支持哲斐遜（「兩害相權取其輕」），衆議院通宵會議，經過 36 次投票和一次僵局，哲斐遜以 10 票對柏爾 4 票，兩票空白，當選總統，柏爾當選副總統。這是衆議院第一次選舉總統。由於衆議院選舉一度陷於僵局，國會於 1803 年通過憲法修正案第 12 條，規定總統選舉，總統與副總統分別投票，1804 年批准生效，該年大選第一次適用。

5. 1800 年大選是 18 世紀最後一次總統大選，哲斐遜當選爲

19 世紀第一位總統（1801 年 3 月 4 日就職故也）。

　　6. 哲斐遜當選，亞當斯落敗，爲美國政府行政及立法兩部門權力的第一次由一黨移轉另一黨：前此不僅總統屬聯邦黨，國會亦爲聯邦黨所控制。1800 年大選，民主共和黨不僅贏得白宮，且亦獲得國會多數，結束聯邦黨 12 年的執政，開拓民主共和黨未來自哲斐遜而麥迪遜而孟羅 24 年的掌權。聯邦黨最後一次認眞競爭總統，爲 1816 年魯法斯・金恩(Rufus King)。

　　7. 第一位民主共和黨的總統，也是第一位維吉尼亞朝代(the Virginia Dynasty)的總統：從哲斐遜到麥迪遜到孟羅，3 人不僅同出生於維吉尼亞，同爲好友，同受教於詹姆斯・摩利牧師(Rev. James Maury)，同屬民主共和黨，24 年間 3 人相繼主掌白宮，控制國會，使聯邦黨一蹶不振，故聯邦黨人稱此 3 位南方上流階級主政時期爲維吉尼亞朝代。

　　8. 第一位鰥夫入主白宮：其妻瑪莎(Martha)1782 年病逝，未再娶，長女瑪莎(Martha)充當白宮官式女主人。其他鰥夫的總統：傑克遜、范布倫及亞瑟。布坎南終生未娶，是光棍總統，不在鰥夫之列。

　　9. 第一位集政黨黨魁（民主共和黨）及國家元首於一身的總統。

　　10. 第一位在官式招待會上引進握手習慣代替鞠躬爲禮的總統。

　　11. 第一位富有民主思想、力行民主作風的總統：哲斐遜當選，史家稱爲 1800 年「不流血革命」(the "Bloodless Revolution" of 1800)，其所以有此說法，除證明憲法原定總統選舉辦法欠妥，必須改革，因而促成第 12 修正案外，更重要的，它轉變了美國政治的方向──結束聯邦黨的階級統治，而帶進哲斐遜式民主政治(Jeffersonian democracy)，實現了哲斐遜的政治哲學。所謂哲斐遜式民主政治，其中心思想爲尊重個人權利，重視言論、信仰、出版自由、尊重公民及各邦管理自己事務不受聯邦干涉的權利，政府統治愈少愈好，及維護農業經濟與農村社會。在社會風氣方面，他提倡一種簡樸的生活方式，稱之為「共和式的純樸」（"Republican simplicity"）：摒除聯邦黨效法英國禮儀引進的繁文縟節。就職大典，身著便服，捨棄駿馬高車，來去步行。白宮廢除生日正式舞會及宮廷式稱呼（不再尊稱「閣下」"His Excellency"）。以往來賓正式進見，見到的是一位身著金邊絲帶華服、腰懸佩劍的總統，現在則見到一位身穿破舊便服、足登室內拖鞋的元首。

12. 第一位在新首都華府宣誓就職的總統：1801 年 3 月 4 日就職大典，捨棄六馬轎車，便服步行前往國會山莊，典禮完畢，步行回至寄宿的公寓，與華盛頓就職大典之鋪張，形成強烈對比。176 年後，卡特就職後沿賓夕凡尼亞大道步行至白宮，一時傳為美談，仿效之歟？

13. 1804 年大選民主共和黨舉行第一次真正公開的國會黨團會議，使黨團會議在未來若干歲月中成為正式提名的團體。1804 年 2 月 25 日國會兩院民主共和黨議員舉行第一次定期黨團會議，未經討論，全體一致提名哲斐遜連選總統，但無人願支持副總統柏爾連任。自從 1800 年大選獲得同票，拒絕退讓以來，柏爾得罪了太多同黨議員，在提名中未獲一票，七度當選紐約州長的喬治‧柯林頓(George Clinton)以最高票（67 票）獲得提名。

14. 第一位年輕於其副總統的總統：第二任期副總統喬治‧柯林頓長哲斐遜 4 歲。

15. 第一位援引行政特權(executive priviledge)的總統：艾倫‧柏爾被控叛國受審，哲斐遜拒絕應傳出庭作證並交出有關文件。柏爾為哲斐遜第一任期間副總統，1807 年被控陰謀在西南地方建立新國家，以叛國罪在維吉尼亞里士滿聯邦巡迴法院受審，法院傳喚哲斐遜出庭作證並交出有關文件，哲斐遜引用行政特權予以

拒絕，遂樹立行政特權的先例。

16. 卸任後創辦維吉尼亞大學，爲其一生最引以爲傲的事蹟之一，1819-24 年建築完成，並爲第一任校長(Rector)。創辦之初，事無巨細，無不出其精心設計。總統創辦大學，尚無他人；總統前或總統後，任大學校長者，有哲斐遜、麥迪遜(Rector, Univ. of Virginia)、泰祿(President, William and Mary College)、費爾摩(Chancellor, Univ. of Buffalo)、賈飛德(President, Hiram Institute)、威爾遜(President, Princeton)、艾森豪(President, Columbia)等 7 人。

17. 第一位死於七月四日的總統： 1826 年〈獨立宣言〉50 週年紀念日，與約翰‧亞當斯同日，但早 5 小時。二人同時奔走革命，同屬〈獨立宣言〉起草小組，同任過副總統與總統，又同日死去，是獨一無二的巧合。擔任總統與副總統期間二人政黨不同，見解各異，哲斐遜除反對 1798 年《外僑法》及《妨害治安法》(the Alien and Sedition Acts)外，並不積極參與政務，雖然疏離，尚可勉強維持。哲斐遜就職，亞當斯因連選失敗，拒不參加；但到了老年（1804 年哲斐遜次女去世時，亞當斯夫人亞比該寫信弔慰哲斐遜，結束了兩家長久不通音訊），二人又成爲好友，亞當斯臨終之際，尚詢及哲斐遜，不知哲斐遜已先他而去。另一七月四日逝世的總統，爲孟羅，1831 年〈獨立宣言〉55 週年紀念日。

麥　迪　遜

1. 第一位普林斯頓大學出身的總統： 1771 年畢業，其時尚稱新澤西學院(the College of New Jersey)，1896 年改稱普林斯頓大學。威爾遜亦係普林斯頓畢業，並任過校長。

2. 麥迪遜當選第一次打破副總統接任總統的模式： 約翰‧亞當斯、哲斐遜均以副總統緊接當選總統，哲斐遜第二任期的副總統喬治・柯林頓(George Clinton)仍獲提名與麥迪遜搭檔競選副總統，而麥迪遜則爲哲斐遜兩任的國務卿。

3. 第一位曾擔任過聯邦眾議員的總統：擔任過眾議員的總統19 人，最近一位爲布希。

4. 第一位舉行就職舞會的總統：1809 年 3 月 4 日。在舞會中身材矮小、瘦弱的麥迪遜（身高 5 呎 4 吋，體重 100 磅，美國最矮、最輕的總統）被他的豐滿、健美、戴著白緞頭巾、插著兩枚天堂鳥羽毛的夫人桃莉(Dolley)完全掩遮，黯然失色。舞會是她策劃的。她也是第一位參加其丈夫就職典禮及就職遊行的第一夫人。

5. 第一位戰時總統，也是美國立國後第一位要求國會對外宣戰的總統：1812 年 6 月 1 日麥迪遜咨請國會要求對英國宣戰，6 月 4 日眾議院以 79-49、6 月 18 日參議院以 19-13 票表決贊成對英國宣戰，6 月 19 日麥迪遜正式宣布美國與英國處於戰爭狀態。以麥迪遜和平敦厚的性格固不適於作一位羽檄交馳的戰時總統，而當時整個美國毫無準備，意見紛歧，又何嘗適於同仇敵愾的戰時生活。麥迪遜不但不好戰，而且設法避免戰爭，1811 年他任命孟羅爲國務卿，就是想把美國從戰爭邊緣拉回。只因爲一批好戰的鷹派議員(the War Hawks faction)，尤其是眾議院議長亨利・克雷(Henry Clay)主戰最力，氣燄高漲，硬把國家拖進戰爭。不僅加拿大未奪得，北方重鎮底特律且失守，全部港口被封鎖；更丟臉的 1814 年 8 月 24-25 日英軍長驅而入占領華府，放火焚燒國會山莊及總統官邸，如非一陣暴風雨迫使英軍撤退，及時熄滅大火，整個公共建築及一些私人房舍勢將化爲灰燼。英國困於歐洲戰爭，1814 年耶誕前夕〈根特(Ghent)和約〉簽字，雙方無所得，無所失。美國總統是三軍統帥，但宣戰權在國會。總統雖曾多次對外用兵，但國會正式宣戰只有 5 次，除 1812 年戰爭外，其餘爲1846 年對墨西哥戰爭、1898 年對西班牙戰爭及第一、二兩次世界大戰。韓戰(1950-53)、越戰(1965-75)及波斯灣戰爭(1990-91)，均未經國會宣戰。

6. **第一位在戰時競選連任的總統：**1812 年大選是第一次戰時選舉，戰爭也第一次成為競選的首要問題，而戰時贏得連任，也為未來戰時在職總統樹立先例。

7. **第一位得票少於其副總統的總統：**1812 年大選連任，所得選舉人票(128)少於副總統候選人艾爾布里奇・蓋瑞(Elbridge Gerry)(131)。幸而依照憲法修正案第 12 條，總統及副總統選舉分別投票，分別計算。如依憲法原有規定，以得票多寡定正副，則麥迪遜可能要降為副座。另一次總統得票少於副總統，為 1824 年大選約翰・昆西・亞當斯，84 票；約翰・C・卡爾洪(John C. Calhoun)，182 票。

8. **第一位行使保留簽署權(Pocket veto)的總統：**共 2 次。所謂保留簽署權，即法案送達總統，總統既不簽署，亦不退還，而於 10 天之內（法定總統簽署的期限）國會已閉會，則該法案不得成為法律。

9. **第一位，也是迄今唯一的一位，兩任期間均一度無副總統的總統：**第一任期間副總統喬治・柯林頓(George Clinton)1812 年 4 月 20 日在職死亡，自此至 1813 年 3 月 3 日無副總統；第二任期間副總統艾爾布里奇・蓋瑞 1814 年 11 月 23 日也在職死亡，自此至 1817 年 3 月 3 日無副總統。

孟　羅

1. **最後一位革命戰爭退伍軍人入主白宮：**1776 年 3 月至 1778 年 12 月于役大陸軍，曾隨同華盛頓偷渡德拉瓦河(the Delaware River)，參加特稜頓之役(the Battle of Trenton)受重傷。

2. **革命先賢(the Revolutionary Fathers)最後一人，**革命戰爭時

代的最後一位總統，也是維吉尼亞朝代的最後一位總統，更是戴捲邊帽(cocked hat)、穿長及膝蓋馬褲(knee breeches)的最後一位總統。

3. 1816 年大選孟羅獲勝，魯法斯·金恩(Rufus King)落敗，為聯邦黨最後一次爭取總統寶座，1820 年大選未再提名總統候選人，從此失去全國性政黨的地位，也結束了美國政治史上第一代政黨政治——聯邦黨對民主共和黨之爭。

4. 同一政黨連續選出三位總統，三位均連任，為美國有史以來第一次。

5. 第一位在室外宣誓就職的總統：1817 年 3 月 4 日。在此以前均在室內，惟 1789 年 4 月 30 日華盛頓就職，宣誓在陽臺，就職演說則在室內。孟羅在被英軍焚毀的國會大廈外搭建月臺宣誓就職，引領而望者 8,000 人，盛況空前，報紙詳細報導，亦為華盛頓以來第一次。

6. 白宮之名始於孟羅時代：總統官邸原名總統大廈(the Presidential House)，1814 年為英軍焚毀，戰後重加修理、裝飾，被大火燒成黑灰色的外牆全部粉刷成白色，1817 年秋孟羅及其夫人伊麗莎白(Elizabeth)遷入，白宮一詞自是普遍使用，惟正式定名則始於 1902 年，狄奧多·羅斯福繼任總統後，命令總統官邸所用文具都印上「白宮」字樣，白宮之名由是正式確定。孟羅搬進劫後重修的白宮後，他和伊麗莎白按照最高貴的法國時尚對白宮的陳設重加布置：歐布桑花地毯(Aubusson rugs)、七星大燈臺(candelabra)、精緻的瓷器、古銅的藝品，不一而足。哲斐遜的簡單樸素及桃莉的活潑燦爛之後，總統官邸又恢復了 18 世紀壯觀的風貌。

7. 第一位未依照慣例於 3 月 4 日宣誓就職的總統：自華盛頓第二任（1793 年）以來，新當選的總統照例於大選次年 3 月 4 日（第一屆國會首次集會紀念日）宣誓就職，憲法修正案第 12 條且暗示新當選的總統應於是日就職。孟羅第一任亦照例於（1817年）3月4日宣誓就職，惟其第二任則選在（1821年）3月5日宣誓就職。4日適爲星期日，顯然在避免星期日宣誓就職。類似情形尚有泰勒（1849年）、海斯（1877年）及威爾遜（1917年），惟孟羅及威爾遜均係第二任期就職，而非新舊任交替，不發生總統職位虛懸或重疊問題。

8. 1820年大選尋求連任，爲華盛頓後第一位無競爭對手的總統候選人，也是唯一的一位：黨團會議提名連任時無對手，競選期間無對手（聯邦黨未再提名候選人），選舉團內因一票反對未能媲美華盛頓全票當選。此唯一的反對票爲新罕布夏州選舉人威廉・普魯麥(William Plumer)所投。普魯麥爲聯邦黨轉變爲民主共和黨，他的票投給約翰・昆西・亞當斯，其所以如此，並非有意使華盛頓保持唯一全票當選的榮譽，如長久以來所主張者，而是因爲他認爲孟羅過去4年施政「太不妥當」（"very improperly"）。

9. 美國與加拿大疆界長達4千英里，互不設防，爲世界所僅有，其開始第一步爲1817年4月28-29日孟羅的代理國務卿理查・羅希(Richard Rush)與英國駐美公使查爾斯・佩琪特(Charles Paget)換文，通稱爲〈羅希／佩琪特協定〉(the Rush-Paget Agreement)者，限制兩國交界大湖地區的武裝，以後逐步發展解除美加整個邊界的武裝。〈羅希／佩琪特協定〉1818年4月16日經參議院全體一致批准，予以條約的地位。

10. 第一位在白宮爲子女舉行婚禮的總統：1820年3月9日孟羅夫婦爲其次女瑪莉亞・赫斯特(Maria Hester)與表兄撒繆爾・L・古佛尼爾(Samuel L. Gouverneur)在白宮舉行婚禮，純屬私人性質，僅邀請至親好友42人觀禮。也是白宮第一次婚禮。

11. 最後一位7月4日〈獨立宣言〉紀念日逝世的總統：1831年7月4日〈獨立宣言〉55週年紀念。

12. 第一位坐過汽船的總統。

約翰·昆西·亞當斯

1. 第一位在國外結婚生子的總統：1797 年 7 月 26 日在倫敦與路易莎·凱瑟琳·約翰生(Louisa Catherine Johnson)結婚。路易莎也是第一位出生外國的第一夫人，1775 年生於倫敦，母爲英國人。其長子喬治·華盛頓（以第一任總統的姓名爲名）1801 年生於柏林，其時亞當斯任駐普魯士公使。

2. 首任駐普魯士公使(1797-1801)及首任駐俄羅斯公使(1809-14)。1781 年，年 14，以能操流利法語曾擔任特使團秘書前往聖彼得堡。

3. 1824 年大選由於候選人無人獲得選舉人票總額過半數，美國史上第二次，也是最後一次，將總統選舉推給眾議院（第一次 1800 年大選哲斐遜與柏爾得票相等）：傑克遜得選舉人票 99 票，亞當斯 84，威廉·H.·克勞福(William H. Crawford)41，亨利·克雷 37。無人得票過半數，誰爲總統，應由眾議院決定。依憲法修正案第 12 條，眾議院應就得票較多的前 3 名投票選舉一人爲總統。克雷首遭淘汰，轉而支持亞當斯。1825 年 2 月 9 日眾議院以州爲單位（當時 24 州）舉行投票，亞當斯以 13 州剛過半數當選總統，傑克遜及克勞福分別以 7 票及 4 票落選。

4. 1824 年大選第一次保有選民票(popular votes)的紀錄，以往均只有選舉人票(electoral votes)的紀錄。亞當斯得選民票 108,740（30.5 ％），一謂 115,696（31.9 ％），傑克遜得選民票 153,544（43.1 ％）。亞當斯是第一位「少數總統」（"minority President"），而且是所有少數總統中唯一的選舉人票及選民票均少於其競爭對手的一位。最近一位少數總統爲柯林頓，其 1992 年及 1996 年大選所得選民票百分數分別爲 43.2 ％及 49.9 ％。

5. 他不是好穿入時衣服的人，但他是第一位穿著長褲去就職的總統。以往總統就職，均穿長及膝蓋的馬褲及長統絲襪(silk-stocking)，一副歐洲王公貴族上流社會打扮。

6. 1824 年大選爲國會黨團會議提出總統及副總統候選人的最後一次競選活動，此後 1828 年無論亞當斯或傑克遜均未經國會黨團會議提名，而分別由其所屬政黨的州代表會或本州州議會提名，1832 年起各政黨分別舉行全國代表大會(national conventions)從事提名。

7. 第一位親臨國會發表咨文的總統：1825 年 12 月 6 日親自發表其第一個年度咨文，也是第一個總統年度咨文，第二位親臨國會兩院聯席會議致詞的總統爲威爾遜，1913 年 4 月 8 日。

8. 第一位拍過照的總統。

9. 所謂麻薩諸塞朝代的最後一位總統。

10. 第一位死於華府的總統：1848 年 2 月 23 日死於國會大廈。其他死於華府的總統有威廉‧ H．‧哈利生(1841)、泰勒(1850)、林肯(1865)、塔虎脫(1930)、威爾遜(1924)、艾森豪(1969)。

傑 克 遜

1. 第一位出生在小木屋(log cabin)而成爲總統的人；其他生於小木屋的總統有皮爾斯、費爾摩、布坎南、林肯及賈飛德。

2. 第一位來自阿帕拉契山脈(the Appalachian Mts.)以外，亦即非出身原有 13 州的總統：雖出生南卡羅來納，而成長在田納西，發跡在西部邊疆，是一位典型的邊疆居民(frontiersman)，更是一位邊疆戰爭英雄(frontierwar hero)。

3. 第一位未受過正規教育的總統：自修，習法律，執業律師，擔任田納西高等法院法官。在他以前 6 位總統，除華盛頓受過公立小學教育外，其餘 5 人均出身著名高等學府——2 人哈佛大學、2 人威廉及瑪利學院、1 人新澤西學院。未受過或幾乎未受過正規教育、靠自修的總統另有泰勒、費爾摩、林肯及約翰生等 4 人。

4. 第一位與離婚女子結婚的總統：二人且曾兩度結婚。在他們 1791 年 8 月結婚時，其夫人雷恰爾‧杜納爾遜‧羅巴茲(Rachel Donelson Robards)以為她已與前夫離了婚，事實上並未——他只是離開去尋求離婚。她與傑克遜結婚兩年後，她的前夫以她與人通姦為由，訴請離婚。離婚辦妥後，她與傑克遜迅即於 1794 年 1 月再結婚。此事招致他莫大傷害，更令她羞愧無比。1828 年大選，這段塵封往事又被報紙耙出，加以渲染，她受不了打擊，在慶祝傑克遜勝利的前夕溘然病逝，未成為第一夫人。另一娶離婚女子為妻的總統為福特。

5. 第一位非系出名門、來自有錢有勢上流社會家庭的總統：在他以前的總統如華盛頓、哲斐遜、麥迪遜、孟羅均出自南方上流社會；約翰及昆西‧亞當斯父子二人出自北方上流社會，傑克遜則生於貧窮之家。1828 年傑克遜之當選在美國歷史上為富人、窮人、名門、寒門當權的分界，他是第一位民主黨總統，第一位來自平民的總統(the first President from the common people)，支持他的人多為小農民、小商人、城市工人、邊區居民、昔日士兵、愛爾蘭移民。他的當選象徵「人民權力」("people power")的興起。

6. 1828 年大選，亞當斯尋求連任，傑克遜捲土重來，二人對決就其試圖大量左右選民而言，為第一次「近代」競選活動，參加的選民人數較之 1824 年多出三倍，由大約 35 萬增至 115 萬，是第一次百萬選民參加的總統選舉，傑克遜得 647,286 張選民票（占 56 ％），亞當斯得 506,064 張選民票（占 44 ％）。56 ％選民票為 19 世紀最佳表現。

7. 1828 年大選未再舉行國會黨團提名會議，1832 年大選爲政黨第一次舉行全國代表大會提名候選人。首先是反共濟會黨(the Anti-Masonic Party)於 1831 年 9 月在巴爾的摩舉行全國代表大會，提名前司法部長威廉‧韋爾特(William Wirt)爲總統候選人，律師阿摩斯‧艾爾梅克(Amos Ellmaker)爲副總統候選人。接著 12 月國民共和黨(the National Republican Party)也在巴爾的摩舉行全國代表大會，提名前國務卿亨利‧克雷爲總統候選人，律師約翰‧沙金特(John Sergeant)爲副總統候選人。最後民主黨於 1832 年 5 月也在巴爾的摩舉行全國代表大會，提名傑克遜及傑克遜挑選的前國務卿馬丁‧范布倫爲總統及副總統候選人。1832 年大選開政黨全國代表大會提名總統及副總統候選人的先河，在美國政治史上是一劃時代的創舉。一個有意義的第三黨在本次大選中第一次出現。

8. *被指爲分贓制度(spoils system)的始作俑者*：分贓制度並非傑克遜所發明，其他人以前也實行過，但傑克遜卻被指爲始作俑者，因爲他的作爲曾將此制度提升成爲政策的一個重要原則，推行到每一政治層面。這與他的性格有關：他是堅強的個人主義者，重視部屬的個人忠誠遠勝於才德。就職之初他即坦白表示有意懲罰在競選期間攻擊他的人，而將職位分給他自己的夥伴。他也相信定期清理房屋，會掃除一些貪污、無能分子；職務輪調，會使更多的人參與政府。但危險在於有效能的公務人員會連同渣滓一同開除掉，使國家喪失其經驗，而資助政黨獵官分肥者，則大行其道。

9. *第一位被國會譴責(censure)的總統*：1834 年，由於合衆國銀行(the Bank of the United States)再特許的爭議及提出公款轉存其他銀行的風波：此所稱合衆國銀行指的是 1816 年國會特許的合衆國銀行，通稱爲二合衆國銀行(the Second Bank of the United States)，特許期限 20 年，1832 年銀行提前申請延期，參衆兩院先後通過，7 月再特許案為傑克遜否決，否決咨文痛斥合衆國銀行壟斷，損害州權，違反憲法，是特權的工具，只照顧有錢有勢的人，犧牲貧窮的農工大衆。國會未能集結足夠的票數，推翻他的否決。其時 1832 年大選已在進行，傑克遜尋求連任，他的支持者指責合衆國銀行為「大壟斷」、「大禍害」。其競爭對手亨利・克雷自始即企圖以銀行問題分裂民主黨，擊敗傑克遜。銀行存廢問題成了競選爭議的中心。大選結果傑克遜大勝，果如所言「否決發生了良好效果」（"The veto works well."）。傑克遜挾其勝利的餘威，為促使合衆國銀行早日關閉，1833 年命令財政部長提出聯邦政府存放該行的款項，轉存選定的州銀行，財政部長拒絕執行，被調職。傑克遜任命一名新財政部長，新部長也拒絕轉存的命令，遭開革。傑克遜另提一名財政部長，這位部長雖貫徹了總統的政策，但他的任命案卻未獲參議院同意。1834 年 3 月 28 日參議院通過兩項決議案，其一譴責總統傑克遜瀆職濫權，其二譴責財政部及部長從合衆國銀行提出政府存款而無合理解釋。3 年後，1837 年 1 月 16 日，由於傑克遜的支持者湯瑪斯・哈特・本頓(Thomas Hart Benton)參議員的努力，國會紀錄中刪除譴責案。

10. 第一位遇刺而未受傷的總統：美國歷史上第一次圖謀行刺總統的事件發生在 1835 年 1 月 30 日，一名精神錯亂的油漆匠理查・勞倫斯(Richard Lawrence)對安德魯・傑克遜射擊兩槍。傑克遜在衆議院參加一名已故衆議員的喪禮，正步出會場時，勞倫斯悄悄走近他，行近約 13 呎處，取出暗藏的手槍，連發兩槍，傑克遜奇蹟般毫髮未損。兩把手槍都裝有子彈，只是銅帽發火，未射出子彈。事後，手槍再裝銅帽，射擊完全正常。槍砲專家估計，兩把手槍連續失常，其機率是十二萬五千分之一。勞倫斯立即被捕，自稱是英國王位繼承人，判決有罪，關進瘋人院。

11. 據 1981 年賓州州立大學羅伯・摩雷(Robert Murray)及提姆・布勒辛(Tim Blessing)根據 500 名頂尖歷史教授答案所作調

查，傑克遜列名 5 位「失政」（"failures"）總統中第一位，其他 4 人依次爲布坎南、尼克森、格蘭特及哈定。

范 布 倫

1. **第一位荷蘭移民後裔的總統**：其他荷蘭移民後裔的總統有狄奧多・羅斯福及佛蘭克林・D・羅斯福。

2. **第一位出生爲美國公民的總統**：生於 1782 年。1776 年 13 州宣布脫離英國而獨立。在其以前各總統及其後任總統的威廉・H・哈利生都生而爲英國臣民，惟均於憲法施行時成爲美國公民。

3. **通認爲第一個政客出身的總統**：是一個政治動物(a political animal)，一名老練的政客(a master politician)，京德胡克的紅狐狸(the Red Fox of Kinderhook)（狐狸，喻其狡猾；紅，言其沙色頭髮，京德胡克，其誕生地），小魔術師(the Little Magician)（身高 5 呎 6 吋，足智多謀），組織紐約第一個政黨核心機關——奧爾班尼執政團(the Albany Regency)——以多年黨魁(political boss)及紐約州長的資本，協助傑克遜當選總統，當了國務卿。在伊頓事件(the Eaton affair)中辭去職務，促成內閣全部改組，削弱副總統約翰・C・卡爾洪(John C. Calhoun)的勢力，博得傑克遜的歡心。傑克遜競選連任時，搭檔成爲副總統，1836 年由傑克遜親自挑選爲民主黨總統候選人，入主白宮。

4. 1836 年大選范布倫雖然當選，其副總統候選人理查・M・約翰生(Richard M. Johnson)所得選舉人票未過半數，依憲法修正案第 12 條應由參議院就得票較多的前 2 人選舉之。1837 年 2 月參議院選舉，約翰生以 33-16 票當選，這是副總統選舉第一次，也是唯一的一次，取決於參議院。

5. 1836 年大選，輝格黨(the Whig Party)第一次提名候選人參加，輝格黨為反對傑克遜的各派人士 1834 年結合而成的新政黨，其興起為美國政治史上第二階段兩黨制的開始——民主黨與輝格黨。

6. 為美國史上第一次經濟恐慌期間的總統：范布倫就任時，正是 1837 年經濟恐慌(the Panic of 1837)襲擊美國之時，此一危機 1836 年傑克遜主政期間已經開始，也是他的硬幣金融政策所造成。19 世紀最初幾十年，是拓荒者攜家帶眷乘著篷車大量西行開墾時代。他們向政府購買荒地，再將土地押給銀行，以押貸的紙幣購買更多的土地。於是買了押，押了再買，不斷攀升。及至傑克遜政府轉採硬幣政策，要求以金銀硬幣償付地價，土地價格立即直線下跌，土地所有人損失了錢，銀行破了產，工商業關了門，造成美國歷史迄當時為止最嚴重的蕭條。范布倫雖不負責，卻適逢其會。

7. 1840 年大選，范布倫尋求連任，雖獲提名，惟該年民主黨全國代表大會對提名副總統理查・M・約翰生因他的私生活失檢（他有多名黑人情婦）發生嚴重歧見，陷於僵局，未再予提名，亦未另提他人，**此為第一次，亦僅有的一次**。競選期間約翰生仍以副總統候選人出現，雙雙失敗。

威廉・H・哈利生

1. 最後一位生為英國臣民、憲法生效時成為美國公民的總統：1773 年出生，在〈獨立宣言〉之前。

2.美國第一位職業軍人出身的總統：職業軍人當選總統的，另有泰勒、格蘭特及艾森豪。

3. 1840 年大選是第一次組織完備的近代政黨機關全國運作大對決：一方面是范布倫以民主黨為後盾尋求連任，他本是民主黨黨魁，多年來控制著黨的核心，挾上屆大選勝利的餘威，又有傑克遜的大力支持。另一方面為輝格黨自從上屆大選第一次參加全國性選舉失敗後，現已成爲第二大黨，本屆大選前一年 12 月間即召開第一次全國代表大會，提名上屆大選敗於范布倫的威廉·H.·哈利生爲總統候選人，並以維吉尼亞州議會下議院議長約翰·泰祿爲副總統候選人，提出一個響亮、諧音的競選口號，也是美國政黨史上第一個正式競選口號：「提伯卡努，再加泰祿」（"Tippercanoe and Tyler, Too"）（1811 年提伯卡努之役，哈利生大敗蕭尼印第安人）。

4. 哈利生的競選是第一次「形象」競選(the first "image" campaign)，他也是第一次作競選旅行的總統候選人。輝格黨旣誇耀他是戰爭英雄，又把他描繪成爲一位民間英雄(a folk hero)、老百姓的人(man of the people)、一名住小木屋(log cabin)、喝酸果汁(hard cider)的山林土老(a hillbilly)（實在他出身維吉尼亞的上流社會，擁有 22 間房屋的大宅邸，飲上等威士忌酒），而將范布倫形容爲住大廈、喝香檳的馬迪王(King Matty)（馬迪爲范布倫名字的暱稱），並將二人對壘的選舉說成「小屋與大廈、酸果汁與香檳酒的競爭」（"a contest between cabin and palace, between hard cider and champagne"）。哈利生也親自束裝上路，高呼印第安戰爭的吶喊，演說中間停下痛飲酸果汁，頗收娛樂之效。

5. 也是第一位靠通俗歌聲贏得總統職位的人：競選歌聲通俗可笑，響遍全國，淹沒了范布倫及民主黨的聲音。歌曲之多何止百首，無非嘲笑范布倫的虛僞，誇張哈利生的傳奇。群衆大會，城市鄉村，嘈雜不休。至於政綱，「甚麼也不說，甚麼也不承諾。」但靠一陣暴風而扶搖直上。

6. 第一位獲得空前多數選舉人票的總統（234 對 60），也是第一位超過百萬（1,275,017）選民票的總統（失敗的范布倫亦超過百萬——1,128,702）：由於競選激烈，合格選民參選率由四年前的 59 ％增加至將近 80 ％，比以往任何時期爲多。

7. 第一位輝格黨總統：輝格黨共有兩位當選的總統（另一位

為泰勒），均在職死亡；另兩位以副總統而繼任總統（一為泰祿，一為費爾摩），繼任之期屆滿而止，均未為其政黨提名參加下屆總統競選。

8. **第一位在職死亡、死於白宮的總統：**1841 年 4 月 4 日，在職一月而死。第二位在職死亡、死於白宮的總統為泰勒，1850年 7 月 9 日，在職 1 年 4 個月又 5 日。哈定及佛蘭克林・D・羅斯福雖亦在職死亡，均非死於白宮。

9. **第一位停靈白宮，供人憑弔的總統。**

泰　祿

1. **最後一位威廉及瑪利學院出身的總統：**1807 年畢業。

2. **第一位繼任的總統：**1841 年 4 月 4 日哈利生總統在職死亡，副總統泰祿成為第一個繼承總統職位的美國人。不過當初其地位頗有爭議：有人認為他所繼承的，是總統的職權，而不是總統的職位；因此，他的職稱應為「代理總統」（"acting President"），而非總統。但泰祿自己則主張繼任為總統，而非代理總統，由是樹立先例為以後所遵循。其他因總統在職死亡、遇刺或辭職，由副總統繼任的，尚有費爾摩、約翰生、亞瑟、狄奧多・羅斯福、柯立芝、杜魯門、詹森及福特。

3. **第一位簽署法律給與總統遺孀養老金的總統：**哈利生總統在職一月，其夫人安娜・西蒙茲(Anna Symmes)在俄亥俄北彎(North Bend)作擔任第一夫人的準備事項，尚未到華府，哈利生溘然而逝，泰祿繼任後，1841 年 6 月簽署法律，給與哈利生夫人 25,000 元養老金（相當於總統年薪），為第一次給與總統遺孀養老金。

4. **第一位任職期間喪偶，而又續弦的總統：**泰祿的第一任妻子莉蒂霞(Letitia)1842 年 9 月病逝，她是第一位死於丈夫任內的第一夫人，1844 年 6 月泰祿續娶茱莉亞(Julia)，茱莉亞不但小泰祿 30 歲，也小泰祿與前妻所生的長女 5 歲。結婚地點在紐約市，未鋪張。第二位在職期間喪偶、再婚的總統為威爾遜。

5. 第一位遣使與中國締約通商的總統：泰祿要求國會撥款派使前往中國，任命加勒·顧盛(Caleb Cushing)為締約專使，攜帶玉罕·泰祿（當時譯名）1843 年 12 月 7 日致中國皇帝國書，國務卿丹尼爾·韋伯斯特(Daniel Webster)頒給訓令命其進京覲見呈遞，1844 年 7 月 3 日與欽差大臣耆英締結〈望廈條約〉，為中美第一個條約，所得權利除割地、賠款外駕乎英國。

6. 第一位否決權被推翻的總統：1845 年 2 月 20 日國會通過法案阻止財政部支付泰祿所定船隻的價款，泰祿否決之。3 月 3 日國會以空前行動推翻其否決。

波 克

1. 不大可能獲得提名而被提名候選總統者，謂之黑馬，他是一個大黨提名競選總統的第一名黑馬候選人。1844 年 5 月民主黨全國代表大會，前總統范布倫與密西根州聯邦參議員劉易斯·凱斯(Lewis Cass)僵持不下，第 8 次投票他的名字才出現，第 9 次投票獲得提名。他的競選對手輝格黨總統候選人亨利·克雷不但遠比他有名（六度當選眾議院議長，一任國務卿，1832 年並有過競選總統的經驗），輝格黨大會第一次投票即獲得全體一致提名。肯塔基州長雷契爾(R. P. Letcher)說：「波克不會比死而埋葬的人有更多當選的機會。」然而他當選了，4 年的政績，歷史學家評定為「最偉大的一任總統」（"the greatest one-term President"）。

2. 第一次，也是唯一的一次，兩位競爭對手都曾任眾議院議長（波克曾兩度任眾議院議長）。

3. 第一次利用電報傳布其提名候選的消息：1844 年 5 月 29

日當波克的提名消息經由摩爾斯(Morse)新發明的電報由巴爾的摩傳至華府時，有些人認爲摩爾斯的發明是失敗，因爲他們根本不相信報導的內容。

4. 第一位努力實現了美國人所認「天命孔昭」（"manifest destiny"）的總統：他是一位「短小而有遠大計畫的人」(a short man with a long program)，在其任內德克薩斯成爲一州(1845)；與英國和平解決了俄勒岡地方的邊界爭端(1846)；美墨戰爭結果，美國獲得今日加利福尼亞、內華達、猶他、懷俄明、科羅拉多、新墨西哥、亞利桑那各州的全部或一部(1848)。他離職時，美國領土比他就職時增加了一半。

5. 在其任內白宮首次安裝煤氣燈。

6. 第一位在職期間留有正式照片的總統：1849 年 2 月 14 日攝。

7. 第一任不尋求、也不答應連任的總統：工作太辛苦，離職 3 個月即病逝，爲任何總統最短者，實在是在白宮工作累死的。死時，年 53，爲自然死亡的總統最年輕者。

8. 第一位先其母而死的總統：1845 年逝世，其母 1852 年去世。

泰　勒

1. 第一位來自最南部(the Deep South)及密西西比河以西的總統：雖生在維吉尼亞，而長在肯塔基路易斯維爾(Louisville)附近，死後亦葬在路易斯維爾。

2. 一位蔑視政治及政客的職業軍人，不僅從未在總統選舉中投過票，且亦無眞正的政黨基礎，當選總統，此爲首次。

3. 第一位美墨戰爭將領（也是戰爭英雄）當選總統：另一位美墨戰爭將領當選總統的，爲皮爾斯。

4. 第二位未照慣例於大選次年 3 月 4 日（顯然是避免星期日）而於 1849 年 3 月 5 日宣誓就職的總統：致總統職位第一次虛懸一日，因波克的任期已於 3 月 4 日屆滿故也。

5. 第二位死於白宮的總統：1850 年 7 月 9 日。第一位爲威廉・H.・哈利生，迄今尚無第三位。

6. 第一位，迄今爲止唯一的一位，死後開棺檢驗，查明死因的總統：泰勒在職 16 個月死亡，有人疑他因反奴遭人毒死，1991 年 6 月 26 日（死後 141 年）打開墓穴，撿出骸骨，驗明並非死於砒霜中毒，而係胃腸病自然死亡。

米拉德・費爾摩

1. 最後一位生於 18 世紀的總統：1800 年 1 月 7 日生，而 19 世紀 1801 年 1 月 1 日才開始。

2. 最後一位輝格黨總統：泰勒在職死亡，1850 年 7 月 9 日費爾摩以副總統繼任總統，成爲輝格黨第 4 位，也是最後一位總統。1850 年 9 月，繼任剛兩個月，因簽署〈逃奴法〉(the Fugitive Slave Law)喪失北方輝格黨支持，1852 年爭取輝格黨的總統候選人提名，敗於美墨戰爭英雄溫斐德・史考特(Winfield Scott)，該年大選，史考特亦敗於民主黨候選人皮爾斯。輝格黨分裂後，一部分加入組成共和黨，另一部分加入民主黨，此後再無輝格黨總統候選人參加大選，即費爾摩本人 1856 年另以無知黨候選，也失敗。

3. 第一位促成在白宮設立一所永久圖書館的總統：費爾摩出身貧窮之家，受教育無多，卻愛書成癖，他的私人圖書館藏書 4,000 冊。當了總統，他鼓勵在白宮設立一所永久圖書館，他的學問嗜好是實用的著作而非純文學。他的妻子亞比該・鮑維爾斯(Abigail Powers)（他的中學教師）分享他愛書的樂趣，協助建立他們的私人圖書館。當了第一夫人，她激勵國會爲白宮第一所永久圖書館提撥經費。

4. 第一位遣使日本，迫其締約開埠，放棄鎖國政策的總統： 費爾摩在他的聲望日降之際，卻做了一件大事：1852 年 3 月 24 日派遣海軍代將馬太・C.・培理(Commondore Matthew C. Perry)「遠征日本」，「黑船」於 1853 年 7 月 8 日駛入江戶灣，震驚日本。1854 年 3 月 31 日與日本德川幕府簽訂〈神奈川條約〉，爲日本與外國所訂第一個條約。其時費爾摩雖早已離職，但派使至日本的計畫是他批准，故列爲他任內最大成就。

5. 第一位美國黨（無知黨）的總統候選人： 1852 年費爾摩以現任總統爭取提名，爲輝格黨拒絕；爲了重入政壇參加總統競選，1855 年在一項秘密儀式中加入了美國黨(the American Party)，又稱無知黨(the Know-Nothing Party)。1856 年大選他成爲反天主教、反外來移民的美國黨第一位總統候選人，與民主、共和兩黨爭取總統寶座，在參選的 31 州中只獲得馬里蘭一州 8 張選舉人票，美國黨得不到全國性支持，此後未再提名參加大選。

皮 爾 斯

1. 亞當斯父子後第一位來 1804 年自東北部（新英格蘭）的總統： 此外尚有甘迺迪及布希。皮爾斯 1804 年生於新罕布夏州，是第一位生於 19 世紀的總統。

2. 總統宣誓就職，向例手撫《聖經》，「宣誓」： 皮爾斯就職前 8 週因其子火車失事，意外死亡，認爲係上帝懲罰其罪，故就職時，打破向例不手撫《聖經》，而改以高舉右手；並將「宣誓」（"swear"）一字改以「確認」（"affirm"）代之。他的妻子也因爲喪子悲傷病倒，未參加其就職典禮。

3. 第一位憑記憶發表就職演說的總統， 而非看稿子宣讀。

4. 「北人而有南方信條」("Northern man with Southern principles")──北方政客而容忍南方奴隸制度。1854 年皮爾斯簽署〈堪薩斯／內布拉斯加法〉(the Kansas-Nebraska Act)，廢除 1820 年孟羅時代精心設計的密蘇里折衷案(the Missouri Compromise)，任令原自由地方的居民自行決定奴隸問題，導致堪薩斯州內贊成奴隸制度與反對奴隸制度兩派居民激烈鬥爭、流血，使美國邁向內戰的邊緣。內戰期間他痛詆黑奴解放令違憲，支持因貽誤軍機被林肯免職的喬治・B.・馬克勒蘭將軍(General George B. McClellan)競選總統，深為本州（新罕布夏）所不喜，死後半世紀康科特(Concord)的居民才為他立像紀念。這也是僅有的事。

布坎南

1. 第一位，迄今為止唯一的一位，單身漢總統。

2. 第一位曾任駐英大使的總統：1853-56 年，也是最後一位曾出使英國的總統；在他以前的總統曾任駐英公使者有約翰・亞當斯、孟羅、約翰・昆西・亞當斯及范布倫。

3. 最後一位曾任國務卿的總統：1845-49 年。在他以前的總統曾任國務卿者，有哲斐遜、麥迪遜、孟羅、約翰・昆西・亞當斯、范布倫。

4. 1856 年大選，共和黨第一次提名總統候選人與民主黨總統候選人對抗，奴隸制度問題第一次成為總統競選的重大爭議。競選中民主黨支持 1854 年〈堪薩斯／內布拉斯加法〉（推翻奴隸州與自由權力均衡的法律），謂國會無權干涉奴隸制度；共和黨則反對廢除 1820 年密蘇里折衷案（維持奴隸州與自由州權力均衡的法律），謂國會有廢除奴隸制度的義務。布坎南雖以 174 張選舉人票獲勝，而選民票 45.0 %，較之上屆大選減少 10 %。共和黨初試啼聲，表現不凡，其候選人約翰・C.・佛里蒙(John C.

Frémont)獲得選舉人票 114 張，選民票 134 萬（33.0％）。

5. 共和黨興起，爲美國政黨史上第三代兩黨制政治——民主、共和兩黨交替執政。

6. 布坎南爲克利夫蘭以前最後一位民主黨總統：1861-1885 年 24 年間未再有民主黨總統，爲兩黨交替間隔最長者。

林　肯

1. *第一位出生在原有 13 州以外的總統*：林肯生於肯塔基州哈定郡(Hardin County)。在他以前 15 位總統中生於維吉尼亞者 7，麻薩諸塞及紐約者各 2，南、北卡羅來納、新罕布夏及賓夕凡尼亞者各 1。傑克遜出生而非出身原有 13 州——生於南卡羅來納而長於田納西。

2. *第一位共和黨總統*：在他以前 15 位總統中聯邦黨 2，民主共和黨 4，民主黨 5，輝格黨 4。林肯原屬輝格黨，1856 年轉爲共和黨，該年共和黨第一次全國代表大會爭取副總統候選人提名，未果。1860 年共和黨提名候選總統，大選由於民主黨分裂及另一小黨出現，林肯以 180 張選舉人票當選。惟其 39.9％選民票，除 1824 年約翰・昆西・亞當斯外，爲所有少數總統百分數最低者。

3. 就職典禮第一位有攝影的總統，就職遊行第一次有黑人參加。

4. *第一位在職期間留有髯鬚的總統*：就職後開始留。

5. *第一位幽默大師的總統*：他不僅能令人捧腹，也能使貓發笑。他認爲幽默是摩擦和憂愁的「緩和劑」（"emollient"），笑聲是快樂、美麗、無所不及的「常綠樹」（"evergreen"）。他原是一位嚴肅的人，在內戰的艱苦歲月中，幽默可以使他放鬆，暫時撇開煩惱，恢復他的精神。在戰爭最黑暗的時間，他曾對一位朋友說：「我笑，因為我不能哭；如此而已。」（"I laugh, because I must not cry; that is all-that is all."）

6. 感恩節為美國第一個全國性節日，起源於北美英國殖民地普利茅斯(Plymouth)。1621 年該地居民獲得豐收後，舉行慶祝，以感謝上帝，逐漸形成習慣。第一次正式宣告為全國節日者，為 1863 年 10 月 3 日林肯宣布每年 11 月最後週四為感恩節。或謂第一個全國性感恩節是 1789 年 11 月 26 日國會決議及〈華盛頓文告〉所確定的，惟其宣布原在向憲法致謝，為反聯邦人士所反對，謂華盛頓的宣布違反各州權利，以此 1863 年林肯再宣布之。

7. 1864 年競選連任，為國家一次重大內戰期間第一次大選：南方 11 州第一次，也是唯一的一次，未參加選舉，林肯所得選民票為美國總統選舉中第一次超過 200 萬（221 萬），55 ％，為 1828 年傑克遜以後百分比最高者。

8. 第一位在職遇刺身亡的總統：1865 年 4 月 15 日。其他遇刺死亡的總統有賈飛德、麥金利及甘迺迪。

9. 第一位死後停靈國會圓形大廳、供人瞻仰的總統：國會圓形大廳(Capitol Rotunda)的黑色靈臺(Catafalque)為停放林肯的靈柩所建造。在此停靈的，總統有 9，包括 4 位被刺的總統：林肯、賈飛德、麥金利及甘迺迪；其他為哈定、塔虎脫、胡佛、艾森豪、詹森。副總統有亨利‧威爾遜(Henry Wilson)（格蘭特第二任內副總統，在職死亡）及韓福瑞(Herbert H. Humphrey)（詹森的副總統，任參議員 22 年，1968 年民主黨總統候選人）。第一位在國會圓形大廳停靈的，為亨利‧克雷，1852 年；曾任眾議員 30 年，其間 6 度任議長。佛蘭克林‧D.‧羅斯福在職死亡，停靈白宮東廳。

10. 死後百餘年歷史學家評定為第一位偉大總統：1948 年亞瑟‧斯勒辛格(Arthur Schlesinger, Sr.)原評為第二位偉大總統，次於華盛頓；1962 年小亞瑟‧斯勒辛格(Arthur Schlesinger, Jr.)調查所作評價，林肯則列爲第一，在華盛頓之上；1981 年摩雷／布勒辛(Murray-Blessing)所作調查，亦復如此。

約 翰 生

1. 最後一位未受過或幾乎未受過正規教育的總統：在他以前尚有傑克遜、泰勒、費爾摩、林肯等人。

2. 第一位被彈劾的總統：因戰後重建方案得罪急進派共和黨國會議員，衆議院藉口其違反〈任期法〉(the Tenure of Office Act)將陸軍部長免職，提出彈劾，1868 年 5 月 26 日參議院審判宣告無罪。

3. 第一位接見中國使節呈遞國書的美國總統：1867 年中國爲試辦遣使、應付修約，特派卸任的美國駐北京公使蒲安臣(Anson Burlingame)爲「辦理中外交涉事務大臣」，並以記名海關道志剛及禮部郎中孫家穀二人同任出使大臣，相偕前往有約各國。特使團一行先到美國，1868 年 6 月 2 日行抵華府。6 月 6 日約翰生在白宮接見三位中國出使大臣，由蒲安臣呈遞國書，約翰生逐一執手問好。其時美國歷任駐華公使均尚未能覲見中國皇帝，接見前，國務卿威廉‧ H.‧西華德(William H. Seward)致書蒲安臣謂美國總統接見中國使節，中國皇帝親政後，美國駐華使節亦應准覲見。6 月 10 日約翰生設國宴款待中國特使團，邀請與中國有約各國使節作陪。約翰生即席致辭：中美隔洋相望，實若近鄰，將來交往日久，自必愈見融洽。

4. 迄今爲止，最後一位未參加其後任總統就職典禮的總統：後任總統格蘭特未邀請他參加其 1869 年 3 月 4 日就職典禮，是被拒絕參加而非自動不參加，其情形與亞當斯父子不同。爲被拒絕的第一人。

5. 第一位卸任後再選入參議院的總統：離職後兩度競選國會

議員，均失敗。1874 年由田納西州議會選爲聯邦參議員，任職未及半年死亡。約翰・昆西・亞當斯卸任後 1830 年選入衆議院，服務 17 年之久。

6. **歷史學者評定爲 5 名「不及格」（「失政」）總統中第一名**：1981 年摩雷／布勒辛(Murray-Blessing)問卷調查，評定約翰生、布坎南、尼克森、格蘭特及哈定爲「不及格」總統。

格　蘭　特

1. **第一位西點軍校出身的總統**：1843 年畢業。另一位西點出身的總統，爲艾森豪，1915 年畢業。如以 1861-65 年任邦聯總統的哲斐遜・戴維斯(Jefferson Davis)計算在內，則不是第一位，惟南方邦聯失敗後，戴維斯被捕，控以叛國罪，繫獄兩年，保釋，美國歷史向不以戴維斯爲總統。又南方邦聯軍總司令羅伯・李將軍(General Robert Lee)亦西點畢業，且曾任西點校長(1852-55)，反對奴隸制度，反對脫離聯邦，只因效忠本州維吉尼亞，1861 年拒絕林肯任爲北軍總司令，勉強接受邦聯職位，1865 年 4 月 9 日在阿波麥托克斯鎮(Appomatox)向其同學小老弟格蘭特投降（李 1829 年畢業），結束南北戰爭。命運弄人，以李將軍的將才如統領北軍，不僅可以早日結束戰爭，又何至輪到格蘭特指揮聯邦軍（格蘭特 1864 年任總司令，比 1861 年林肯擬任李將軍晚 3 年）；格蘭特如非在內戰中嶄露頭角，又何來總統的職位。即令如此，李將軍之受人尊敬，絕非格蘭特所能望其項背。豈成敗不足以論英雄歟？總統與我何有哉！

2. **1868 年大選**，爲新解放的南方黑人第一次參加投票，新獲得選舉權的黑人選民絕大多數投共和黨的票。37 州中南方有 3 州仍「未重建」（“unreconstructed”）──尚未與聯邦重建關係，參加國會議員選舉。格蘭特得選民票 3,013,421，爲第一位超過

300 萬選民票的總統。

3. 1872 年競選連任，獲得空前勝利，其 286 張選舉人票 28 年後始爲麥金利所超越。

4. 第一位任內重大貪污醜聞充斥的總統：(1) 1869 年 9 月 24 日黑色星期五黃金投機弊案，涉及總統內親，造成市場危機；(2) 1872 年興業公司(Crédit Mobilier)承攬聯合太平洋鐵路，獲取不法暴利弊案，涉及國會議員及內閣官員多人；(3) 1874 年欠稅貪污案，牽連財政部長；(4)威士忌酒集團侵吞稅款，酒商及聯邦官員多人涉案，總統私人秘書亦牽連在內；(5)貝爾奈普受賄事件(Belknap bribery)，陸軍部長涉案。

5. 1866 年 7 月升陸軍上將(general of the army)，爲華盛頓後獲得此軍階的第一人。

6. 設立美國第一個國家公園──黃石國家公園，1872 年。

7. 第一位年薪 50,000 元的總統：1873 年 3 月 3 日國會增加總統年薪一倍。

8. 第一位曾來中國訪問的總統：卸任後周遊世界，1879 年曾來中國，應李鴻章之請調停中日琉球爭端，未成。

海　斯

1. 第一位現任州長當選的總統：1876 年大選，兩大政黨都提名現任州長爲總統候選人：共和黨，海斯，俄亥俄州長；民主黨，撒繆爾・J.・狄爾登(Samuel J. Tilden)，紐約州長。此後現任州長當選總統者，另有克利夫蘭、威爾遜、佛蘭克林・D.・羅斯福及柯林頓。

2. 第一位獲得選民票超過 400 萬張的總統：1868 年大選，格蘭特獲得選民票第一次超過 300 萬，1872 年 350 萬，1876 年 400 萬，此蓋由於內戰後新獲解放的黑人選民參加選舉迅速增加之故。

3. 第一位在 3 月 3 日宣誓就職的總統：海斯未照向例於大選次年(1877 年)3 月 4 日宣誓就職，因為該日適為星期日。他提前於 3 月 3 日不公開宣誓就職，而於 3 月 5 日舉行公開儀式，致 3 月 3 日技術上出現了兩位總統，因為格蘭特的任期 3 月 4 日才屆滿。

4. 第一位在白宮宣誓就職的總統，1877。另一位為佛蘭克林．D.．羅斯福，第 4 任期，1945。

5. 1876 年為美國獨立百週年，該年總統大選《哈沛週刊》(*Harper's Weekly*)的漫畫家湯瑪斯．納斯特(Thomas Nast)第一次用大象代表共和黨，而將民主黨繪成驢子，雖無褒貶之意，逐漸成為兩黨的象徵，1880 年大選開始使用。

6. 從南方撤退最後一批聯邦占領軍隊，結束重建：內戰後南方各州重建期間，由聯邦軍隊占領，軍事管制。海斯就職後，依照 1877 年和解案(the Compromise of 1877)承諾終止南方軍事占領，1877 年 4 月 24 日鎮守南方最後一批聯邦軍隊遵照海斯的命令從紐奧爾良撤退，重建結束。南人歡呼：南方「贖回了」("re-deemed")。

7. 否決第一個排華法案，簽訂第一個排華條約：1848 年加州發現金礦，淘金客蜂擁而至，中國人亦相率赴美充當廉價勞工。及至黃金潮退，中國人開始受到當地排斥。南北戰爭後美國積極發展交通，加速興建太平洋鐵路，需要大量勞工，中國人又受到歡迎，更多的中國人移民美國。但在鐵路景氣衰退，中國移民開始競爭其他工作時，美國排華運動又起，在政客煽動下由地方而聯邦，勢不可止。1879 年 3 月 11 日國會第一次通過排華法案，限制中國人移民美國。海斯以其違反〈蒲安臣條約〉中國人得自由移民美國的規定，否決之。但為爭取西部各州今後選票，命令國務卿與中國談判新約。1880 年大選，共和、民主兩黨政綱均贊成排斥華工。1880 年 11 月 17 日中美續訂條約——美國稱爲「排華條約」(the "Chinese Exclusion Treaty")——准許美國得限制,但非禁止,中國移民。

8. 第一位在職期間訪問西海岸的總統:1880 年 9 月 8 日到達舊金山。

9. 第一位有圖書館的總統:1912 年,海斯死後近 20 年,仰慕他的人在他的故居佛里蒙(Fremont)籌建的,作爲庋藏他的文件之所,不過尚不稱爲總統圖書館。第一座總統圖書館爲 1940 年在海德公園(Hyde Park)落成的佛蘭克林・D・羅斯福總統圖書館及博物館。

10. 他的妻子露西(Lucy)衛斯理女子學院(Wesleyan Women's College)畢業,是第一位大學畢業的第一夫人。她禁止白宮宴會供應含有酒精的飲料,損她的人稱她爲檸檬水露西(Lemonade Lucy)。她也創始復活節在白宮草坪引導滾彩蛋的習俗。總統妻子稱第一夫人,始於此時。

賈 飛 德

1. 最後一位出生在小木屋的總統。

2. 第一位左撇子總統:以後左撇子的總統有杜魯門、福特、布希、柯林頓。

3. 第一位已知有婚外情的總統:可能是 1862 年 10 月,婚姻關係存續中,在紐約市與一名叫做卡爾洪夫人(Mrs. Calhoun)有過短暫風流豔事。華盛頓及哲斐遜雖也曾與有夫之婦有過一段情,但都在未婚或婚姻關係已不存在之時。

4. 共和黨第一位黑馬——而且是最黑的黑馬——總統候選人:1880 年共和黨芝加哥全國代表大會關於總統候選人提名問題,嚴重分裂:「主流派」(the "Stalwarts"),亦即保守派,嗾使前總統格蘭特復出，破例競選第三任；「混合派」(the "Half-Breeds")，亦即溫和派，則贊成前衆議院議長、現任參議員詹姆斯‧G‧布雷恩(James G. Blaine)。賈飛德參加大會原承諾支持現任財政部長約翰‧雪曼(John Sherman)，雪曼亦希望以折衷派候選人贏得提名。但三派均得不到過半數，布雷恩／雪曼的勢力聯手擊敗格蘭特，而轉向賈飛德；賈飛德第36次投票獲得提名，此一紀錄迄今尚未打破（皮爾斯1852年第49次投票獲得提名而當選，那是因爲民主黨提名需要2/3多數票）。

5. 第一位從事「前廊競選」(the "front porch campaign")的總統候選人：賈飛德原是競選老手，1866年競選衆議員，曾旅行7,500哩，發表65次演說。但1880年競選總統，卻待在家中接待選民，從事前廊競選，此一策略1896年爲麥金利所仿用。

6. 第一位請其老母伊麗莎(Eliza)參加就職大典並同住白宮的總統：母年80，父早逝。這不僅是敬老，也是盡孝。

亞 瑟

1. 可能是第一位（也許唯一的一位）資格不合的總統：亞瑟生於佛蒙特北費菲爾(North Fairfield)教區，北費菲爾與加拿大接壤，有人說他生在佛蒙特邊界以外，是加拿大人，依憲法規定非生而爲美國公民，無資格當選美國副總統或總統。惟亞瑟否認此說，也無人提出反證。

2. 第一位簽署排華法的總統：1882年。1882年4月4日國會以加州籍民主黨衆議員約翰‧F‧米勒(John F. Miller)的提議通過排華法案，禁止華工移民美國20年；已在美國的華工必須登記領證；華工犯罪，立即遣返。亞瑟以其違反1880年中美條約，有悖美國信義，否決之。兩週後衆議院提出折衷案，「暫停」("suspend")所有各種華工入境10年；其他留學生、旅行、商人

等赴美，必須持有中國政府憑證；美國法院不准已居留美國的中國人取得美國公民資格。1882 年 5 月 6 日國會通過，亞瑟立即簽署，此即有名的〈排華法〉(the Chinese Exclusion Act)，亦稱〈1882 年限制法〉(the Restriction Act of 1882)。

3. 第一位簽署並執行文官法的總統，1883：亞瑟原爲分贓制的能手，1871 年格蘭特任命他爲紐約港海關稅務司，顯然是酬勞他助選有功。他得了這項肥缺之後，濫權舞弊，捐獻攤派，肆無忌憚，1878 年爲海斯免職。1880 年共和黨大會，賈飛德被徵召提名後，爲了安撫黨內保守勢力，選亞瑟爲競選夥伴。1881 年賈飛德爲獵官不遂者刺殺後，全國上下對於分贓制不滿達於極點，國會乃於 1883 年 1 月 16 日制定〈彭德頓文官法〉(the Pendleton Civil Service Act)，建立文官制度，有美國文官制度大憲章之譽，亞瑟不但簽署本法，而且忠實執行之，前後判若兩人。

克利夫蘭

1. 內戰以來第一位民主黨總統：民主黨等了四分之一世紀，才選一名黨員進入白宮，在此期間共和黨有 6 人相繼住進白宮。

2. 克利夫蘭做過郡保安官、布法羅市長、紐約州長，從未在華府任職。第一次去華府，就是去就總統職。他的競選對手詹姆斯・G・布雷恩(James G. Blaine)從衆議員到參議員，到國務卿，在華府住了 20 年（1876 年及 1880 年兩度爭取總統候選人提名未成；1884 年獲得提名），就是未能進入白宮。

3. 第一位公開承認有婚前風流韻事而當選的總統：1871 年在布法羅任保安官時，與一名叫做瑪莉亞・C・海爾平(Mrs. Maria C. Halpin)的婦人往來，生一子，1884 年大選期間經報紙披露，克利夫蘭承認其事。

4. 第一位，迄今爲止唯一的一位，非連續兩任的總統：第 22

任及 24 任。

5. 1884 年大選第一次超過 1,000 萬選民參加選舉。

6. 第一位在白宮結婚、生育子女的總統：1885 年克利夫蘭入主白宮時，48 歲，仍是單身漢，1886 年與 21 歲的福蘭西絲‧佛爾森(Franci Folsom)在白宮藍廳結婚，為當時華府一件盛事，其次女愛斯特(Esther)1893 年在白宮出生，為第一個在白宮出生的總統子女。第一個在白宮出生的孩子，為哲斐遜的外孫（其長女之子）詹姆斯‧麥迪遜‧蘭道夫(James Madison Randolph)，1806 年生。1844 年泰祿及 1915 年威爾遜任職期間再娶，典禮均不在白宮內。

7. 據傳第一位品嚐雜碎(chop suey)的美國總統：炒雜碎這道美式中國菜，據稱係 1896 年李鴻章訪美時傳至美國的。

本嘉明‧哈利生

1. 第一位，迄今為止唯一的一位，在大選中擊敗現任總統，而以現任總統又為其前任所擊敗的總統：1888 年擊敗尋求連任的克利夫蘭，1892 年尋求連任為東山再起的克利夫蘭所擊敗。

2. 1892 年大選，共和、民主兩黨第一次同時分別以大象及驢子為象徵從事競選。

3. 第一位獲得選民票超過 500 萬張的總統：其競選對手克利夫蘭亦超過 500 萬，且較哈利生為多。

4. 第一位在白宮裝飾耶誕樹的總統。

5. 19 世紀最後一位鬍鬚滿面的總統：其他滿臉于思的總統有林肯、格蘭特、海斯、賈飛德。

6. 白宮安裝電燈照明，始於他的任內；1891 年：他和他的夫人怕電擊，不敢觸碰開關，任電燈通宵開著，直到次晨電匠來關掉。

麥 金 利

1. 最後一位內戰退伍軍人入主白宮：18 歲參加內戰，22 歲退伍，1861-65，官至少校。

2. 麥金利的 1896 年競選由於馬克・漢納(Mark Hanna)的策劃，成爲第一個由專業人員經辦的競選活動。漢納是俄亥俄州工業大亨（麥金利出生俄亥俄，當選俄亥俄州籍聯邦參議員及俄亥俄州長），大力支持麥金利競選——爲麥金利募得 700 萬元競選費；派出 1,500 名宣傳人員到全國各處，寄發幾百萬本競選小冊子，推銷麥金利；先後從全國各地安排 75 萬人來到麥金利住處拜訪，麥金利則待在家中接待訪客，從事「前廊競選」。漢納成爲共和黨第一個全國性「黨魁」。麥金利的競選對手民主黨總統候選人威廉・J・布萊安(William J. Bryan)是名演說家，以「不要金十字架」（"No Cross of Gold"）的演說贏得民主黨提名。他更是競選演說的能手，競選旅行之遠（27 州，18,000 哩）、會見選民之多（500 萬人）、發表演說之多（600 次，每日 10-20 次），爲前此任何總統候選人所不及。他一天 36 次演說的紀錄，迄今尚無人打破；他的 Whistle-Stopping 競選策略（乘坐火車，小城小鎮鳴笛短暫停留，從平臺或在月臺上向選民致意並發表簡短談話），1948 年爲杜魯門所效法。就積極推銷自己言，他是第一位「現代」總統候選人。

3. 麥金利爲第一位獲得超過 700 萬選民票的總統，也是格蘭特後第一位兩次大選均獲得過半數選民票的總統（林肯只 1864 年大選所得選民票超過半數）。

4. 經歷 19 世紀最後一次大選（1900 年連任選舉），出任 20 世紀第一位總統（第二任期 1901 年 3 月 4 日就職）。

5. 在其任內美國第一次成爲世界強國，加入帝國主義行列：

兼併夏威夷；美西戰爭取得波多黎各、關島及菲律賓；維持中國門戶開放政策，義和團事變，參加八國聯軍；開始談判開鑿巴拿馬運河；支持陸軍撥款案附加條款，通稱普萊特修正案(the Platt Amendment)者，給予美國干涉古巴的權利。

狄奧多・羅斯福

1. 第二位在國外結婚的總統：1886 年與愛迪絲(Edith)在英國倫敦結婚，爲其第二次結婚。第一位在國外結婚的總統爲約翰・昆西・亞當斯，1797 年，也在倫敦。美國只有此兩位總統在國外結婚。

2. 在新聞標題或書刊縮寫中常稱爲 TR，是第一位以姓名首字母通稱的總統。在他以後則有 FDR、JFK、LBJ。

3. 副總統候選人積極從事競選的第一人：1900 年大選，與麥金利搭檔，爲副總統候選人積極從事競選的第一次。副總統攀附總統列車坐上第二把交椅，在競選期間只是幫腔而已。然而羅斯福不然，費城大會提名時，他是西部代表所喜愛，而爲共和黨黨魁、麥金利的競選總幹事馬克・漢納(Mark Hanna)所反對，認爲他難以控制。競選期間麥金利以現任總統，和以往歷屆總統一樣，保持超然，不再從事前廊競選活動，羅斯福正好取而代之，與民主黨總統候選人威廉・J・布萊安(William J. Bryan)對陣。他雖未打破布萊安競選演說的紀錄，卻勝過他的競選旅行的路程，以 21,000 哩（經歷 24 州，在 567 處城市，發表 673 次演說）對 16,000 哩，爲副總統候選人積極競選的第一人。

4. 第一位正式稱總統官邸爲白宮的總統：1902 年。白宮初建係灰色（維吉尼亞砂石所建），1814 年被英軍焚毀，外牆燒成灰黑色，戰後重修，粉刷成白色，白宮（白色大房子）之名由是而起。惟見於官文書，則始於狄奧多・羅斯福 1902 年，命令所有總統官邸的文具都印上白宮字樣，白宮之名正式確定。

5. 繼任總統靠自己條件贏得總統大選的第一人：1904 年。1901 年因麥金利遇刺死亡以副總統繼任，1904 年大選靠自己條件當選總統，為「繼任」總統("successor" President)的第一人。其後則有柯立芝、杜魯門、詹森；任至原有任期屆滿而止者，則有泰祿、費爾摩、約翰生、亞瑟、福特。

6. 贏得 20 世紀第一個壓倒性的選舉勝利：1904 年大選，羅斯福得選舉人票 336 張，選民票 57％，均屬空前最高。而其民主黨對手的失敗為 1872 年以後最慘者——選舉人票 140 張，選民票 38％。

7. 第一位不戴帽發表就職演說的總統：1905 年 3 月 4 日。不一定有特別意義，而是第一次發生的事。

8. 第一位提倡改革、第一位有新思想的總統：執行〈反托辣斯法〉，打擊壟斷性大企業，制定純淨食品及藥物法，保護自然資源。

9. 建立第一座國家紀念碑：685 呎高的魔鬼塔(Devil's Tower)，1906 年，在懷俄明州。

10. 第一位在職期間出國訪問的總統：1906 年 11 月 9 日起乘坐路易西安那號(Louisiana)戰艦前往巴拿馬，訪問巴拿馬地峽，視察巴拿馬運河工程，作為期 17 天的國外旅行。這項耗資 37,500 萬美元、歷時 8 年完成的運河計畫是他最引以為傲的成就之一。

11. 美國獲得諾貝爾獎的第一人：因調停日俄戰爭，得 1906 年諾貝爾和平獎。

12. 在其任內一枝 16 艘戰艦組成的「白色大艦隊」("the Great White Fleet")第一次繞航世界，展示美國海上實力：1907 年 12 月 16 日出航，1908 年 2 月 22 日回航，歷時 1 年兩個月又 6 日。

13. 第一位乘潛艇潛航的總統：1905 年。

14. 延攬第一名猶太人入閣：1906 年任命奧斯卡‧S.‧斯特勞斯(Oscar S. Straus)爲商務及勞工部長(Secretary of Commerce and Labor)。斯特勞斯爲德國移民，曾在克利夫蘭及麥金利任內任美國駐土耳其公使，後又在塔虎脫任內任駐土大使。

15. 第一位將爭端交付常設公斷法院公斷的美國總統：英美北大西洋沿岸漁業案(North Atlantic Coast Fisheries Case)，1908年。法院 1910 年裁決。

塔 虎 脫

1. 第一位耶魯大學出身的總統：1878 年畢業。另一位耶魯大學出身的總統爲布希，1948 年畢業。福特及柯林頓爲耶魯法學院畢業。

2. 第一位年薪 75,000 美元的總統：1909 年 3 月 4 日國會通過法案增加總統年薪百分之五十。

3. 第一任駐菲律賓總督、第 27 任總統、第 10 任最高法院院長，爲集行政、司法最高首長於一身的第一人：失敗的總統（競選連任失敗，且失敗得很慘——選舉人票 8 張，選民票 23.2％），傑出的院長；寧願當院長而不願任總統，卻先任總統，後當院長。他是美國史上最不願候選總統者之一。

4. 喜愛玩高爾夫的總統多矣，他是第一位：在他以後有威爾遜、艾森豪、甘迺迪、尼克森、福特、布希及柯林頓。

5. 第一位推動憲法修正案第 16 條的總統：1909 年國會通過，送請各州批准，1913 年生效，授權國會立法課徵聯邦所得稅。

6. 創造「金元外交」（"Dollar diplomacy"）一詞的人：意指多年以來，特別是 20 世紀初起，美國利用經濟滲透、商業交易試圖在亞洲及拉丁美洲獲得利益，增長權力，爲一種隱藏式的帝國主義(a clandestine imperialism)。

7. 美國聯盟(the American League)與國家聯盟(the National League)兩大職業棒球聯盟冠軍隊每年棒球季節舉行的總冠軍賽，是一件盛事，開賽時例由總統投出象徵性的第一球，以示兩大聯盟總冠軍連賽(the World Series)開始。創始此一習慣的，爲噸位最重的塔虎脫：1910 年華盛頓參議員隊(the Washington Senators)與費城運動員隊(the Philadelphia Athletics)比賽時，由塔虎脫開球，奠定了這一習慣。

8. 第一位 48 個鄰接州(the conterminous US)的總統：1912 年新墨西哥及亞利桑那相繼建州，加入聯邦後，美國第一次成爲48個毗連的州。47 年後阿拉斯加及夏威夷建州，美國擁有整整 50 州，惟二州均不與本部相連。

9. 第一位死後葬在阿靈頓國家公墓的總統，也是喪禮首次由無線電台廣播的總統：1930 年 3 月。另一位葬在阿靈頓公墓的爲甘迺迪。迄今爲止只有此兩位總統死後葬在阿靈頓。

威 爾 遜

1. 內戰後第一位生長南方而當選的總統，也是迄今爲止8位出生維吉尼亞州的總統中最後一位。

2. 第一位獲得博士學位、第一位學術界出身的總統：從學府到白宮中間只擔任過一項公職——新澤西州長——短短兩年期間躍居最高行政職位，尚無第二人。

3. 第一位靠競選演說(stumping)及競爭對手分裂而贏得大選的總統候選人：1912 年大選，共和黨因狄奧多‧羅斯福復出而分裂，威爾遜雖少從政經驗，卻是一名有技巧的演說家，富有熱誠。他提出一套「新自由」("New Freedom")的自由經濟計畫，大獲全勝。1916 年尋求連任時，除在新澤西避暑山莊發表幾次前廊演說外，並未積極從事競選活動，深信人民要他繼續任職。惟該次大選是真正影響世界的第一次選舉。

4. 他是第一位一次選舉擊敗兩位總統的人：1912 年大選一舉擊敗現任總統塔虎脫及前任總統狄奧多‧羅斯福。

5. 第一位獲得 400 以上選舉人票的總統：1912 年大選獲得 435 張選舉人票，48 州中贏得 40 州，惟選民票僅占 42.3 %。1916 年大選雖獲連任，選民票提高至 49.3 %，而選舉人票則跌落至 277 張。他是第二位兩任「少數總統」，在他之前有克利夫蘭，之後有柯林頓。

6. 最後一位乘坐馬車前往宣誓就職的總統：1913 年 3 月 4 日及 1917 年 3 月 5 日。

7. 就職後親自到國會對兩院發表其第一個咨文：1913 年 4 月 8 日。為約翰‧昆西‧亞當斯後 88 年來第一位總統。亞當斯曾於 1825 年 12 月 6 日親臨國會發表其第一個年度咨文。

8. 第一位定期舉行記者會的總統：1913 年起。

9. 最後一位未照向例於大選次年 3 月 4 日宣誓就職的總統：1917 年 3 月 4 日依例為威爾遜第二任期就職日期，因該日適為星期日，他延至次日宣誓就職。他的第一任期就職則照例辦理。憲法修正案第 20 條明定總統任期至大選之年次年 1 月 20 日正午截止，今後新任總統宣誓就職日期毫無伸縮餘地。

10. 第一位世界大戰的總統：美國的「戰時總統」（“War Presidents”）不止一人──麥迪遜是 1812 年之戰的總統，波克是美墨戰爭的總統，林肯是南北戰爭的總統，麥金利是美西戰爭的總統，惟均為兩國之間或內戰期間的總統（韓戰、越戰及波斯灣戰爭，美國均未曾宣戰，只是使用武力而已），而威爾遜則是第一位世界大戰的總統。佛蘭克林‧D.‧羅斯福是第二位。

11. 第一位世界領袖級的總統：發表十四條，陳述建立世界新秩序的原則；領導美國參戰，拯救歐洲於危難；出席巴黎和會，與英國首相大衛‧勞埃‧喬治(David Lloyd George)及法國總理喬治‧克里蒙梭(Georges Clemenceau)組成三巨頭，共謀戰後和平；創立國際聯盟，藉集體安全維持世界秩序，更給後世持久影響：凡此均為以往任何總統所不及。

12. 第一位在職期間越過大西洋的總統：1918 年 12 月 4 日率領一大批歷史學家、地理學家、政治學家及經濟學家乘船前往歐洲，參加巴黎和會。代表團中有國務卿藍辛(Robert Lansing)及威爾遜的好友豪斯上校(Colonel House)，無來自國會的任何人。

13. 推動憲法修正案第 19 條，第一次賦予婦女選舉權：1919 年通過，1920 年生效。

14. 第一位，迄今為止唯一的一位，葬在華府的總統：葬在華盛頓國民大教堂(the Washington National Cathedral)。

哈　定

1. 第一位，迄今為止唯一的一位，傳說有黑人血統之謎的總統。

2. 第一位新聞記者出身的總統：一名小城市報紙——俄亥俄州《馬里翁明星報》(the *Marion Star*)的發行人，他的競爭對手、民主黨總統候選人詹姆斯‧M.‧柯克斯(James M. Cox)也是記者出身、報紙發行人——俄亥俄州《戴頓每日新聞報》(the *Dayton Daily News*)：此種情形亦屬第一次。

3. 第一位現任聯邦參議員當選的總統：甘迺迪是第二人。杜魯門、詹森及尼克森則以現任聯邦參議員而當選副總統。

4. 第一位在「煙霧瀰漫的房間」中決定的候選人：1920 年共和黨芝加哥大會因候選人提名陷於僵局，暫時休會，當天夜晚各派領袖在旅館「煙霧瀰漫的房間」(the "smoke-filled room")密商，決定了哈定，第二天大會才脫穎而出，獲得提名。

5. 其當選之年的大選婦女第一次享有選舉權，選民人數及候選人所得選民票數均屬空前：憲法修正案第 19 條 1920 年 8 月 18 日生效，選民人數巨額增加，投票人數前此均在 1,500 萬以下，1920 年大選第一次超過 2,500 萬；當選候選人所得選民票以往均在 1,000 萬以下，1920 年大選則增至 1,600 萬。哈定是第一位獲得選民票超過 1,500 萬的總統，而選民票的百分比 1920 年亦第一次達到六成——60.4％。以後其他獲得選民票超過 60％者，佛蘭克林·D.·羅斯福，1936 年，60.8％；詹森，1964 年，61.1％；尼克森，1972 年，60.7％。

6. 1920 年大選的結果第一次利用無線電台報導：哈定與柯克斯的選舉結果第一次在匹茲堡 KDKA 無線電台播報。哈定的就職大典亦第一次由無線電台予以敘述。

7. 第一位乘坐汽車前往宣誓就職的總統：1921 年 3 月 4 日。

8. 第一位利用無線電廣播發表演說的總統：1922 年 6 月 14 日在巴爾的摩麥克亨利砲臺爲佛蘭西斯·史考特·凱紀念碑(the Francis Scott Key Memorial)奉獻典禮致詞。凱爲美國國歌的作者。

9. 他的政府貪污醜聞充斥，不亞於格蘭特的政府，甚或過之，茶壺頂石油保留地(the Tea Dome oil reserve)、鹿角山石油保留地(the Elk Hills oil reserve)、外僑財產管理局、退伍軍人管理局種種弊案，在短短不到兩年半期間相繼發生。格蘭特及哈定二人均以高票當選（格蘭特所得選舉人票空前，哈定所得選民票破紀錄），而政績亦同列不及格。依照 1962 年歷史學家調查所作評價，他們同屬僅有的兩位「失政」總統，而哈定則是其中最差的一位，爲所有美國總統中倒數第一人。

10. 四位在職病死的總統中第一位不死於白宮——金山市旅次。第二位爲佛蘭克林·D.·羅斯福，喬治亞州溫泉市。

柯立芝

1. 第一位，迄今唯一的一位 7 月 4 日出生的總統。

2. 第一位有印第安人血統的總統。

3. 第一位由其父監誓宣誓就職的總統：哈定病逝時，柯立芝正在佛蒙特普里茅斯山峽(Plymouth Notch)其父的農莊，消息傳到後，柯立芝於 1923 年 8 月 3 日清晨兩點三刻就地由其任治安法官(justice of the peace)兼公證人的父親監督宣誓就職。

4. 提名柯立芝競選總統的共和黨克利夫蘭大會（1924 年 6 月 10-12 日）是第一次經由無線電廣播的全國代表大會。無線電廣播改變了未來競選活動，戶外競選演說(stump speaking)因而減少，競選費用隨之增加。到了 1928 年無線電便成為重要政治工具。

5. 就職演說第一次由無線電廣播的總統：1925 年 3 月 4 日。

胡 佛

1. 第一位出生在密西西比河以西的總統：生於愛阿華州。

2. 第一位西岸大學出身的總統：1895 年史丹福大學第一班畢業。

3. 第一位，迄今為止唯一的一位，工程師出身的總統：一位成功的採礦工程師，年輕時即成為百萬富翁。

4. 第一位所得選民票超過 2,000 萬的總統：2,139 萬。

5. 第一位教友派教徒(Quaker)的總統：教友派禁止發誓，因此，1929 年就職時，依照憲法規定將「余謹宣誓」（"I do solemnly swear"）等字樣易為「余謹確認」（"I do solemnly affirm"）。皮爾斯是聖公會教徒，1853 年就職前因其子意外死亡，認為係上

帝懲罰其罪，宣誓就職時亦將「宣誓」易爲「確認」。尼克森亦爲教友派教徒，他拒絕教友派和平主義的信條，二次大戰期間應徵加入海軍。他也不理教友派禁止發誓，而於就任副總統及總統宣誓時，並未將「宣誓」易爲「確認」。

6. 第一位把電話機裝在橢圓形辦公室辦公桌上的總統：以往總統的電話機都裝在鄰室。

7. 第一位經濟大蕭條(the Great Depression)時期的總統：就職不久，即遭遇 1929 年 10 月 29 日「黑色星期二」(Black Tuesday)華爾街股市崩盤，隨之發生經濟大蕭條，胡佛雖立即採取行動，所採行動且比前此任何總統爲多，卻無法挽回頹勢。想不到具有非常才能、服公職有過非凡成就、當選時所得選舉人票（444 張）及選民票（2,139 萬張）均屬空前的胡佛，竟因大蕭條的災難連累，競選連任慘敗，錫以被擯棄的總統(the President Reject)。

佛蘭克林・D.・羅斯福

1. 第一位，也是迄今唯一的一位身體殘障的總統：1921 年 8 月，39 歲，在坎坡柏洛島(Compobello Island)上度假時，感染小兒麻痺症，腰部以下癱瘓，不能行走，但未斷送其政治前途，在危機期間顯示出卓越的領導才能。

2. 競選副總統失敗而競選總統獲勝的第一人：1920 年大選與詹姆斯・M.・柯克斯(James M. Cox)搭檔競選，敗於哈定及柯立芝，1932 年當選總統。以後除當選連任外，並曾三度、四度當選，眞是前無古人，後無來者。

3. 1932 年大選：民主黨大會提名後，羅斯福即以空前舉動飛往芝加哥，親自向大會發表接受提名演說，爲不待正式通知親往接受提名的第一人。競選期間他旅行 23,000 哩，經歷 41 州，發表 27 場重要競選演說，32 場次要演說，演說稿由一批學術專家通稱爲智囊團(the Brain Trust)者所撰寫（而非如他的競爭對手胡佛自行起草）。競選事務則由競選總幹事統籌。分頭並進，爲第一個最現代、最有組織的競選活動。艾利娜‧羅斯福(Eleanor Roosevelt)的角色不復限於接待來賓，陪同丈夫出席演說會場；她積極參與助選，是第一位眞正政治上活躍的候選人的妻子。

4. 1936 年大選：羅斯福是第一位獲得美國勞工組織支持的總統候選人。他的連任競選獲得空前勝利──第一位選舉人票超過 500 張、選民票超過 2,500 萬的總統。

5. 1940 年大選：羅斯福尋求史無前例的第 3 任，不僅《紐約時報》反對，他自己的陣營內也第一次出現異議（如他的副總統及他的郵政總長，也是他前兩次大選的競選總幹事）。共和黨費城大會第一次由電視播送的全國代表大會。美國史上第一次 5,000 萬選民參加的選舉。

6. 1944 年大選：寵物小狗第一次在大選中扮演角色：共和黨指責羅斯福派軍艦前往阿留申群島尋回他視察時失落該地的寵物小狗法拉(Fala)，羅斯福借題發揮，發表一篇被稱爲「法拉演說」(the "Fala speech")。於是法拉與 V 字及驢子同成爲競選象徵。這是內戰以來重大戰爭中的第二次大選，羅斯福借用林肯的戰時競選口號「中流勿換馬」("Don't Swap Horses in the Middle of the Stream")，改作「過河勿換馬」("Never Swap Horses While Crossing a Stream")，爲其在第二次大戰期間尋求第 4 任的競選口號。馬雖未換，而所得選舉人票及選民票的百分比爲其 4 次大選中最少者：

1932：472；57.4 ％
1936：523；60.8 ％
1940：449；54.8 ％
1944：432；53.5 ％

7. 最後一位在 3 月 4 日宣誓就職的總統：1933 年 3 月 4 日。

自憲法修正案第 20 條生效後（1933 年 10 月 15 日），總統就職日期改爲任期屆滿之年 1 月 20 日，故其第二任期就職即照新規定。

8. 第一位依憲法修正案第 20 條規定，在大選之年次年 1 月 20 日就職的總統：1937 年 1 月 20 日。

9. 第一位打破傳統命令其閣員不必等待參議院認可，即於白宮宣誓就職的總統：1933 年 3 月 4 日總統就職後，爲緊急處理惡劣的經濟情況。

10. 第一位任命一女性閣員的總統：1933 年 3 月 4 日任命佛蘭西絲・帕金茲(Frances Perkins)爲勞工部長，終其 4 任未另易人。

11. 任命第一位女性爲駐外使節的總統：1933 年任命露絲・布萊安・歐文(Ruth Bryan Owen)爲駐丹麥公使，露絲爲威廉・J・布萊安(William J. Bryan)（1896、1900 及 1908 三度民主黨總統候選人，1912-15 年任威爾遜的國務卿）的女兒。

12. 平時總統而國會賦予類似戰時廣大緊急處分權力的第一人：就職典禮時宣布：「我將要求國會賦予對緊急事態作戰的廣大行政權力，權力之大猶如我們被敵國侵犯時可能賦予我的那樣。」1933 年 3 月 9 日至 6 月 16 日「百日國會」（"Hundred Days"）通過各項新政法案賦予空前的廣大行政權。

13. 爲俄國十月革命、1919 年美俄斷交後第一位與蘇聯復交的總統：1933 年 11 月 16 日羅斯福在白宮與蘇聯外長李維諾夫(Maxim Litvinov)會晤後，宣布美國與蘇聯恢復外交關係。他也是第一位訪問蘇聯的總統：1945 年 2 月雅爾達會議；惟正式訪問的，則爲尼克森，1972 年 5 月。

14. 第一位在職期間主持宗教禮拜的總統：1934 年 4 月 1 日在基維斯特(Key West)外海美國諾馬哈號(USS *Noumahal*)軍艦甲板上。

15. 第一位經常利用無線電廣播與國人「爐邊談話」("Fireside Chats")的總統：「爐邊談話」頗具知識性，又受人歡迎，為羅斯福所創始的無線電廣播。羅斯福是一位長於溝通的人，他利用無線電波將親切的聲音傳到每個家庭，既可以讓人民了解政府的施政，又可恢復人民的信心。在紐約州長任內雖已開始，而任總統第一次「爐邊談話」為 1933 年 3 月 12 日——就職後第 9 日，總計 6 年間共 27 次。

16. 第一位試圖大規模改組最高法院，將法官增為 15 人的總統：因最高法院判決一些新政重要立法違憲，1937 年第二任期開始，挾其連選勝利的餘威，即設法加以改組，遇有法官年逾 70 而不退休者，每一人總統得提名一新法官，最多以 6 人為限，使法官人數增為 15 人，支持新政的法官可占多數。此即通稱為「操縱」法院計畫(the Court "packing" plan)，引起激烈辯論，未為國會同意。

17. 第一位在電視螢幕上出現的總統：1939 年 4 月 30 日紐約世界博覽會(the New York World Fair)開幕，羅斯福致辭。這項電視廣播致辭，由 NBC 製作。

18. 第一位在白宮宴請英國君主的總統：1939 年 6 月 7-12 日英王喬治六世及王后伊麗莎白訪問美國，為英國君主第一次踏上美國土地，羅斯福及夫人在白宮國宴款待。

19. 第一位以民主黨總統而任命兩位共和黨著名人士為閣員：1940 年 6 月 20 日在共和黨全國代表大會前夕，突然任命前胡佛總統的國務卿亨利‧L‧史汀生(Henry L. Stimson)為陸軍部長及 1936 年共和黨副總統候選人法蘭克‧諾克斯(Frank Knox)為海軍部長。此舉不僅在顯示美國團結一致，尤在提升羅斯福的政治聲望，為第 3 任作準備。

20. 第一位大量擴充白宮幕僚人員的總統：哲斐遜只有秘書及傳達各 1 人相助；威爾遜經歷一次大戰，只有 7 名助理；羅斯福實行新政，迎接二次大戰，接受總統委員會的建議，將幕僚增至 170 人。

21. 簽署第一個平時兵役法的總統：1940 年 9 月 16 日簽署〈選募兵役法〉(the Selective Training and Service Act)，要求 21 歲至 35 歲的男子登記接受軍事訓練。

22. 第一位打破兩任傳統的總統：1940 年第三度當選，1944 年第四度當選。憲法修正案第 22 條限制總統的任期不得超過兩任，今後不會再有三任、四任的總統。

23. 第一位促成「曼哈坦計畫」(the "Manhattan Project")、發展原子武器的總統：1942 年 8 月。

24. 第一位利用無線電波以外語對外國人民發表演說的總統：1942 年 11 月 7-8 日盟軍在法屬北非摩洛哥及阿爾及利亞登陸後，羅斯福以法語對當地居民講話。

25. 第一位乘坐飛機出國參加高峰會議的總統：1943 年 1 月 14-24 日，遠赴北非卡薩布蘭加(Casablanca)羅邱之會。分 4 段飛行：1 月 11 日從邁阿密乘南方飛剪號(*Dixie Clipper*)飛千里達(Trinidad)，10 小時；由此飛往巴西北海岸一處機場，9 小時；然後越過大西洋至非洲西海岸英屬甘比亞(British Gambia)，19 小時；換乘 C-54 運輸機至目的地，8 小時：共計飛行 46 小時，對健康已逐漸衰退的羅斯福是一項嚴酷的考驗。

26. 第一位戰時環球旅行次數最多、航程最遠的總統：1941 年 8 月紐芬蘭外海北大西洋羅邱之會（美國尚未參戰），1943 年 8 月及 1944 年 9 月兩次魁北克之會，路程較近，均不論矣；其 1943 年 1 月 14-24 日卡薩布蘭加羅邱之會，1943 年 11 月 22-26 日羅邱蔣開羅之會，同年 11 月 28 日至 12 月 1 日羅邱史德黑蘭之會，及 1945 年 2 月 3-11 日羅邱史雅爾達之會，均繞地球近半。

27. 林肯以後第一位親臨戰場的總統：1943 年 1 月視察北非戰場。

28. 第一位擁有私人飛機的總統：稱為「聖牛號」(*Sacred Cow*)。

29. 第二位迄今最後一位，在白宮宣誓就職的總統：1945 年 1 月 20 日，第四任期。第一位為海斯，1877 年 3 月 3 日。

30. 迄今為止，最後一位在職死亡而且非死於白宮的總統：1945 年 4 月 12 日腦溢血死於喬治亞州溫泉市(Warm Springs)。

31. 其妻子為第一位舉行正式記者會的白宮女主人：羅斯福就任後，艾利娜常於週一邀請記者在白宮相會，使不得參加總統正式記者會的女記者，亦可獲得資訊。

杜 魯 門

1. 20 世紀第一位，也可能是唯一的一位，未受過高等教育的總統。

2. 20 世紀，也可以說約翰‧泰祿後一百餘年來，第一位意外總統：前此從未有過行政經驗，擔任副總統不到 3 個月，除偶爾參加內閣會議外，重大問題從未被諮商過，突然繼承大任，短期間確實有些人難以想像。在羅斯福逝世前，甚至連他自己也從未想到有一天會成為總統。別說總統，就是當初候選副總統，也是在羅斯福的壓力下才勉強同意。

3. 第一位戰時繼任總統職位的人：1945 年 4 月 12 日，其時第二次大戰尚未結束。其他 8 位繼任總統均在平時或戰爭已結束。

4. 就職才滿 3 個月即遠赴德國參加戰時 3 巨頭最後一次會議：1945 年 7 月 17 日至 8 月 2 日波茨坦會議，與邱吉爾（7 月 27 日後，艾德禮）及史達林第一次會晤。

5. 歷史上第一位，也很可能最後一位，決定使用原子彈轟炸日本的總統：1945 年 8 月 6 日轟炸廣島，8 月 9 日第二枚原子彈投向長崎，迫使日本早日投降。

6. 1947 年 3 月 12 日要求國會撥款 4 億美元，援助希臘及土耳其抵抗國內少數武裝叛亂及外來壓力，以遏止蘇聯擴張主義，由此所形成的杜魯門主義(the Truman Doctrine)爲戰後東西冷戰的最早信號，亦美國圍堵政策的第一個重大嘗試。

7. 第一位總統在白宮演說由電視播送：1947 年 10 月 17 日，談論世界糧食危機。電視第一次成爲總統用作與國人溝通的媒介。

8. 感恩節晚餐食用火雞的習俗起源甚早，可以上溯 1621 年普利茅斯殖民地清教徒慶祝第一個感恩節開始。飼養火雞業者於感恩節呈獻火雞給總統，始於 1947 年杜魯門，自是成爲另一習俗。

9. 1948 年當選連任，爲美國有史以來政治上第一個最出乎意料的選舉結果：民主黨費城大會，提名競爭開始並不樂觀。杜魯門雖是現任總統，卻非一路領先，大戰英雄艾森豪拒絕過早提名後，才輪到他。他的堅強民權立場使南方民主黨另組邦權黨(the States' Rights Party)，提名南卡羅來納州長史脫姆・塞爾蒙德(Strom Thurmond)爲候選人；他的強硬反共政策引起自由派民主黨與共產黨合組進步黨(the Progressive Party)，以前副總統亨利・華萊士爲候選人。他的主要競爭對手紐約州長湯瑪斯・E.・杜威(Thomas E. Dewey)是上屆共和黨總統候選人，如非大戰方殷，幾可擊敗羅斯福，本屆捲土重來，銳不可當。競選期間《紐約郵報》(*New York Post*)勸告民主黨不必浪費心力，乾脆承認杜威得勝。《新聞週刊》(*Newsweek*)報導 50 名政治專家中只有 1 人認爲杜魯門會勝利。幾乎所有民意調查也都顯示杜威獲勝：民意調查專家艾爾莫・羅培(Elmo Roper)9 月 9 日預測杜威 44 ％對杜魯門 31 ％；以後便不再調查，因爲杜威「幾乎篤定當選」("almost as good as elected")。蓋洛普民意調查(Gallup poll)創始人喬治・H.・蓋洛普(George H. Gallup)10 月 1 日預言杜魯門失敗如山倒，輸贏的機會是 15：1。杜魯門不信報章雜誌、政治專家及民意測驗，照常進行他的「小城小鎮鳴笛停車」的競選（"Whistle-stop" campaign），旅行 31,700 哩，發表 352 次演說。逼近大選之期，《生活月刊》(Life)提及杜威，稱之為「下屆總統」(the "Next President")。大選第二日，杜魯門返回華盛頓途經聖路易，高舉該日早版《芝加哥每日論壇報》(*Chicago Daily Tribune*)，其橫貫全頁大標題：「杜威擊敗杜魯門」（"DEWEY DEFEATS TRU-MAN"），讓記者拍照，一時傳為笑談。

10. 第一位年薪 100,000 美元、第一位獲得特支費的總統：1949 年 1 月 19 日國會通過法律，總統年薪由 75,000 美元增至 100,000 美元，外加每年開支津貼(expense allowance)50,000 美元。總統加薪，這是 1909 年以來第一次，而特支費為以往所未有，是這次新加的。

11. 1949 年 4 月 4 日簽署北大西洋公約，是美國平時第一次承諾遇有侵略發生，使用武力援助盟國。

艾 森 豪

1. 最後一位 19 世紀出生的總統：生於 1890 年。

2. 迄今為止，最後一位職業軍人、最後一位戰時英雄出身的總統：與泰勒及格蘭特一樣同為職業軍人和戰時英雄。泰勒為美墨戰爭的戰時英雄，格蘭特為南北戰爭的戰時英雄，而艾森豪則為二次大戰的戰時英雄。

3. 迄今為止，最後一位西點軍校出身的總統。

4. 第一位領有飛行執照的總統：迄今為止，只有兩位總統任總統之前領有飛行執照，另一位為布希。

5. 第一位五星上將的總統：1944 年 12 月 20 日晉五星上將，提名競選前從軍中退役，總統卸任後由國會恢復其軍籍軍階。

6. 迄今為止，最後一位曾任大學校長的總統：1948-50 年曾任哥倫比亞大學校長。共和黨所以如此安排，想藉以沖淡其軍人色彩，培養其文人氣質。實際上有名無實。

7. 第一位，迄今為止唯一的一位，曾任北約組織歐洲盟軍統帥的總統：1950-52 年，為杜魯門所任命。

8. 1952 年當選總統，該年大選是第一次電視競選：電視已成為競選的新工具，艾森豪的競選幹部都是使用這項新媒體的能手。電視使艾森豪受到更多人喜愛，50 場現場訪問廣播增加了艾森豪的親和力。電視也提高了民主黨候選人艾德勒・E・史蒂文生(Adlai E. Stevenson)的名聲，競選之初他鮮為人知，群眾常把他的競選總幹事當作他加以歡呼，電視很快地改變了這些。1956 年年大選，電視費用便超越無線電支出。

9. 第一位獲得 3,000 萬以上選民票的總統：1952 年，3,393 萬；1956 年，3,559 萬。參選的選民第一次超過 6,000 萬。

10. 1958 年連選所得選舉人票（457 張）及選民票百分比（57.6％）雖均超過 1952 年（442 張及 55.1％），為 1936 年羅斯福連選擊敗阿佛列・M・蘭敦(Alfred M. Landon)後最大勝利，但總統的獲勝並未帶來同黨議員控制國會任何一院，為 1848 年後第一次。

11. 總統患病充分透露病情的第一人：林肯患有精神鬱躁症，克利夫蘭患有口腔癌，且曾秘密動過左上顎切除手術，惟病情當時均未透露。艾森豪 1955 年 9 月 24 日在丹佛市突發心臟病，1956 年 6 月 9 日又因冠狀動脈血栓症進行手術，全世界皆知。心臟病第一次發作住院 13 週，休養 3 週恢復。而大手術後，艾森豪雖自稱「我很好」（"I feel fine."），但正值大選之年，能否再適任 4 年艱鉅工作，令人憂慮。大選前兩天，民主黨總統候選人史蒂文生再提這個問題，說艾森豪不會再活 4 年，卻不料招來的結果：「艾森豪贏得一舉盡收」（"EISENHOWER WINS IN A

SWEEP”)——大選第二天《紐約時報》的頭號標題。

12. 舉行第一次由電視播送的總統記者會：1955 年 1 月 19 日。

13. 第一位 50 州的總統：阿拉斯加 1959 年 1 月 3 日、夏威夷 1959 年 8 月 21 日相繼加入聯邦，美利堅合眾國由是由 50 州組成，而總統亦成爲 50 州的總統。

14. 第一位來台訪問的美國在職總統：1960 年 6 月艾森豪有遠東 4 國之行，6 月 18 日訪臺，停留 1 日。訪日因日本左傾分子暴亂，被迫取消。

15. 第一位建立白宮幕僚制的總統：白宮幕僚在羅斯福時代大量增加（見前），杜魯門繼任後，和許多其他總統一樣，任用白宮幕僚係根據友誼與忠誠，而非經驗或才能。加以杜魯門對人事的判斷又不如羅斯福，以致所用之人多爲鄉親，傳記作者稱之爲「密蘇里幫」(the “Missouri Gang”)，平庸、龐雜，各自爲政。艾森豪就任後，本其治軍經驗，著手建立白宮幕僚制，由其私人助理雪曼・亞當斯(Sherman Adams)主之。他左右總統會見何人，閱讀何物，掌握著無與倫比的權力。

16. 第一位在職期間年逾 70 的總統：1960 年 10 月 14 日年滿 70。第二位在職期間年逾 70 的總統爲雷根。

甘迺迪

1. 以任職先後論，爲第一位出生於20世紀的總統：生於 1917年。如以出生先後爲序，詹森應爲第一位，生於 1908 年。

2. 第一位靠初選勝利贏得提名的總統：甘迺迪早已定妥競選策略，爭取初選勝利，使黨內領導階層相信他獲得選票的本領。他的主要競爭對手爲明尼蘇達州聯邦參議員休伯特・韓福瑞(Hubert-Humphrey)，第一個主戰場在威斯康辛，甘氏家族全體出動，雙方全力以赴，各花了 15 萬美元，在甘家小事一樁，而韓福瑞則感覺好像食品小販對抗連鎖大超商，敗下陣來。到了民主黨全國代表大會，甘迺迪已將韓福瑞逐出競賽，乃得挾其 7 州初選勝利的餘威，以比其他民主黨重量級的競爭者如德克薩斯州聯邦參議員詹森及密蘇里州聯邦參議員薛明敦(Stuart Symington)擁有更多的代表，控制了大會，第一次投票即獲得提名。

3. 第一位靠電視辯論贏得大選的總統：總統競選雙方候選人向例各說各話，從未同臺對質。1960 年 9、10 兩月甘迺迪與尼克森面對面辯論，為大選兩黨候選人辯論的第一次，更是電視廣播辯論的第一次。辯論共 4 場，每場 1 小時，由全國各電視及無線電廣播網同時播出。在螢幕上甘迺迪文采風流，尼克森蒼白憔悴（他因膝蓋受傷感染剛出院），單憑第一印象，尼克森已經大為遜色。甘迺迪以 3,422 萬選民票對尼克森 3,410 萬票、49.7 %對 49.5 %險勝，差額 118,000 票，百分之零點二，為歷史上最少者。說者謂如尼克森不接受電視辯論，則選舉結果可能大不相同。甘迺迪評論選戰勝利，自認「使局勢改觀的，電視比任何事為多」。

4. 美國是新教徒居多的國家，占人口 60 %以上，天主教徒只占 25 %，從未有過天主教徒入主白宮。有之，則自甘迺迪始，且為愛爾蘭後裔的天主教徒。

5. 最後一位年輕於其副總統的總統：副總統詹森，1908 年生，長甘迺迪 9 歲。第一位為哲斐遜。

6. 內舉不避親，第一位任命其兄弟為閣員的總統，就職之初即任命其三弟羅伯·F.·甘迺迪(Robert F. Kennedy)為司法部長，準備為甘家接棒人。

7. 在職期間另一兄弟接替其國會遺缺，當選聯邦參議員，亦前所未有：其四弟愛德華·M.·甘迺迪(Edward M. Kennedy)1962 年當選麻州聯邦參議員。

8. 總統記者會第一次現場電視轉播：1961 年 1 月 25 日。

9. 與蘇聯及英國談判，簽署第一個核子禁試條約：1963 年 8 月 5 日簽字，禁止外空、大氣及水中核子試驗，而不及於地下，故又稱爲局部禁試。

10. 第一位在橢圓辦公室裝有熱線(the hot line)的總統：所謂熱線，指白宮與克里姆林宮間直接通信的線路，以便雙方領袖直接聯絡，而免意外觸發戰爭。1963 年 6 月 20 日美蘇同意架設，同年 8 月 30 日完成。

11. 迄今爲止，最後一位在職遇刺死亡的總統：1963 年 11 月 22 日在達拉斯市遇刺身亡。

詹　森

1. 第一位目擊所繼任的總統遇刺身亡的副總統。

2. 第一位「真正」德克薩斯州人(the first "real" Texan)入主白宮：艾森豪亦生於德州，而不長在德州。詹森生在德州，長在德州，受教育在德州，死在德州，葬在德州。

3. 內戰後第一位來自邦聯一州的總統：卡特爲第二位。

4. 第一位，迄今爲止唯一的一位，乘坐裝甲車前往就職的總統：甘迺迪被刺身亡後，乘坐裝甲車前往達拉斯機場宣誓就職。

5. 第一位，迄今爲止唯一的一位，在飛機上宣誓就職的總統：1963 年 11 月 22 日，甘迺迪遇刺宣布死亡後一個半小時，在空軍一號總統座機上宣誓就職，立即飛回華府。

6. 第一位，迄今爲止唯一的一位，由女性法官監誓宣誓就職的總統：由達拉斯聯邦地方法院法官莎拉 · T · 休斯(Sarah T. Hughes)監誓宣誓就職。

7. 迄今爲止，總統在職病死或遇刺死亡繼任總統的 8 人中最後一人。

8. 1964 年憑自己的條件當選連任，所得選民票第一次超過 4,000 萬（4,312 萬），其百分比亦歷來第一──61.1％，超過羅斯福 1936 年連任之 60.8％，選舉人票 486 張亦僅次於羅斯福 1936 年之 523 張。

9. 迄今為止，繼任總統而當選連任者第 4 人，此 4 人中其所得選民票百分比及選舉人票均屬第一：

姓名	年份	選民票百分比	選舉人票
狄奧多·羅斯福	1904	57％	336
柯立芝	1924	54％	382
杜魯門	1948	49.7％	303
詹　森	1964	61.1％	486

10. 第一位在白宮舉行藝術節(Festival of the Arts)慶祝會：1965 年 6 月，邀請文學、藝術、音樂界著名人物在白宮舉行長達 12 小時的節慶，包括當代美國繪畫、雕刻及攝影展覽，美國戲劇、電影、芭蕾及音樂節目，及著名小說家及詩人朗誦。

11. 任命第一位黑人為閣員：1966 年任命羅伯·C.·韋維爾(Robert C. Weaver)為首任住宅及都市發展部長。

12. 提名第一位黑人為最高法院法官：1967 年任命賽爾古·馬歇爾(Thurgood Marshall)為最高法院法官，10 月 2 日宣誓就職。

尼克森

1. 迄今為止，最後一位身高不及 6 呎的總統：身高 5 呎 11.5 吋，第一位為約翰·亞當斯。

2. 8 年副總統，競選總統，失敗；8 年後捲土重來，當選，為副總統未接連當選總統的第一人，迄今為止，也是唯一的一人。約翰‧亞當斯(1789-97)及喬治‧布希(1981-89)兩任副總統，均立即當選總統；湯瑪斯‧哲斐遜(1797-1801)及馬丁‧范布倫(1833-37)任滿一任副總統，亦緊接著當選總統。惟尼克森任滿了兩任副總統(1953-61)，雖獲得共和黨提名競選總統，1960 年大選卻落敗，至 1968 年始得如願以償。

3. 第一位走遍 50 州作競選演說的總統候選人：1960 年大選。阿拉斯加及夏威夷 1959 年建州，加入聯邦，1960 年第一次參加大選。甘迺迪旅行 44 州，行程 44,000 哩，發表 120 場重要演說；尼克森旅行 65,000 哩，發表 150 場重要演說，競選最後一週，飛行 7,000 哩，遠赴阿拉斯加，履行了他訪問 50 州的競選諾言，精疲力竭，仍然失敗。

4. 1960 年輸掉大選，1968 年贏得大選，輸贏都很辛苦，選民票百分比差額之小，前所未有：1960 年尼克森以 219 對 303 張選舉人票敗給甘迺迪，選民票為 49.5 ％對 49.7 ％，差額 0.2 ％（11 萬 8 千票）。1968 年以 301 對 191 張選舉人票擊敗韓福瑞，選民票為 43.4 ％對 42.7 ％，差額 0.7 ％（51 萬票）。稱為毫釐之差，不為過。

5. 第一位年薪 200,000 美元的總統：依 1969 年 1 月 17 日法律，總統年薪由 100,000 美元增加一倍。

6. 1972 年競選連任，所得選舉人票 520 張，可與 1936 年羅斯福之 523 張（當時只有 48 州）及 1984 年雷根之 525 張媲美；選民票第一次超過 4,500 萬（4716 萬），為 60.7 ％，百分比僅次於 1936 年羅斯福之 60.8 ％及 1964 年詹森之 61.1 ％；第一次贏得 49 州，迄今尚無人打破此項紀錄（1984 年雷根平此紀錄）。

7. 在其任內人類第一次登陸月球：十年之內送人登陸月球並安全返回地球的目標，為 1961 年 5 月 25 日甘迺迪在國會演說所定，而達成此項目標，則在尼克森任內。1969 年 7 月 20 日太空人尼爾‧阿姆斯壯(Neil Armstrong)及愛德文‧艾德林(Edwin Aldrin)先後登上月球，爲有史以來人類第一次身臨月球。

8. 第一位官式訪問美國未承認的國家的總統：1972 年 2 月 21-28 日訪問中國大陸，發表公報，要搞關係正常化，造成震撼。

9. 第一位官式訪問蘇聯的總統：1972 年 5 月 22-28 日訪問蘇聯。1945 年 2 月 4-11 日雅爾達會議，羅斯福曾至蘇聯，惟係參加會議，且未到其首都。

10. 與蘇聯簽署第一個劃時代的戰略武器限制條約(SALT-I)：1972 年 5 月 26 日訪問蘇聯期間於莫斯科簽署。

11. 第一位引用憲法修正案第 25 條提名一副總統的總統：1973 年 10 月 2 日提名吉拉德・福特爲副總統，經國會認可，12 月 6 日就職。

12. 第一位，迄今爲止唯一的一位，因案逃避彈劾而辭職的總統：1974 年 8 月 9 日，祇此一事已可留名千古。

13. 第一位在大陪審團作證的前總統：1975 年 6 月 27 日。尼克森辭職後曾被哥倫比亞特區聯邦地方法院傳喚在水門案被告審訊時，以被告證人出庭作證。尼克森以健康爲由，不能在原定審訊時間作證，請法院撤銷傳票。1975 年 6 月 27 日，爲水門案大陪審團對被告律師作證 11 小時，爲總統或前總統此項訊問的第一次。

福　特

1. 第一位，迄今爲止，唯一的一位未經選舉而任副總統及總統的人：總統及副總統依憲法規定均應經由選舉產生，未經選舉而擔任者，唯有福特。1973 年 10 月 12 日尼克森依憲法修正案第 25 條提名福特爲副總統，經國會認可，而於同年 12 月 6 日宣誓就職。尼克森因案辭職，1974 年 8 月 9 日福特繼任總統。1976 年大選，連任失敗，始終未經過選舉。

2. 在職期間第一次出現總統及副總統均非選舉產生：福特繼任總統後，於 1974 年 8 月 20 日依憲法修正案第 25 條提名納爾遜・A・洛克斐勒(Nelson A. Rockefeller)為副總統，以遞補他自己的遺缺，經國會認可，同年 12 月 19 日宣誓就職，由此以至 1977 年卡特宣誓就職，總統及副總統均未經過選舉。

3. 第一位，迄今為止，唯一的一位，一個月內兩度遭遇暗殺未遂的總統：總統遭遇暗殺未遂者，不止一人：1835 年傑克遜及 1950 年杜魯門均曾遭暗殺未遂；1933 年總統當選人佛蘭克林・D.・羅斯福遇刺，亦未受傷。1912 年前總統狄奧多・羅斯福及 1981 年雷根遇刺，雖受傷而均倖存。惟福特則短期內兩度遭遇暗殺而毫髮未損──1975 年 9 月 5 日在薩克拉曼多(Sacramento)及 9 月 22 日在金山市。

4. 1976 年大選以些許差額失敗，為 1932 年胡佛後 44 年來現任總統競選連任失敗的第一人：繼之而有卡特及布希。胡佛的失敗敗於經濟大蕭條，福特的失敗自己應負其責。在全國人民因水門事件對政府喪盡信心之時，福特宣布「國家的長期夢魘已經過去」，未嘗不是一個好的開始。然而當他違背在國會所作承諾──當了總統，不赦免尼克森，也不尋求連任──卻令人大失所望。就職不到一個月，他無條件赦免了尼克森在職期間所犯的一切罪行；不到一年，他宣布要做建國兩百週年的總統。1976 年共和黨大會爭取提名，以些許多數險勝雷根。競選期間在面對面辯論中竟然宣稱「蘇聯沒有控制東歐」，不僅輸掉辯論，也輸掉選舉。

5. 佛蘭克林・D.・羅斯福後第一位未為《時代週刊》選為「年度風雲人物」(Man of the Year)的總統。

卡　特

1. 第一位在醫院出生的總統，柯林頓爲第二位。

2. 第一位，迄今爲止，唯一的一位海軍官校出身的總統：1946 年畢業於亞那波里(Annapolis)美國海軍官校。

3. 第一位農人——花生農夫——入主白宮：花生是他的家族事業。

4. 自撒迦利・泰勒 1848 年當選後 128 年來第一位生在、長在、服務在美國最南方(the Deep South)的總統。

5. 宣誓就職後，1801 年哲斐遜以來第一位不照向例乘坐總統禮車，而在華氏 40 度寒冷的氣溫下，率同家人沿著賓夕凡尼亞大道，揮手向歡呼的群衆答禮，步行到白宮的總統。

6. 第一位在公文上以暱稱簽字的總統：以 Jimmy 代 James。

7. 第一位重視人權、推行人權外交的總統：關懷人權，號召世界尊重人權，是卡特政府外交政策的基石。他的就職演說說得很明白：「我們的道德觀念指示我們偏愛那些尊重人權歷久不渝與我們相同的社會，我們對人權的承諾必須是絕對的。」

8. 任命第一位黑人女閣員：1977 年任命派翠西亞・ R.・哈利斯(Patricia R. Harris)爲住宅及都市發展部長，1977-79；1979 年改任衛生、教育及福利部長，1979-81。哈利斯曾由詹森任命爲美國第一位女大使（駐盧森堡）。

9. 1978 年 3 月 31 日至 4 月 3 日相繼訪問奈及利亞及賴比瑞亞，爲第一位正式訪問撒哈拉沙漠以南非洲國家的美國總統。

10. 大選擊敗在職總統，使其不得連任之例多矣，如 1800 年哲斐遜之於約翰・亞當斯，1828 年傑克遜之於約翰・昆西・亞當斯，1840 年威廉・哈利生之於范布倫，1892 年克利夫蘭之於本嘉明・哈利生，1912 年威爾遜之於塔虎脫，1932 年佛蘭克林・D.・

羅斯福之於胡佛；而自己曾使他人不得連任，今以在職之身又爲人擊敗，亦不得連任，未之前有，有之，則自卡特始。1976 年大選卡特擊敗福特，1980 年大選卡特又敗於雷根，致福特及卡特本人均不得連任；福特始終未經選民授權，卡特亦一任而止。

雷 根

1. 第一位，迄今爲止，唯一的一位由好萊塢電影演員轉入政壇，步上最高行政職位的總統：20 年電影演員生涯(1937-57)演過 50 來部電影。其前後兩任妻子也都是影星。

2. 第一位，迄今爲止，唯一的一位離過婚的人當選總統：1948 年與第一任妻子珍·惠曼(Jane Wyman)離婚，出於女方要求。

3. 1980 年大選以 489 張選舉人票對 49 票大勝卡特，使現任總統連任失敗，不僅爲 1932 年佛蘭克林· D.·羅斯福以 472 票對 59 票大勝胡佛後 48 年來第一次（1976 年卡特險勝福特，固亦使現任總統連任失敗，惟福特不是當選的總統），而選舉人票的百分比（90.89％與 88.89％）且猶過之（惟選民票的百分比 50.7％與 57.4％，則有遜色），共和黨並連帶獲得參議院控制權，衆議院亦從民主黨手中奪得 33 席。

4. 1984 年大選，雷根所得選舉人票 525 張及選民票 5,428 萬均屬空前——爲第一位得票超過 5,000 萬的總統，而贏得 49 州，爲 1972 年尼克森後第二次。其競爭對手孟岱爾(Walter F. Mondale)只贏得本州（明尼蘇達）及哥倫比亞特區，亦與 1972 年尼克森的競爭對手麥高文(George S. McGovern)只贏得麻薩諸塞州及哥倫比亞特區相若。該年共和黨達拉斯大會打破傳統，雷根與布希同時一次唱名表決再度獲得提名。向例總統與副總統候選人提名分別進行。此爲第一次同時表決，迄今爲止唯一的一次。

5. 安德魯‧傑克遜後 152 年來第一位在國會山莊西廳正面 (the West Front)宣誓就職：1981 年 1 月 20 日；打破前此歷任總統在東廳正面(the East Front)宣誓就職的習慣。

6. 第一位，迄今為止唯一的一位遇刺受傷而倖存的總統：1981 年 3 月 30 日在華府希爾頓大飯店(the Washington Hilton Hotel)出口處，遭到一名心神喪失的兇手連發 6 槍，一顆子彈從總統的座車彈回，射進雷根的左肺，立即送往醫院，取出子彈，很快康復。總統遇刺身亡者，有林肯、賈飛德、麥金利及甘迺迪；遇刺未受傷者，有傑克遜、杜魯門及福特。1933 年佛蘭克林‧D‧羅斯福遇刺亦未受傷，惟尚未就職；1912 年狄奧多‧羅斯福遇刺打斷一根肋骨，惟早已卸任，均非現任總統。現任總統遇刺受傷未死，雷根是第一人，可謂命大矣。

7. 世界上第一艘可重複使用的太空船——哥倫比亞號太空梭 (the Space Shuttle *Columbia*)——在其任內發射升空：1981 年 4 月 12 日在佛羅里達卡拉維爾角(Cape Canaveral)發射升空，4 月 14 日在加州愛德華空軍基地(Edwards Air Force Base)平安降落。

8. 任命最高法院第一位女性法官：最高法院自 1789 年成立以來，向為男人的禁臠，保守的雷根提名一名女性大法官，雖為履行競選諾言，依然獲得好評。1981 年 7 月 7 日雷根提名亞利桑那上訴法院法官珊德拉‧戴伊‧歐康諾(Sandra Day O'Conor)為最高法院法官，9 月 21 日參議院全票（99-0）認可。

9. 第一位曾在英國議會對上下兩院發表演說的美國總統：1982 年 6 月 8 日。

10. 在其主政期間美國國債第一次超過 1 兆元（安德魯‧傑克遜時代美國無國債）。

11. 第二位在法院作證的前總統：雷根同意為任內伊朗軍售案自行承擔責任的主要涉嫌人前國家安全顧問約翰‧彭岱特(John Poindexter)受審時錄影作證接受訊問：1990 年 2 月 15-16 日在洛

杉磯聯邦地方法院作證，答覆大約 150 個問題。

12.第一位戴助聽器及隱形眼鏡的總統。

布　希

1. 第一位 6 月出生的總統：布希而後所有 12 個月皆有總統出生。

2. 最後一位二次大戰英雄當選總統：1944 年 9 月 24 日以美國海軍最年輕的飛行軍官駕駛魚雷轟炸機，襲擊小笠原群島中奇奇島(Chi Chi Jima)上日軍無線電通訊中心，為日軍高射砲火擊中，仍炸毀目標，跳傘降落海中，為美國潛艇救起，為此獲頒英勇飛行十字勳章(the Distinguished Flying Cross)及另外三座勳章。

3. 共和黨全國委員會主席(1973-74)而當選總統的第一人：堪薩斯州聯邦參議員羅伯·杜爾(Robert Dole)曾先布希擔任共和黨全國委員會主席(1971-73)，數度角逐總統寶座，均未如願以償——第一次以副總統候選人競選失敗（1976 年），二三兩次爭取總統候選人提名未成（1980 年及 1988 年），最後一次以總統候選人競選亦無功（1996 年）——相形之下布希幸運得多，他是迄今為止共和黨全國委員會主席當選總統唯一的一人。民主黨迄今亦尚無其人。

4. 曾任駐聯合國大使(1971-73)及中央情報局長(1976-77)而當選總統的第一人，迄今為止，唯一的人。

5. 曾任駐北京聯絡處主任(1974-75)而當選總統的第一人，迄今為止，唯一的一人：1973 年 2 月 22 日美國與中共同意互設聯絡處，尼克森任命布希為大使銜首任聯絡處主任。自從中美 1935 年互派大使以來，布希為駐中國大使當選總統的第一人。

6. 1984 年 10 月 11 日副總統布希與民主黨副總統候選人吉拉汀·費拉蘿(Geraldine Ferraro)在費城的辯論，為第一次電視播送的副總統候選人辯論。

7. 第一位曾任代理總統(the Acting President)的副總統： 1841
年威廉・H.・哈利生在職死亡，泰祿繼任為總統，由於憲法文字
不清，他的地位究竟是代理總統，抑或就是總統；代理總統僅限
於執行總統的職權，而不是總統職位的本身。由於泰祿堅持，代
理總統之說未被採納。布希是第一位副總統代理總統：1985 年 7
月 13 日雷根住院接受結腸癌外科手術期間，布希副總統代行總統
職權 8 小時。此項職權移轉雖符合憲法修正案第 25 條規定，但雷
根書面通知參議院臨時議長及眾議院議長，並未明確引用第 25
條，以免樹立先例。布希在其代行總統職權的短暫期間，大部分
時間用來打網球及在海軍氣象台內副總統住處午睡。

**8. 贏得「超級星期二」(＂Super Tuesday＂)初選，獲得提
名，當選總統的第一人：** 所謂「超級星期二」，指大選之年民
主、共和兩黨分別於是日在眾多州舉行初選及黨團會議，為選戰
造勢，提名勝敗關鍵，有意角逐白宮者，莫不全力以赴。超級星
期二始於 1984 年，該年 3 月 13 日民主黨在 9 個州舉行初選及黨
團會議，爭取民主黨提名的前副總統孟岱爾(Walter F. Mondale)及
科羅拉多州聯邦參議員哈特(Gary Hart)各有斬獲，民主黨的競爭
很快地縮小為此二人的比賽，孟岱爾最後獲得提名，惟敗於雷
根。1988 年 3 月 8 日是真正的超級星期二，兩黨同日分別在 19
州舉行初選，規模與聲勢均超過 1984 年。二月間愛阿華黨團會議
選舉屈居第三、落在參議員杜爾及牧師羅伯森(Pat Robertson)之後
的布希，橫掃南方各州，聲勢大振，8 月共和黨紐奧爾良大會輕
易獲得提名。其民主黨競爭對手麻州州長杜凱基斯(Michael S. Du-
kakis)，當初也受挫於愛阿華黨團會議選舉，屈居第三，超級星期
二則獲得 7 州，躍為第一。到了亞特蘭大大會，只有黑人牧師賈
克遜(Jesse Jackson)窮追不捨。杜凱基斯第一次投票也獲得提名，
但在大選中敗於布希。超級星期二之名由是大噪，也改變了競選

戰略。

9. 現任副總統緊接當選總統，爲 1836 年范布倫後 152 年來第一人。

10. 其當選爲 1928 年胡佛後 60 年來接任本黨退休總統的第一位總統，也是 1908 年塔虎脫後 80 年來贏得白宮而所屬政黨失掉國會兩院戰場的第一位總統。

11. 任命第一位黑人爲參謀首長聯席會議主席：1989 年 8 月 10 日任命陸軍四星上將柯林・L・鮑維爾(Collin L. Powell)爲參謀首長聯席會議主席，最年輕的平時四星上將（52 歲）擔任美國最高的軍職。

12. 贏得二次大戰後 45 年來第一次漂亮的戰爭：1990 年 8 月至 1991 年 4 月波斯灣戰爭。戰爭之贏得漂亮，固有賴於美國的尖端武器，尤得力於布希的外交運作與戰略規劃，用能以 40 天的空中轟炸及 100 小時的地面作戰，擊敗頑敵，解救科威特，使美國擺脫越戰失敗的陰影，登上世界顛峰，布希本人的聲望更如日中天。

13. 在其任內美國國債第一次超過 3 兆元（1990 年）。

14. 在其任職期間英國君主第一次在美國國會演說：1991 年 5 月 16 日英國女王伊麗莎白二世(Elizabeth II)對美國國會兩院演說。英國政府首長在美國國會演說不止一次（如 1943 年 5 月 19 日邱吉爾及 1985 年 2 月 20 日柴契爾夫人），而國家元首則爲第一次。

15. 第一位總統，唯一的一位，親身經歷東歐共產政權崩潰，柏林圍牆折除，東西德統一，蘇聯解體，冷戰結束。

16. 當選的總統連選失敗，爲 1932 年胡佛後 60 年來第一人：1992 年大選敗於柯林頓。1976 年福特亦連選失敗，惟其任總統非得之於選舉。

柯林頓

1. 第一位，迄今爲止，唯一的一位二次大戰後嬰兒潮時代出生的總統：1946 年生。

2. 第二位在醫院出生的總統：第一位爲卡特。

3. 迄今爲止，3 位遺腹子總統中第三位：第一位爲傑克遜，第二位海斯。

4. 第二位不以出生時的姓氏爲姓氏的總統：出生時依其亡父之名命名威廉・J・布萊斯四世(William J. Blythe 4th)，其寡母後改嫁羅吉爾・柯林頓(Roger Clinton)，年 16，爲繼父收養，改姓繼父之姓。第一位爲福特，改依其養父的姓名。

5. 以暱名相稱的總統柯林頓是第二人：他原名威廉・J・柯林頓，通稱比爾・柯林頓(Bill Clinton)，比爾爲威廉的暱稱。柯林頓任州長時，簽名"Bill Clinton"；當了總統，簽署行政命令用"William J. Clinton"。卡特原名小詹姆斯・厄爾・卡特(James Earl Carter, Jr.)，暱稱及簽名均爲"Jimmy Carter"。

6. 迄今爲止，5 位左撇子總統中最後一位：其前任布希也是左撇子，前後兩任總統書寫、操作均慣用左手，此爲第一次。另 3 人爲賈飛德、杜魯門及福特。

7. 迄今爲止，最後一位由州長緊接當選總統的人：其他 4 人爲海斯、克利夫蘭、威爾遜及佛蘭克林・D・羅斯福。

8. 選擇競選夥伴，打破傳統；提名後立即偕同其副總統候選人從事競選旅行，首創其例：向例總統候選人獲得提名後，才提出競選夥伴，而挑選競選夥伴時，並須計及候選人名單的平衡。1992 年大選，這些傳統全被打破。民主黨全國代表大會開幕前 4 天，柯林頓即已宣布選擇亞伯特・高爾(Albert Gore, Jr.)──一名幾乎與他一模一樣的人：同來自南方，同爲二次大戰後嬰兒潮時代出生，理念相若——為競選夥伴。大會閉幕第二日，即相偕率同其夫人等搭乘巴士，從紐約出發，展開橫貫 8 州、長達 2 千公里的 6 日長途競選、訪問旅行，最後回到阿肯色州。再一次打破傳統，把競選活動提前將近兩個月。

9. 1992 年大選，首開 3 位總統候選人電視辯論之例：自從 1960 年大選尼克森與甘迺迪首度舉行電視廣播辯論以來，總統候選人電視辯論便成為每屆大選的必要節目。惟歷來辯論只是 2 人對壘，1992 年大選由於德州富商 H.・羅斯・裴洛(H. Ross Perot)以獨立派參加，電視辯論成為 3 人同台較量。1996 年大選同。辯論方式亦由當事人相互責難改由媒體記者或現場觀眾提出問題質疑，而由當事人作答。

10. 新罕布夏州總統初選有其象徵性的意義，向來贏得總統大選者，未有不先贏得新州初選。1992 年新州初選，柯林頓敗於前麻薩諸塞州聯邦參議員保羅・宋嘉斯(Paul Tsongas)，他是第一位未贏得新州初選的總統。

11. 柯林頓是第一位贏得白宮而未獲得德克薩斯州的民主黨總統。1992 年及 1996 年兩次大選均如此。

12. 第三位最年輕的總統：1993 年就職時 46，甘迺迪就職時 43，狄奧多・羅斯福就職時 42。惟羅斯福當時繼任為總統，而非當選。如以當選的總統計算，柯林頓為第二位最年輕的總統。

13. 迄今為止，14 位「少數總統」中最後一位：兩任期所得選民票均未過半數的總統中第三位（第一任期 43.2 ％，第二任期 49.9 ％）。前兩位為克利夫蘭及威爾遜。

14. 任用第一位女性司法部長：1789 年華盛頓建立聯邦政府體制，司法部為當時所設 4 部之一，迄今部會多有增加，而司法部仍班列第四。200 年來 78 位部長清一色為男性，女性司法部長始自柯林頓政府。柯林頓就職之初，內閣人事任用惟司法部最為曲折，前兩位人選均以非法僱用外籍女傭遭到非難，自行撤回，第三次提名珍妮特・李諾(Janet Reno)，參議院同意。三人均為女性，亦少有之事。

15. **任用第一位女國務卿**：國務院班列各部之首，國務卿是首席閣員，以往有不少國務卿當選總統——哲斐遜、麥迪遜、孟羅、約翰・昆西・亞當斯、范布倫、布坎南皆是。19世紀中葉以後雖不再有其事，惟國際事務日益繁雜，國務卿的角色日益重要，尤以總統的主要興趣不在外交之時為然。自華盛頓第一任期起至柯林頓第一任期止，二百多年來68位國務卿均為男性，1996年12月6日柯林頓任命麥德玲・K.・阿布萊特(Madeleine K. Albright)為第一位女性國務卿，她是柯林頓第一任期美國駐聯合國大使，也是安全理事會15國代表中唯一女裙釵。

16. **第一位放寬軍中同性戀禁令的總統**：柯林頓1992年競選期間承諾當選就職後立即發布行政命令，解除軍中同性戀的禁令，未料處理這項敏感問題時，遭遇到國會及參謀首長聯席會議的反對。經與參議院民主黨（多數黨）議員達成協議後，他即時作了兩項改變：新兵入伍不詢問其性取向(sexual orientation)；軍中開放型的同性戀者(open homosexuals)一律改為後備役。6個月內提出永久處理辦法。1993年7月19日白宮宣布軍中同性戀問題總統已與五角大廈、司法部、參謀首長聯席會議商得同意，根據「不問，不說，不追究」("don't ask, don't tell, don't pursue")制成法令。這項各方妥協的結果，無一方完全滿意，但在保守派反對下所能達成者，亦只有如此，作為未來進一步放寬的起點可也。

17. **往日風流事件糾纏到總統任內，鬧上公堂，柯林頓是第一人。而總統任內緋聞頻仍，成為媒體追逐的焦點、檢察官偵察的對象、眾議院彈劾調查的目標，也是第一人**：總統有婚外情者多矣，不論是任總統以前或在總統任內，萬一春光外洩，大都只限於口頭相傳，報章雜誌偶爾披露，亦只適可而止，未有告到法院，鬧到國會，大肆喧嚷者。1992 年大選期間柯林頓一直爲婚姻不忠及逃避兵役所困擾，事實上在此以前婚外情的傳說早已不脛而走。1991 年 10 月 3 日他決定競選時，曾私下對最親近的友人承認有過婚外情，但事情已經過去，那個女人發誓將守口如瓶。他保證競選期間不會再出軌，以免影響他的候選地位。然而 1992 年競選期間確有一名叫珍妮斐·佛勞爾斯(Jennifer Flowers)的夜總會女歌手公開宣稱她與柯林頓有過 12 年的戀情，並在記者會上播放她與柯林頓討論萬一他們的關係被問到時，如何回答的錄音帶——她錄製這段談話，柯林頓並不知情。柯林頓矢口否認這段情。糾纏柯林頓最久的，還是另一件前阿肯色州政府女職員寶拉·瓊斯(Paula Jones)所提的性騷擾案。瓊斯指控 1991 年 5 月 8 日一項會議期間，柯林頓州長曾召她到旅館客房內，褪下內褲，要她「口交」，她拒絕，此後便處處遭到刁難，升遷受阻，無法透過正式管道申訴。1994 年 5 月 6 日她向小岩城聯邦地方法院提出訴訟，要求賠償及道歉。此爲現職總統遭受此項控告的第一次。柯林頓透過律師否認其事並主張總統有免訴權，要求法院不予受理。法院裁決該案等待柯林頓卸任後審理。原告上訴，1996 年 1 月 9 日聖路易聯邦上訴法院駁回裁決，而裁定柯林頓在總統任內仍應爲民事訴訟出庭應訊。被告上訴，1997 年 5 月 27 日最高法院駁回柯林頓的上訴，裁定他不得以現任總統豁免以前的罪嫌，案子可以立即進行審理。8 月 22 日小岩城聯邦地方法院裁定受理。1998 年 1 月 17 日柯林頓在其律師事務所接受瓊斯的律師詢問，錄影作證，爲現任總統以被告身分在民事案件中宣誓作證的第一人（前此他曾兩次錄影供述，但都是在白水案中以證人身分爲之）。4 月 1 日小岩城地方法院以「證據不足」駁回瓊斯的控案。惟「駁回」並非已結束，原告如果上訴，官司仍有得拖。瓊斯果然提起上訴，到了 1998 年 9 月雙方律師進行庭外和解，瓊斯不再堅持道歉，只因賠償金額多寡問題一時尚未談妥。

進了白宮，柯林頓舊習未除，緋聞不斷依舊，使其人格備受質疑。有凱瑟琳‧威利(Catherine Willey)者，在白宮社交處擔任義工期間，因無收入，指稱 1993 年 11 月 29 日前往橢圓形辦公室要求總統替她在白宮安排一份正式工作時，柯林頓將她帶到總統的私人書房，在那親吻她，撫摸她的胸部，並把她的手放在自己的性器官上。這次接觸引發了以後一連串事件。然而轟動一時的，則為莫妮卡‧陸文斯基(Monica Lewinsky)事件。陸文斯基 1995 年大學畢業後，在白宮擔任實習助理期間被柯林頓看上，與她有一段婚外情。據獨立檢察官肯尼斯‧史塔爾(Kenneth Starr)調查，自 1995 年 11 月至 1997 年 5 月二人的性接觸不下 10 次，地點在白宮橢圓形總統辦公室附近書房內。1996 年 4 月陸女調到國防部後，仍得頻頻進出白宮，與柯林頓幽會。二人不會面時，柯林頓經常深夜與她通電話，包括一些淫穢的性電話(telephonesex)。陸文斯基據實供認後，柯林頓不得不改其以往全盤否認的說辭，坦承確與陸女有過「不當關係」（"inappropriate relationship"）。獨立檢察繕具調查報告，送交眾議院，男女會合的私事巨細不遺，一一筆之於書。眾議院除了將報告本文透過網際網路公布於世外，並於 1998 年 10 月 8 日決議對柯林頓從事彈劾調查，使他可能成為約翰生及尼克森後，美國史上第三位被彈劾的總統。約翰生因為與國會爭權，尼克森因為濫權，被彈劾或瀕臨被彈劾，柯林頓因為性醜聞遭到彈劾調查，是首開其端。

18. 在其任內美國國債第一次超過 4 兆美元（1994 年）及 5 兆美元（1996 年）。

19. 第一位行使個別條款否決權(the line-item veto)的總統：1997 年 8 月。個別條款否決權亦稱分項否決權(item veto)。美國總統否決法案，向來只有推翻整個法案的否決權，而無個別條款或分項的否決權，因此常造成為否決某些項目而不得不推翻全案的缺憾。為使預算順利執行，雷根及布希即曾提議賦予總統分項否決權，1996 年 4 月 9 日柯林頓簽署個別條款否決權法案，總統取得了這項權力。1997 年柯林頓第二任期就職演說要求兩黨合作通過一個平衡的預算，但這項立法需要兩黨非常妥協。國會通過的預算案，白宮認為有些項目不甚重要，柯林頓利用機會行使這項否決的新權力，1997 年 8 月 11 日他批駁了 3 個項目：第一個要求補償紐約州 2 億元醫療補助(Medicaid)，否決的理由是其他各州並未接受此項補助金；第二個減少甜菜加工廠的資本贏餘（此舉有利於共和黨減少稅課）；第三個減少將資金改存國外銀行的金融機構的稅課。批評者謂此項否決出於政治考慮而非基於政策必要，柯林頓則辯稱其選擇係為整個國家利益著眼。同年 10 月 7 日他再否決軍事建築法案中 38 個項目，節省 2 億 4 千 7 百萬元；14 日第三度否決國防部預算中 13 項計畫，共計 1 億 4 千 1 百萬元。

20. 卡特以後，20 年來第一位官式訪問撒哈拉沙漠以南非洲國家的美國總統：1998 年 3 月 23 日至 4 月 2 日先後訪問迦納、烏干達、盧安達、南非、波札那及塞內加爾，由西非而東非，而南部非洲，再回到西非，為期 11 天，經歷 6 國，為有史以來美國總統訪非國家最多、時間最長的一次，也是柯林頓就職以來行程最久的海外訪問。1978 年 3 月 31 日至 4 月 3 日卡特曾訪問奈及利亞及賴比瑞亞。

21. 六四天安門事件後第一位官式訪問中國大陸的美國現任總統：自從 1972 年尼克森以現任總統訪問中國大陸以來，歷任總統在職期間無不有中國之行。1989 年中共武裝鎮壓民主運動，引起世界震撼，美國輿論更是大張撻伐，兩國關係陷於低潮。1998 年 6 月柯林頓訪問中國大陸，是 9 年來第一人。

22. 第一位公開對臺「三不」新政策的美國總統：美國對中國政策有三個公報及臺灣關係法為基礎，1998 年柯林頓訪華期間 6 月 30 日在上海宣布：不支持臺灣獨立，不支持兩個中國或一中一臺，不支持臺灣加入以國家為會員的國際組織。此三者 1997 年柯江華府高峰會議中柯林頓曾親口向江澤民表明美國將予信守，只是未公開發表而已。柯江會議後，國務院發言人曾首度公開宣布，其所以稱為新者，為美國總統親自公開宣布。柯江北京高峰會議後聯合記者會上未宣布，而選擇在上海宣布，意在降低其非正式性。此三者雖為一個中國議題邏輯的自然延伸，卻與臺灣關係法國際組織條款不符，以是儘管柯林頓自己、白宮及國務院均一再否認對臺政策有任何變動，但仍不能消除許多人士的疑慮。

23. 現任總統作證，不始於柯林頓，柯林頓就職後也曾不止一次以證人身分在白水案中作證。寶拉・瓊斯所提性騷擾案，1998 年 1 月 17 日接受原告律師詢問，是現任總統以民事被告作證的第一次。至於刑事案件則為被控涉及與莫妮卡・陸文斯基的性醜聞案。調查本案的獨立檢察官肯尼斯・史塔爾原曾向柯林頓發出傳票，要他前往特區法院在無律師陪同下向聯邦大陪審團提供證辭。經過磋商，柯林頓改為在白宮由律師陪同以錄影存證方式提供證辭，史塔爾則撤銷傳票，讓柯林頓得以宣稱作證是出於自己的意願。1998 年 8 月 17 日柯林頓由律師陪同在白宮地圖室，透過閉路電視現場轉播，向在華府聯邦法院大樓的大陪審團作證。當年水門案及伊朗／尼游案(Iran-Contra affair)的大陪審團也都是在聯邦法院大樓聽取證辭，但像柯林頓這樣以轉播方式作證，也是第一次。

唯 一

華 盛 頓

1. 唯一曾在英國軍隊服役過的美國總統：1752-54 及 1755-58 年前後兩度在維吉尼亞國民軍服役，並參加北美英法戰爭，由少校升至上校。

2. 唯一任職不領薪而將開支列單送請大陸會議報銷的人：任大陸軍總司令期間。當了總統，他想如法炮製，國會未接受而立法規定總統的俸給。

3. 唯一奇數之年當選的總統：1789 年總統選舉。以後大選均在偶數之年舉行。

4. 唯一全票當選的總統：第一任，1789 年 2 月 4 日第一次總統選舉，新當選的總統選舉人在各該州投票（4 月 6 日聯邦參議院開票），13 州中 10 州參加選舉（紐約州議會未能及時選派總統選舉人，北卡羅來納及羅德島尚未批准聯邦憲法），77 名選舉人中 8 人缺席（未投票），69 人投票。第二任，1792 年 12 月 5 日第二次總統選舉，15 州 138 名選舉人中 6 人缺席（未投票），132 人投票。一、二兩次選舉，華盛頓均以全票當選。

5. 唯一無競選而當選的總統：統領革命軍，贏得獨立戰爭，主持制憲會議，制定國家根本大法，國家創立後，他自己雖有意退隱，然而眾望所歸，眾人力勸，始首肯出任斯職，遂全體一致推為總統。第二任選舉時情形相若，民主共和黨勢力雖在成長，華盛頓仍獲得一致支持。

6. 唯一兩任分別在兩地就職的總統：第一任，1789 年 4 月 30 日在紐約市（第一個臨時首都）；第二任，1793 年 3 月 4 日在費城（第二個臨時首都）。

7. 唯一不屬任何政黨的總統：美國政黨出現在華盛頓第一任期間，1790 年代，故其第一任選舉不出任何政黨推薦，惟第二任則屬於聯邦黨。

8. 唯一曾親往參議院徵詢締約勸告及同意的總統：美國憲法規定總統經參議院之勸告及同意(by and with the advice and consent)，並得該院出席議員三分之二贊成時，應有締結條約之權，並未明定總統是否親往參議院徵詢此項勸告及同意。1789 年 8 月 22 日華盛頓偕同陸軍部長亨利・諾克斯(Henry Knox)拜訪參議院，謂與克里克印第安人(the Creek Indians)所定條約中某些規定特來徵詢並接受參議院的勸告及同意。他交給主持會議的副總統約翰・亞當斯一些文件，亞當斯宣讀既畢，問出席議員是否「勸告及同意」。參議員威廉・麥克雷(William Maclay)發言，說參議院需要更多資訊，要求一些補充文件。麥克雷發言時，華盛頓顯得一臉不快。參議院決定延擱第一條，進行其他條文。更多辯論之後，參議員羅伯・摩理斯(Robert Morris)動議，條約交付委員會審查。華盛頓憤怒地站起來，大聲說：「這破壞了我來此的目的。」但他最後同意延至下週一再討論（按該日為週六），不愉快地離去。

週一華盛頓準時回到參議院議場，情緒已經平靜。然而參議院對條約中兩項規定冗長而乏味的辯論使他徹底失望，離去時，發誓不再去了。參議院最後通過〈克里克印第安條約〉，只有一些小修改，華盛頓終其任未再親自向參議院請教有關締約之事，而改以書面咨文送達代之。此一先例為以後總統所遵循。

9. 唯一受任為美國陸軍總司令的前總統：華盛頓卸任後，仍關心國家大事，陸軍部長詹姆斯・麥克亨利(James McHenry)經常爲他舉行簡報。當美法關係因 XYZ 事件陷於緊張，有爆發爲戰爭之虞時，1798 年 7 月 2 日他被任爲美國陸軍總司令（Commander-in-chief of the United States Army，憲法第 2 條總統爲美國陸海軍大元帥，其用語爲 "Commander in Chief of the Army and Navy of the United States"）。他接受委任，條件是只有國家遭受入侵，他才馳赴戰場。幸而美法不宣而戰，只限於一些海上交手，華盛頓未再披掛上陣。

10. 唯一未住進白宮的總統：白宮在約翰·亞當斯任內 1800 年始落成，其時華盛頓不但已去職，且已逝世。

11. 維吉尼亞朝代(the Virginia Dynasty)中唯一解放其所有奴隸的總統：華盛頓臨終時在遺囑中規定他的妻子去世後釋放他的全部奴隸。

約翰·亞當斯

1. 大陸會議中唯一提名喬治·華盛頓爲大陸軍總司令的代表，革命成功後二人相繼成爲總統：勒克辛頓(Lexington)及康科德(Concord)兩次戰役之後不久，第二屆大陸會議在費城揭幕，1775 年 6 月 15 日全體一致接受亞當斯提名，任命華盛頓爲大陸軍總司令。1789 年及 1796 年二人先後當選爲第一、二任總統。

2. 唯一與其副總統屬於兩個不同政黨的總統：約翰·亞當斯，聯邦黨，而副總統哲斐遜則屬於民主共和黨。這是因爲憲法原定總統與副總統的選舉辦法，每一選舉人於同一選票上書明所選總統與副總統的姓名（而非如 1803 年憲法修正案第 12 條所定於兩張選票上分別書明所選總統與副總統的姓名），得票最多而又超過選舉人半數者，當選爲總統，次多者當選爲副總統。這項辦法係政黨未產生前的設計，1792 年（華盛頓第二任）選舉，政黨已具雛形，1796 年（亞當斯及哲斐遜）選舉，政黨分野更趨顯明。一方是漢彌頓(Alexander Hamilton)及聯邦黨，另一方爲哲斐遜及民主共和黨。漢彌頓自認太過於爭議，提名亞當斯爲聯邦黨的候選人，民主共和黨則提名哲斐遜。亞當斯得 71 票，當選總統。副總統候選人，漢彌頓原屬意湯瑪斯·平克尼(Thomas Pinck-ney)，但不滿這項安排的聯邦黨選舉人變卦，放棄了平克尼。聯邦黨分裂使哲斐遜撿了便宜，以 68 票的次多數當選爲副總統，平克尼只得 59 票落選。

3. 唯一由副總統而總統，其前後兩個職位既分別在不同地方就職，又同在一地就職：副總統第一任，1789 年在紐約市就職；副總統第二任，1793 年，及總統，1797 年，則同在費城就職。

4. 競選連任，唯一爲其現任副總統擊敗的總統：1800 年大選，競選連任，爲哲斐遜所敗。

5. 唯一父子同爲總統：第六任總統約翰·昆西·亞當斯爲他的長子。

6. 唯一父子祖孫三代同任過駐英公使：約翰·亞當斯1785-88，大陸會議所派；約翰·昆西·亞當斯，1815-17，麥迪遜所派；查爾斯·佛蘭西斯·亞當斯(Charles Francis Adams)，昆西的三子，1865-68，林肯所派。

7. 唯一與胡佛同活過 90 高壽的前總統。

哲 斐 遜

1. 〈獨立宣言〉55 位簽署人中只有亞當斯及哲斐遜未來當選總統，也只有此二人被〈宣言〉起草委員會推定爲起草人，而主稿則爲哲斐遜。1776 年大陸會議指派一個五人委員會草擬十三州獨立原因的聲明，五人包括亞當斯、哲斐遜、本嘉明·佛蘭克林(Benjamin Franklin)等人。委員會集會推亞當斯及哲斐遜二人執筆，二人互推。亞當斯固辭，謂自己的文筆遠遜於哲斐遜，遂決定由哲斐遜主稿。〈宣言〉草稿經亞當斯及佛蘭克林稍加改動，最後由大會修正通過。哲斐遜自撰〈墓誌銘〉以起草〈獨立宣言〉爲一生的首要大事，而總統不與焉。

2. 唯一副總統隨即當選總統而任滿兩任。

3. 美國歷史上只有這一次巧合——亞當斯及哲斐遜：二人同爲建國先賢，同是〈獨立宣言〉起草人，同任過副總統及總統，同死於〈獨立宣言〉50週年——1826年7月4日，相差5小時：哲斐遜死於午後一時，亞當斯午後六時。

麥 迪 遜

1. 唯一其前後兩位副總統均死於任內的總統，也是唯一兩任期間均一度無副總統的總統：第一任內副總統喬治·柯林頓(George Clinton)原爲哲斐遜第二任內的副總統，1808年尋求民主共和黨總統候選人未成，退而與麥迪遜搭檔。雖爲競選夥伴而反對麥迪遜，當選後保持疏遠，他的最重要作爲爲1811年2月20日參議院表決合眾國銀行特許延長案正反相等時，投下決定性的反對票，而麥迪遜政府則支持此項延長案。柯林頓1812年4月20日在職死亡，自此至1813年3月3日無副總統。第二任內副總統艾爾布里奇·蓋瑞(Elbridge Gerry)最令人難忘之事，爲任麻州州長期間改劃選區成火蛇狀(salamander)，gerrymander（爲己黨利益擅自改劃選區）一字由此而來。1812年民主共和黨所以提他爲副總統候選人，固爲爭取新英格蘭的選票，更重要的是他年已68，不會威脅有總統野心的孟羅。1814年11月23日在職死亡，自此至1817年3月3日無副總統。

2. 1812年之戰，英軍攻華府，1814年8月24日布雷登斯堡之役(the Battle of Bladensburg)，麥迪遜親臨督戰，成爲唯一實際上行使統帥權的總統。

孟 羅

1. 參加過大陸軍，是唯一在革命戰爭中受過傷而當選總統的人。

2. 當選總統以前，他是唯一任國務卿而又兼陸軍部長的人：1811-17年任麥迪遜的國務卿；1812年之戰，華府失守後，1814-15年又暫兼陸軍部長。

3. 唯一幾乎以全票當選的總統：1820年大選，得231張選舉人票，僅新罕布夏選舉人威廉·普魯麥(William Plumer)一票反對（三票未投），說者向認為他不讓任何人媲美華盛頓全票當選的榮譽，實則他反對孟羅第一任的施政，特別是龐大支出。

4. 唯一緊接金融恐慌而連選連任的總統：經濟大蕭條(the Great Depression)使胡佛1932年競選連任失敗；通貨大膨脹(the Great Inflation)使卡特1980年競選連任失敗；然而1819年重大金融恐慌（美國史上第一次）並未影響孟羅1820年連選連任，是當時環境使然——無競爭對手，選民所記憶者為好感時代(the Era of Good Feeling)及孟羅主義(the Monroe Doctrine)。

5. 唯一只行使過一次否決權的總統：孟羅鼓勵改進西部的交通運輸，但相信缺乏憲法明白授權聯邦政府，道路修建、運河開鑿應由各邦為之。西部居民則認為這是吹毛求疵。他們指出聯邦政府既修建燈塔，改進碼頭設備以利東部濱海各州貿易，而不改進西部交通運輸，是雙重標準。1822年4月29日國會通過坎伯蘭公路收費法案(the Cumberland Road Tolls Bill)，授權聯邦政府在坎伯蘭公路上修建並維持收費亭，其收入用以負擔該路向西延伸所需的費用。5月4日孟羅否決了本案，是他任內唯一的一次否決。

約翰・昆西・亞當斯

1. **唯一右臂小於左臂的總統**：由於小時意外所致。

2. 迄今為止，唯一在國外結婚、生子的總統，其夫人亦係迄今為止唯一在國外出生的第一夫人：約翰・昆西・亞當斯 1797 年在倫敦與路易莎・凱瑟琳・約翰生(Louisa Catherine Johnson)結婚，路易莎生於倫敦。其子喬治・華盛頓・亞當斯(George Washington Adams)1801 年生於柏林，其時亞當斯任駐普魯士公使，是唯一以前總統為名的總統之子。狄奧多・羅斯福第二次結婚婚禮雖亦在倫敦舉行，惟未在國外生育子女。

3. 唯一所得選舉人票少於其競爭對手而當選的總統，而其票數且不及其副總統候選人之半：1824 年大選，四位總統候選人安德魯・傑克遜（主要競爭對手）得 99 票，亞當斯得 84 票，威廉・克勞福(William Crawford)得 41 票，亨利・克雷(Henry Clay)得 37 票。無人超過半數，依憲法修正案第 12 條，應由眾議院就得票較多的前三人選舉一人為總統，眾議院投票以州為單位。克雷既已無望，乃請其支持者轉而支持亞當斯。當時 24 州，亞當斯得 13 票，傑克遜 7 票，克勞福 4 票。亞當斯當選總統，原得票最多的傑克遜反而落選。副總統選舉約翰・C・卡爾洪(John C. Calhoun)得 182 票。

4. 有其父，必有其子，唯一的父子檔總統：父約翰・亞當斯第二任總統，子約翰・昆西・亞當斯第六任總統。父子同生於麻州布萊恩特瑞(Braintree)市佛蘭克林街(Franklin Street)，同為哈佛大學出身，同出使過歐洲主要國家，同任過駐荷公使，同擔任過與英國議和代表（一結束獨立戰爭，一結束 1812 年之戰），同為一任的總統，同拒絕參加其繼任者的就職典禮，同活到高齡（父 90，子 80），最大的貢獻同不在任職總統期間。

5. **少數總統中唯一敬陪末座者**：所謂「少數總統」（"minority Presidents"），指當選人所得選舉人票雖過半數，而普選票不及選民投票之半。亞當斯兩者均未過半數，且爲迄今爲止（自1824年亞當斯迄1996年柯林頓）14位少數總統中唯一兩者均敬陪末座。其選舉人票及普選票的百分數分別爲32.2％及31.9％。

6. **總統與其副總統同名者，自來只有一次**：約翰・昆西・亞當斯與其副總統約翰・C.・卡爾洪同名約翰(John)。

7. **其次子約翰・亞當斯二世(John Adams II)是唯一在白宮結婚的總統之子**（在白宮嫁女的總統則有孟羅、威爾遜及尼克森）。

8. **唯一出版一本詩集的總統**：《愛爾蘭的征服：十二世紀的歷史故事》(*The Conquest of Ireland: An Historical Tale of the Twelfth Century*)，1832年版。

9. **總統出身眾議院者多矣，他是唯一總統卸任後再選入眾議院的人，而且是唯一死於國會大廈的前總統**：他服務眾議院17年中（1831-48），辛勞工作勝於任何同僚，最爲人稱道的，莫過於鍥而不捨爲請願權奮鬥，經8年努力，終於廢除「言論箝制規則」(the "gag rule")——眾議院曾決議任何批評奴隸制度的請願書均不加討論，即予擱置。1848年年2月21日在眾議院座位上中風，抬至議長室，兩天後死於議長室。是唯一死於宣誓就職場所——國會大廈——的前總統。

傑 克 遜

1. 年14，服役革命戰爭期間，爲英軍所俘，拒絕爲英軍官擦馬靴，被軍刀刺傷，留下疤痕，交換戰俘時獲釋，是唯一當過戰俘的總統。

2. 人只有一個出生地，惟他卻有兩個州郡主張生在它們的地方，而想出一個獨特的輪番辦法：傑克遜的父母於十三州獨立前自愛爾蘭移民新大陸，定居在南北卡羅來納交界處。他的父親死後，他的母親懷著安德魯決定遷至今天南卡羅來納州蘭卡斯特郡(Lancaster County)投親，多數人相信安德魯就在此出生。但有些歷史學家則認為其母前往蘭卡斯特郡的途中曾在今天北卡羅來納州聯合郡(Union County)停留下來訪問另一親戚，在那臨盆，生下這位未來總統。傑克遜自己主張第一說，自稱是南卡羅來納人。然而爭議仍然不斷，1979 年——傑克遜就任總統 150 年後——兩郡人士終於決定一個獨特的解決方法：每年兩郡高中舉辦一次老胡桃木橄欖球競賽(the Old Hickory Football Classic)（老胡桃木，傑克遜的綽號），優勝隊有權主張傑克遜為本郡人，並抱回傑克遜的石雕半身像放置郡政府保存一年。

3. 唯一未離婚而與同一女子兩度結婚：傑克遜與雷恰爾(Rachel)。1791 年，他們初次相遇，當她的第一任丈夫離開她尋求離婚時，他們結了婚。兩年後，他們獲悉根本未辦離婚，她的第一任丈夫控告她與人通姦，訴請離婚。離婚辦妥後，1794 年他們立即悄悄再結婚。「通姦」的流言不但損害了雷恰爾的名譽，也傷害了傑克遜的政治希望。為維護他妻子的名譽，未來 37 年間他曾多次與人決鬥。

4. 唯一曾在革命戰爭及 1812 年之戰服役過的總統。後一戰爭中 1815 年紐奧爾良之役擊退來犯英軍，使他成為全國聞名的英雄。

5. 唯一身著喪服就職的總統：傑克遜與雷恰爾二度結婚雖已三十餘年，然而在傑克遜 1828 年競選期間仍不時受到流言蜚語的中傷，致雷恰爾含恨而死，未能參加丈夫的就職典禮。傑克遜遭受悼亡之痛，故著喪服就職。

6. 年輕時好勇鬥狠，動輒與人決鬥，是唯一體內帶有兩顆子彈的總統：第一顆是 1806 年與查爾斯‧狄金遜(Charles Dickinson)

決鬥被擊中所留，第二顆是 1813 年與湯瑪斯‧哈特‧本頓(Tho-mas Hart Benton)決鬥被擊中所留。前者打斷了傑克遜的一根肋骨，卡住未傷及要害。因其太近心臟，不能取出，帶著進入墳墓。後者射中左臂，大大減少運動力，1832 年任總統期間外科手術取出，留在體內近 20 年。

7. 總統與副總統可能不和，然而恨到欲殺之爲快的程度，也許只有一次：傑克遜主張增加聯邦權力，副總統約翰‧C‧卡爾洪爲邦權主義者；傑克遜反對無效論(the doctrine of nullification)，卡爾洪爲主要無效論者。1830 年 4 月 13 日哲斐遜冥誕餐會上二人針鋒相對，十分生動：他舉杯祝頌，兩眼瞪著卡爾洪，說：「祝我們的聯邦：聯邦必須保全！」("Our Federal Union: It must be preserved!")接著卡爾洪舉杯，手在顫抖，回答：「聯邦：次於我們最珍貴的自由！」("The Union: next to our liberty, the most dear.")1831 年內閣改組，卡爾洪的人被改掉，二人無法再相處，1832 年卡爾洪辭職。1845 年傑克遜臨終時，與牧師談及任內往事，憤憤以未將卡爾洪以賣國賊吊死爲最遺憾的事。

8. 近代史上唯一全部償清國債的總統：因出售西部的公有土地所得，使傑克遜的政府有清償債務的能力，1835 年 1 月 8 日最後一筆國債償清，國會現在必須分配剩餘的歲收。

范 布 倫

1. 唯一無競選夥伴而競選連任的總統：范布倫是一位工於心計的政客，以佩姬(Peggy)事件獲得安德魯‧傑克遜的賞識，1832年與之搭檔競選，出任副總統，1836 年並親自挑選爲繼承人，當了總統。1840 年競選連任，其副總統理查‧M‧約翰生(Richard M. Johnson)因樹敵太多，未獲民主黨全國代表大會再度提名，而大會對提名另一副總統候選人又發生嚴重歧見，投票陷於僵局，致該年未選出副總統候選人，范布倫被迫單槍匹馬參選，而敗於輝格黨總統候選人威廉・亨利・哈利生。

2. 唯一乘坐憲法號(the *Constitution*)木製模型參加就職遊行的總統：1837 年。

3. 卸任後東山再起，不獲提名，另行組黨參選，未獲一票，迄今為止，只此一人：范布倫 1840 年競選連任失敗後，1844 年再尋求民主黨提名未果，1848 年以新組成的自由土地黨總統候選人競選，未獲得一張選舉人票，只獲得 29 萬普選票。類似情形，狄奧多・羅斯福 1912 年未再獲共和黨提名，亦另組新黨參加競選，亦未當選；然其所獲選舉人票及普選票均多於在職總統。

威廉・哈利生

1. 他是唯一學醫而任總統的人：如果他不改行而從事他所學的專門職業，他也許活得更久一些（哈利生年輕時，即決定習醫，14 歲入愛德華親王郡〔Prince Edward〕漢普頓／錫德尼學院〔Hampton-Sydney College〕接受醫預科教育，後因宗教氣氛不適，離去，到里士滿從醫師學徒。年 18，入費城賓州大學醫學院學醫，未幾他的父親去世，接濟中斷，不得不放棄當醫師的念頭，而投筆從戎）。

2. 唯一就職演說最長（超過 1 小時又 40 分），而任職卻最短（32 天）的總統。

泰　祿

1. 唯一道道地地的「無政黨的總統」（"A President without a party"）：泰祿原屬民主黨，1828 年大選，支持傑克遜；惟在無效論危機期間因反對授權傑克遜使用武力鎮壓南卡羅來納，與傑克遜決裂。1840 年以輝格黨的提名與威廉・H・哈利生搭檔，當選副總統。哈利生死後，繼任總統，時人稱爲「意外的總統」（"His Accidency"），民主黨固然唾棄他，輝格黨亦因爲他主張伸張邦權、狹義解釋憲法、及多次否決輝格黨自己的法案，日益與他疏遠，在職不到四年期間內閣兩度總辭，1845 年離開白宮時，是一位道道地地的「無政黨的總統」。

2. 繼任總統之前，曾先後擔任過聯邦眾議員及參議員，總統卸任後，他的政治生涯並未結束，內戰發生後，他支持南方脫離聯邦，參加邦聯臨時國會，1861 年 11 月當選邦聯眾議員，他是美國前總統唯一出任南方政府公職的人，但就職前即死亡。

3. 總統死亡是一件大事，即令前任總統的死亡也不會完全被忽視，然而他的死亡是唯一不爲人所注意的事：北方聯邦因爲他投靠邦聯，視爲賣國賊，華府對他的死亡未予理會。直到 1915 年——內戰結束 50 年後——國會才在他的墓上建立一座紀念碑。

波 克

1. 自麥迪遜以來總統出身眾議員者多矣，惟只有波克曾任眾議院議長：1835-39 年任第 24 及 25 兩屆國會眾議院議長。

2. 唯一實現「天命孔昭」（"manifest destiny"）的總統：1845 年德克薩斯加入聯邦，成爲一州；1846 年與英國訂約，以北緯 49 度爲界解決了俄勒岡地方與加拿大的疆界爭端；1846-48 年墨西哥戰爭，獲得今日加利福尼亞、亞利桑那、新墨西哥、猶他、內華達、懷俄明、科羅拉多州的全部或一部。波克離職時，美國領土擴張一半，增加一百餘萬方哩——擴張到接近今天的大陸疆界。「天命孔昭」一辭爲新聞記者約翰・歐沙利凡(John O'Sullivan)1845 年所創，與其結爲不解之緣者，爲波克，其意謂爲因應人口快速成長（波克任內短短四年間美國人口增加 12 %，增加將近二百五十萬人），美國向西發展，席捲大陸，乃上帝所賦予的使命。19 世紀末向海外發展，雖亦藉口「天命孔昭」，然爲此一觀念的延伸。

3. 總統有日不暇給者，亦有優游歲月者，而工作累死者，自來只有他一人：波克是「一位短小而有遠大計畫的人」（"a short man with a long program"），在職 4 年期間離開其辦公桌一共只有六週，工作過勞，心力交瘁，拒絕競選連任，卸任後 3 個月一瞑不視，年 53，爲自然死亡的總統中年齡最輕者。

泰 勒

1. 自華盛頓迄艾森豪領兵打仗之人當選總統者，多矣，惟獨他曾親自打敗一位外國總統：1847 年 2 月 22 日美墨戰爭中布宜那·維斯塔之役(the Battle of Buena Vista)，泰勒以不及五千人擊敗墨西哥總統聖大·安那(Santa Anna)將軍二萬之衆，大獲全勝，成爲戰爭英雄。

2. 與孟羅、海斯及威爾遜同爲避免星期日就職，而未依向例於當選次年 3 月 4 日（第一屆國會開幕紀念日）宣誓就職的僅有的四位總統。孟羅與威爾遜係第二任期分別於 1821 年及 1917 年 3 月 5 日宣誓就職，政權未移轉，總統職位不發生虛懸或重疊之事。泰勒與海斯係新任。泰勒於 1849 年 3 月 5 日宣誓就職，其前任先一日已退休，致總統職位發生僅有的虛懸一日之事。海斯於 1877 年 3 月 3 日非公開宣誓就職，而於 3 月 5 日公開舉行儀式，3 月 3 日其前任尚未任滿，致總統職位有重疊一日之嫌。

3. 有父子總統、祖孫總統，也有翁婿總統，**撒迦利·泰勒與哲斐遜·戴維斯(Jefferson Davis)是唯一的翁婿總統**。二人關係在親屬存續期間不和，親屬中斷後，反而和好，也是獨一無二。泰勒的二女莎拉(Sarah)1835 年嫁戴維斯爲妻。戴維斯西點軍校畢業後，派至克勞福堡(Fort Crawford)服役，泰勒時任砲台司令官。莎拉與戴維斯在此相遇，一見鍾情。泰勒深知軍人的家庭生活，反對二人結合，禁止他們會面，但二人仍私下往來。莎拉成年後二人在肯塔基結婚，女方父母未參加婚禮。新婚夫妻回到戴維斯在密西西比的棉花農場定居。他們去路易西安那訪問戴維斯的親戚時，同感染瘧疾，莎拉病死。戴維斯回到農場隱居，足不出戶者八年。後再婚，並選入聯邦眾議院。墨西哥戰爭爆發，戴維斯率領密西西比義勇兵團參戰，其指揮官正是他的前任岳丈泰勒將軍。戴維斯及其義勇兵團在蒙德勒之役(the Battle of Monterry)作戰英勇，布宜那‧維斯塔之役受傷。泰勒到營帳探視，告訴戴維斯「我的女兒認識人比我高明」。1849 年泰勒當了總統，戴維斯任密西西比州聯邦參議員，政治上二人完全相反，戴維斯逐漸傾向分離主義，泰勒則揚言要親自領軍去掃蕩宣布獨立的各州，吊死被捕的叛徒。然而私交方面，戴維斯和他的第二任妻子都視若泰勒的一家人，時常出入白宮，好像莎拉未死一樣。泰勒死後，二人關係中止。戴維斯後任皮爾斯政府的陸軍部長，致力陸軍現代化，使成為有效的作戰機構，諷刺的是十年後這枝陸軍擊潰了他所領導的叛亂。內戰爆發後，他當選為邦聯總統，南軍失敗，他被捕，入獄兩年後保釋。

4. **總統在職死亡不止一人，他是唯一一死後百有餘年挖開墓穴，驗明是否遭人毒死的總統**：1850 年國慶日，泰勒參加戶外慶祝活動，步行回白宮，長時暴露在烈日之下，又渴又餓，他吃了一大盤櫻桃，喝了一瓶冰牛奶，得了霍亂，5 日後病逝白宮。140年後一位研究泰勒的作家懷疑他因反奴被沾滿砒霜的櫻桃毒死，經其後人及退伍軍人事務部批准，1991 年 6 月 17 日挖開墓穴，取出遺骸，用最新科學方法檢驗，證明並非生前遭人毒死，而是自然死亡。

費 爾 摩

1. 他受的教育雖有限，白宮的圖書館卻是他創辦的：費爾摩年 17 才開始受基本教育，但很愛書，私人圖書室藏書 4,000 冊以上，繼任總統後，以其妻子亞比該(Abigal)第一夫人的協助，促請國會撥款在白宮成立第一個永久圖書館。

2. 所有「中下」總統("below average" Presidents)中唯一完成一樁影響深遠大事的人──1852 年派遣培理代將(Commodore Mathew C. Perry)率艦訪問日本，打開日本鎖國主義：神奈川條約簽訂時，費爾摩雖已離職，但「遠征日本」為其發端，仍視為其任內的大事。

3. 接受大學名譽學位，在他以前和以後均不乏其人，惟他曾婉謝之：1855 年費爾摩訪問英國，牛津大學表示擬授他名譽學位，他立即謝絕，說他未受過正統教育，「文學和科學造詣俱無」("neither literary nor scientific attainment")。他可能聯想到 1833 年安德魯·傑克遜接受哈佛大學名譽學位，班代表以拉丁語致詞歡迎，他不懂，所鬧的笑話；也怕牛津學生嘲弄他不識之無。

皮 爾 斯

1. 打破以往慣例，1853 年就職而不「宣誓」：皮爾斯就職前八週其唯一尚存的幼子火車意外喪生，認為係上帝懲罰其罪，故就職時，打破向例，不曰「余謹宣誓」("I do solemnly swear")，而曰「余謹確認」("I do solemmly affirm")；不手撫《聖經》，而高舉右手。按美國憲法原定有這兩種選擇，惟向例採取手撫《聖經》宣誓。

　　2. 總統與副總統不在一地就職：皮爾斯的競選夥伴威廉・R・金恩(William R. King)提名時，肺結核已至末期，當選後去古巴休養，在古巴宣誓就職，為唯一在國外宣誓就職的全國選出的公職人員。

　　3. 四年任期內保持其內閣 7 名閣員原封未動，未有其他總統保有這項紀錄。

布 坎 南

　　1. 雙眼特殊失調的總統：唯一一隻眼近視，另一隻遠視，左眼球在眼窩內排列比右眼球高。

　　2. 唯一終身未娶的總統：布坎南年輕時曾訂婚，他對未婚妻毀約、自殺的真相守口如瓶，至死不肯透露。

　　3. 迄今為止，可能是唯一搞同性戀的總統：他的摯友是阿拉巴馬州聯邦參議員威廉・ R・金恩。二人 23 年友誼中多次多時同住一室，布坎南選入參議院後，二人更是形影不離，成為當時閒言閒語的話題。金恩被譏為布坎南的「另一半」（"better half"）或「布夫人」（"Mrs. B."），提及二人時，則稱為「布坎南先生與其妻子」（"Mr. Buchanan and *his wife*"）。金恩後當選為皮爾斯的副總統，就職未滿一月病逝。巧得很，他也是美國唯一的單身漢副總統。

林 肯

　　1. 唯一懷疑自己和其母親一樣為非婚生子女的總統。

　　2. 唯一可稱為文學藝術家(a literary artist)的總統──美國歷史學家雅克・巴增(Jacques Barzun)甚至稱之為「文學天才」(a "literary genius")：約翰・亞當斯、湯瑪斯・哲斐遜、狄奧多・

羅斯福，及伍佐‧威爾遜諸人的文學修養，均屬罕見，林肯在其巔峰狀態則凌駕他們而上之。他們都受過良好教育，出身著名學府，而林肯只受過大約一年正規教育。他年輕時，即喜愛名家作品，一讀再讀，增進自己的字彙、語法及表達的能力。及至出任總統，已發展出一種獨特風格的散文體：純樸、清晰、精確、流暢、雋永、叶韻，有時且氣勢宏偉。很難想像任何其他總統能寫出擲地有聲的散文傑作如蓋茨堡演說(Gettysburg Address)及第一、二兩次就職演說。

3. **唯一自願到參議院作證為其夫人辯護的總統**：林肯夫人瑪利‧陶德(Mary Todd)的故鄉肯塔基州內亂期間處於衝突之間，對雙方提供軍隊，瑪利的娘家人有為邦聯作戰者，華府盛傳她是南方的間諜，為此參議院戰爭運作委員會(the Senate Committee on the Conduct of War)舉行一次秘密會議，主席剛宣布開會，一位身材高大的紳士悄然出現在會議桌前。他的聲調雖然充滿憂鬱，但仍盡量克制，緩緩地說：「本人，亞伯拉罕‧林肯，合眾國總統，自願來到貴委員會陳述。據我所知，我的家屬中任何成員有通敵叛國之事，純屬虛構不實。」作證完畢，和來時一樣悄然離去。委員會靜坐幾分鐘，無人發言，便默然終止審議謠傳總統夫人出賣聯邦的議案。

4. **只有兩位總統的誕辰為總統節(Presidents' Day)，同為聯邦假日**：華盛頓與林肯。華盛頓誕辰 2 月 22 日，各州及哥倫比亞特區同為法定假日，其慶祝始於 1796 年。林肯誕辰 2 月 12 日，多數州及哥倫比亞特區定為法定假日，其慶祝始於 1866 年國會兩院舉行追悼會紀念這位遇刺身亡的總統。此二日又稱為華盛頓／林肯節(Washington-Lincoln Day)。

5. 林肯的次子威立‧華萊士(Willie Wallace)1862 年，年 12，死於白宮，為唯一死在白宮的總統子女。

6. **唯一死在其刺客睡過的臥榻之人**：林肯在福特戲院(Ford's

Theater)被約翰·威克斯·布斯(John Wilkes Booth)槍擊後，抬至對街彼得生大廈(the Peterson House)二樓，該地是伶人寄宿之所。巧得很，林肯被安置的地方，正是布斯生前寄宿的房間。

7. 所有遇刺而死的總統，惟林肯遇刺之日（1865 年 4 月 14 日週 5）恰巧是耶穌受難節：更加深人民的哀悼。

8. 唯一死後開棺兩次（1881 及 1901）驗明骸骨是否仍在的總統。

約 翰 生

1. 唯一未滿 20 歲而結婚的總統：1827 年，年 18，是結婚最年輕的總統。

2. 他未受過一天正規教育，步入政壇以前是一名裁縫師，是唯一以裁縫而當上總統的人：約翰生家貧，3 歲失怙，14 歲其母送他當裁縫學徒，契約未滿，逃走，裁縫師傅登報懸賞尋找。後在田納西山區小鎮開業，出任議員以前，所穿衣服都是自己縫製的。任田納西州長時，還替他的朋友肯塔西州長做了一套衣服（這位朋友原是鐵匠，送他一把自製的鐵鏟及火鉗以報）。當了總統，每逢經過裁縫鋪，幾乎都進去閒聊幾句，深以他的行業為榮。

3. 內戰期間是南方參議員中唯一反對分離而留在聯邦參議院的人：1861 年當約翰生所代表的田納西州脫離聯邦時（田納西為南方 11 州最後脫離聯邦的一州），他是南方 22 名參議員中唯一拒絕離開參議院的人，而以勇氣和反抗承受本州及他處分離主義者的輕視與痛恨。分離主義者視他為「南方叛徒」，所到之處嘲弄、侮辱、恐嚇隨之，他絲毫不畏懼。

4. 迄今為止，唯一被彈劾的總統：林肯遇刺身亡後，約翰生繼任總統，為了戰後南方各州的重建，與國會共和黨急進派議員發生齟齬。1866年期中選舉，急進派大勝，國會推翻總統否決而制定〈重建法〉(Reconstruction Acts)及〈任期法〉(the Tenure of Office Act)。〈任期法〉規定經參議院同意任命的某些官員，未經參議院同意不得將其免職。約翰生認為〈任期法〉違憲（1926年最高法院裁定違憲），以陸軍部長艾德文‧斯坦頓(Edwin Stanton)破壞其寬大重建政策，予以免職。眾議院認為違反〈任期法〉，1868年2月24日通過彈劾案，參議院經過兩個多月審理，5月26日表決宣告無罪，約翰生的政敵以1票之差未能將他定罪。

5. 卸任之後，唯一再回到參議院任職的人：出任總統之前，曾任參議員5年。離職後，先後兩度競選聯邦參眾議員，均未成功。1874年當選，1875年3月6日重回到闊別13年、7年前審判他的參議院，敵與友同表歡迎。

格 蘭 特

1. 任內貪污醜聞頻傳，歷史學家評為美國僅有的兩位「失政」("failures")總統之首，在哈定之上。

2. 來華訪問，與李鴻章結交，李鴻章訪美，親詣其墓園，顯示情誼非凡：格蘭特卸任後，環遊世界，1879年來到中國，會晤北洋大臣李鴻章，並應李鴻章的請求調停中日琉球爭端，為中國主持公道。在東京惑於日本說辭，其事未果，寫信給李鴻章勸告中國自強，庶可免外人欺凌。1896年李鴻章訪美，格蘭特已逝世多年，在紐約親詣其墓園，低迴良久。第二年李鴻章命駐美公使楊儒在格蘭特墓前植銀杏兩株，楊儒並在樹前立碑記其事。

海 斯

1. 曾在內戰服役而任總統的人，只有他一人受過傷：而且多次，其中一次重傷。

2. 唯一由特設的選舉委員會(the Electoral Commission)以多於其競爭對手一票而當選的總統： 1876 年，美國獨立百年紀念，不意該年卻發生一次非常罕見而爭議迭起的總統選舉。先是共和黨全國代表大會海斯以俄亥俄州長對抗聲望較著的三屆衆議院議長詹姆斯‧G‧布雷恩(James G. Blaine)獲得提名。繼而大選中以罕見的選舉結果從民主黨總統候選人撒繆爾‧J‧狄爾登(Samuel J. Tilden)手中奪得總統寶座。事緣大選中 4 州的選舉報告出現兩歧，造成混亂。在南卡羅來納海斯似乎領先；在佛羅里達及路易西安那狄爾登居首，惟該二州的共和黨籍選舉官員判定一些民主黨的選票無效，證明海斯占優勢；在俄勒岡民主黨籍的州長取消了一名共和黨籍選舉人的資格，而代之以民主黨人。不計算有爭議的選舉人票，狄爾登以 184 對 166 票領先，只差 1 票未過半數，而海斯必須取得所有有爭議的選舉人票，才能當選（二人的選民票爲 51 ％對 48 ％）。國會參衆兩院分別爲共和、民主兩黨控制，將問題提交國會解決，毫無用處。爲此，國會特設選舉委員會，由兩院及最高法院各選派 5 人組織之。參議院選出 3 名共和黨參議員，2 名民主黨；衆議院選出 3 名民主黨衆議員，2 名共和黨；最高法院選出共和黨籍及民主黨籍法官各 2 人，另 1 人由此 4 人推選。選出的第 5 名法官約瑟夫‧布萊德雷(Joseph Bradley)名義上屬共和黨，實際上以獨立著稱。選舉委員會投票，布萊德雷原屬意狄爾登，但在政黨壓力下轉向海斯，委員會以 8 對 7 票表決，將所有有爭議的選舉人票判給海斯，海斯遂以 185 對 184 票，1 票贏得選舉。

3. 唯一在預定就職前兩天才宣布當選的總統： 總統選舉除 1789 年第一次選舉外，其結果通例於大選之年 11 月初選出總統選舉人後，事實上已告揭曉，不必等 12 月選舉人齊集各該州投票及翌年 1 月參議院開票；故總統當選及就職其間約有 4 個月，憲法修正案第 20 條生效後，總統就職日期提前，亦有兩個半月。惟海斯情形不然，此蓋由於 1876 年總統選舉一部分選舉人票發生爭議，引起選舉危機所造成，直到 1877 年 3 月 2 日共和、民主兩黨達成和解，參議院議長才宣布海斯當選。選舉和解稱爲大交換(the Great Swap)，其條件(1)共和黨同意從南方撤軍，(2)任命一名南方民主黨人入閣，(3)與地方政治人物共享南方人事任命權，(4)補助南方鐵路及其他工業建設。其時距預定總統就職日期只有兩天。3 月 1 日海斯由其家鄉俄亥俄動身前往華府就職時，尚不確知民主黨是否不再抗爭選舉結果，對送行的人說，他「也許」會立刻回來。就職典禮爲民主黨杯葛，就職演說承諾盡量做一位超黨派的總統。即使如此，民主黨控制的衆議院 1878 年仍發動一次調查；傳言發現了不少選舉舞弊，要彈劾罷免他。詢及此事的可能性時，海斯問誰來接替他，答以狄爾登。海斯憤然說：「狄爾登會被逮捕槍斃。」民主黨顧慮引起戰亂，其事方寢。

　　4. 新當選的海斯爲避免星期日就職，也和泰勒一樣未照向例於大選次年 3 月 4 日宣誓就職，而提前於 1877 年 3 月 3 日非公開宣誓就職，3 月 5 日公開舉行儀式，總統職位雖無虛懸一日之虞，卻發生僅有的重疊一日之嫌，因 3 月 3 日其前任尚未離職故也。

賈　飛　德

　　1. 唯一能同時一手寫拉丁文而另一手寫希臘文的總統：賈飛德受過古典教育，早年曾在俄亥俄州海拉姆學院(Hiram Institute)教授拉丁文及希臘文，是唯一精通這兩種古典語文而又能同時書寫兩種文字的總統。

　　2. 美國歷史上唯一同時既是現任衆議員，又是參議員當選人及總統當選人：任衆議員，1863-80 年；1880 年當選參議員及總統。當選總統後，辭去議席。

亞 瑟

1. 遷入白宮之前，要求把白宮的舊家具全部拍賣掉，他是唯一這樣做的總統：然後按照維多利亞時代的風格重加佈置。

2. 以往雖聲名狼藉，繼任總統後卻前後判若兩人：亞瑟與紐約州的分贓大亨(Spoils baron)、參議員拉斯可‧康克林(Roscoe Conkling)有過近 20 年的密切關係，擔任第一肥缺紐約港海關稅務司長達 7 年，因爲濫權施恩被免職，有「分贓人的分贓人」("Spoilsman's spoilsman")之稱；爲了安撫黨內保守勢力，1880 年共和黨提名與賈飛德搭檔競選。當了副總統 6 個半月，繼任總統後，先後否決違反中美條約的排華法案(the Chinese Exclusion Bill)及充滿圖利漏洞的河川港口法案(the Rivers and Harbors Bill)，與其以前老闆決裂，與分贓制度斷絕關係，嚴懲詐騙政府的同黨人員。最重要而有深遠意義的，強力支持 1883 年〈彭德頓法〉(the Pendleton Act)，建立美國文官制度的基礎。

克利夫蘭

1. 唯一非連續兩任的總統，第 22 任(1885-89)及第 24 任(1893-97)：亦即唯一接替其繼任者而再當選的總統；擊敗他的人亦爲他所擊敗──1888 年爲本嘉明‧哈利生所敗，1892 年又擊敗哈利生而當選。

2. 唯一在白宮結婚並生育子女的總統：總統在職期間結婚者，前有約翰‧泰祿（1844 年），後有伍佐‧威爾遜（1915 年），惟均爲第二次結婚，而且婚禮均不在白宮舉行（一在紐約市，一在華府新娘家中）。克利夫蘭入主白宮時，雖年近半百，仍是單身漢，1886 年 6 月 2 日與其前律師事務所合夥人的 21 歲女兒福蘭西絲・佛爾森(Frances Folson)結婚，婚禮在白宮藍廳舉行。婚禮前 5 天才宣布訂婚，結婚之日克利夫蘭照常工作。總統結婚雖是一件大事，但婚禮卻是「小事」，只有至親好友及閣員與其夫人參加。福蘭西絲成為最年輕的第一夫人，克利夫蘭也是唯一在白宮生育子女的總統，其次女愛斯特（Ester，1893 年生）為唯一在白宮出生的總統子女。

3. **唯一在職期間秘密動口腔癌手術，其病情及醫療保密 20 餘年之久**：第二任就職兩個月後其口腔上部發現惡性腫瘤，1893 年 6 月 30 日秘密離開華府，7 月 1 日在紐約長島海峽外海遊艇上動手術，從口腔內眼眶部位切開，割去生癌的地方，切除整個左上顎。沿途及手術時間，內閣只有陸軍部長丹・拉蒙特(Dan Lamont)在場。手術後第 4 天對外宣布總統醫治了兩顆發膿的牙齒及風濕舊病復發。然後鑲上假上顎。手術不僅保密，克利夫蘭死後亦未公開，直至 1917 年參加手術的醫生才在雜誌上發表全部報告。

本嘉明・哈利生

1. **既然有其父必有其子，那麼有其祖亦必有其孫，哈利生是唯一祖孫檔的總統**。第 23 任總統本嘉明・哈利生是第 9 任總統威廉・亨利・哈利生一脈單傳的孫子，但他並不以家世烜赫自豪。他的祖父只做了一個月的總統，在職死亡，而他也一任而止，表現欠佳，頂多可列為平平到拙劣的總統。祖孫二人死時均 68 歲。

2. **唯一擊敗其前任，又為其前任所擊敗的總統**：1888 年大選，擊敗現任總統克利夫蘭；1892 年大選，克利夫蘭捲土重來，又擊敗現任總統哈利生。

3. **原配死後，娶其妻之姪女，有違倫常，難怪其成年子女均忿而拒絕參加婚禮。這樣前總統，尚無第二人。**

麥　金　利

1. 爲安德魯・約翰生與伍佐・威爾遜之間唯一鬍鬚刮得清潔溜溜的總統。

2. 他本人雖不懷有帝國主義野心，然而在他執政期間隨著美西戰爭，取得菲律賓、波多黎各、關島等海外領土，美國卻一反傳統成爲殖民帝國。而在另一方面，有了遠東太平洋的基地，麥金利政府遂得以推行對華門戶開放政策。

3. 麥金利在職期間，聯邦政府發現一張百元紙幣僞造得幾可亂眞，難以識別，乃收回已發行的 2,600 萬元百元券。因僞鈔而收回眞鈔，此爲歷史上唯一的一次。

狄奧多・羅斯福

1. 唯一戴夾鼻眼鏡(pince-nez)的總統。

2. 父子兄弟 4 人都是哈佛大學畢業的總統，只有 2 人，狄奧多・羅斯福是第一人，甘迺迪是第二人。羅斯福本人 1880 年以高級優等(magna cum laude)畢業，長子小狄奧多(Theodore, Jr.)、次子克米特(Kermit)、三子阿契巴達(Archibald)皆哈佛畢業。4 個兒子只幼子昆丁(Quentin)不是哈佛人。

3. 他不是軍人，卻愛好戰爭（軍人也不一定個個喜歡陣戰殺伐），爲美國總統中唯一視戰爭爲一件好事的人，至少在他年輕時如此：羅斯福精力充沛，愛好戰爭一如愛好運動，認爲二者精神上等量齊觀。從 19 世紀 80-90 年代，他一直渴望戰爭；不僅要美國調兵打仗，也要自己從軍打仗。1886 年，爲了邊界事件，他希望和墨西哥以兵戎相見，建議將自己的農場工人組成騎兵隊，但戰爭並未發生。1892 年，智利爭端又燃起他的希望，夢想率領義勇騎兵前往衝鋒陷陣，但智利又過去了。1895年，美英失和，再度激起他的好戰精神，企圖乘機取得加拿大。不幸兩國和平解決，再一次失掉交鋒的機會。1897年，美西關係因古巴問題陷於緊張，政府沒有行動，他諷刺麥金利總統無骨氣。1898年，美西戰爭爆發，他辭去海軍部助理部長，自願效力疆場，率領一個由牛仔及大學生組成的義勇騎兵團去古巴打仗。聖胡安(San Juan)之役，他身先士卒衝上山頂占領之。遠征經歷一週，而艱苦作戰只有一天，已足使他成為全國英雄，從此一帆風順，而紐約州長，而副總統，而總統。但在他擔任總統7年又半的期間，並未發生武裝衝突，反而因調停日俄之戰獲得諾貝爾和平獎。卸任時，只有50歲，正值壯年，絕大多數其他總統在此年齡尚未就任（美國總統就職平均年齡54歲10個月）。非洲狩獵，歐洲遊歷，南美探險，並未冷卻他對政治或軍事的熱中。一次大戰發生，他再度嚷著參戰，自願招募一個義勇師團赴歐洲與盟國並肩作戰。威爾遜認為他年事已高（56歲），且過於作秀，拒絕所請。投效無門，只有寄望於他的4個兒子克紹箕裘。

4. 有其父，必有其子，父喜陣戰，子承其志，4個兒子一體參加一次大戰，幼子陣亡，其餘3子又參加二次大戰，**此種情形無與倫比**：長子小狄奧多在法國戰場作戰受傷，獲頒紫心勳章(the Purple Heart)、美國英勇勳章(the U.S. Distinguished Service Medal)、及英勇十字勳章(the Distinguished Service Cross)。次子克米特先在中東英軍服務，美國參戰後，參加美軍。三子阿契巴達在法國作戰受重傷，獲頒法國軍功十字勳章(Croix de Guerre)，以傷殘退伍。幼子昆丁陸軍航空隊飛行官，1918年在法國上空被德國戰機擊落，陣亡。其餘三個兒子又于役二次大戰：長子轉戰北非、義大利及諾曼第。1944年參加諾曼第第一波登陸，未幾，病逝。死後獲頒國會榮譽勳章(the Congressional Medal of Honor)。次子先加入英軍，在挪威及埃及服役，後參加美軍，1943年在阿拉斯加服役時病死。三子在太平洋戰區作戰，再受重傷，又以傷殘退伍。

5. 唯一為其姪女主婚嫁給一位未來總統的總統：1905 年為其亡兄之女艾利娜(Eleanor)主婚，嫁給佛蘭克林‧D.‧羅斯福。

6. 唯一寫過近 40 部書的總統：共寫了 37 部書。他不僅是一位多產作家，而且是一位有才幹的作家，著作中有田園生活、狩獵記事、傳記、西部開拓史，另有一些專門性著作如新民族主義等。

7. 唯一卸任後被企圖行刺的總統：羅斯福與其親自挑選的塔虎脫失和後，1912 年尋求共和黨提名未果，另行組黨競選。在密爾瓦基(Milwaukee)競選時，為狂人行刺，胸部中彈，仍堅持照原定計畫到市政廳發表演說，然後才往醫院療傷。

塔 虎 脫

1. 唯一全家父子、祖孫、兄弟、兄妹、姊弟五人都是耶魯人的總統：父亞爾芬索‧塔虎脫(Alphonso Taft)1833 年耶魯畢業，塔虎脫本人 1878 年畢業，長子羅伯‧亞爾芬索‧塔虎脫(Robert Alphonso Taft)1910 年，獨生女海倫‧赫隆‧塔虎脫(Helen Herron Taft)耶魯歷史學博士，次子查爾斯‧菲利浦斯‧塔虎脫(Charles Phelps Taft)1918 年。

2. 唯一體重超過 300 磅的總統：任職時，體重 332 磅，胖得卡在白宮的浴缸內，彈動不得，只得另換一個足夠容納 4 個正常男人的特大號浴缸供他使用。

3. 唯一擔任過最高行政首長（the Chief Executive，總統），又出任過最高法院院長（the Chief Justice，首席大法官）的人：1908 年以狄奧多、塔虎脫的大力支持當選總統，1921 年由哈定提名任為最高法院院長；但他既不願為、也不喜歡做總統，他一生最快樂的歲月，是 1921-30 年在最高法院度過。

威 爾 遜

1. 獲贈名譽博士學位的總統不乏其人（華盛頓任大陸軍總司令時，1776 年曾獲哈佛大學贈予第一個名譽博士學位，胡佛獲贈名譽學位多達 89 個），而**獲得博士學位者，只有威爾遜一人**——1886 年獲得約翰霍布金斯大學哲學博士學位。

2. 在他以前或以後擔任過大學教授或校長的總統多矣（哲斐遜創辦維吉尼亞大學，麥迪遜卸任後曾任維吉尼亞大學校長，費爾摩曾任布法羅大學校長，賈飛德曾任海拉姆學院教授及校長，塔虎脫卸任後曾任耶魯大學教授，艾森豪曾任哥倫比亞大學校長），但他們都是政治人物，**真正學術界出身而入主白宮者，只有威爾遜一人**。他 1885-1902 年先後任布林摩(Bryn Mawr)、衛斯理安(Wesleyan)，及普林斯頓等三所學院或大學教授，1902-10 年任普林斯頓大學校長，一生中大半時間未脫學術生涯。其由絳壇步入政壇，躍身國家政治舞臺，當選總統，中間只經過短短兩年州長過渡期間，此種情形迄今尚無第二人。

3. 他原是一位崇尚自由、愛好和平的人，當了總統，一旦國家投入戰爭，卻變成專制獨裁的執政：威爾遜本質上厭惡戰爭，歐戰爆發後，他立即宣布中立，在其第一任內極力避免戰爭，一旦領導國家投入戰爭，卻證明是一位果斷的戰時領袖——美國前所未有最有效的戰時總統。他不但動員經濟，為了他的民主「大十字軍」，且動員了輿論。戰時〈間諜法〉(the Espionage Act, 1917)及〈叛亂法〉(the Sedition Act, 1918)都很嚴峻——在叛亂法下，即使談論反對購買戰時公債或以任何方法批評政府，都構成犯罪。社會黨黨魁尤金‧V‧戴布茲(Eugene V. Debs)被捕下獄（1918 年），250 名急進外僑驅逐出境（1919 年），崇尚自由的教授，實際上變成專制的獨夫。

4. 僅有的三位兩任同屬少數總統中第二位：1912 年第一任期所得選民票 42.5 %，1916 年第二任期 49.3 %。其他二人為克利夫蘭及柯林頓，惟克利夫蘭非連續兩任，連續兩任的少數總統僅威爾遜及柯林頓二人。

5. 唯一將其女嫁給閣員的總統：1914 年在白宮典禮中將幼女艾利娜(Eleanor)嫁給財政部長威廉‧G‧麥克阿多(William G. McAdoo)，年齡長她一倍的鰥夫。

6. 總統卸任後照例回到本鄉或原來定居之處，惟有他仍留在華府，而且死於華府，葬在華府：威爾遜離開白宮後遷居華府 S 街新購住宅，絢爛歸於平靜，定居此地者 3 年，1924 年死於家中，葬在華盛頓大教堂(the Washington Cathedral)。他是唯一葬在華府的總統。

哈 定

1. *唯一被指為有黑人血統的總統*：19 世紀初哈定的祖先遷到俄亥俄定居不久，便開始謠傳其家族有黑人血統，1920 年大選期間此項傳言經人發表為文，流傳更廣。這項指責對哈定俄亥俄馬里翁(Marion)的鄉親並不驚奇，因為黑皮膚、厚嘴唇的哈定在他家鄉早已被這項流言所困擾。他和妻子佛蘿倫絲(Florence)訂婚時，就被他未來的岳丈罵為「該死的黑鬼」("Goddam nigger")。有位記者曾直截了當地問他有無黑人血統，他回答：「我怎麼知道。我的祖先或許有人越過藩籬。」("One of my ancestors may have jumped the fence.")

2. *唯一新聞記者出身的總統*：哈定的一生事業始於在俄亥俄州馬里翁小鎮辦報，年未 20 便成為馬里翁《明星報》(Star)的發行人兼編輯。巧得很，同年與他競選的民主黨總統候選人詹姆斯‧

M・柯克斯(James M. Cox)也是新聞記者、報紙發行人，也是俄亥俄州人、一匹黑馬。

3. 林肯未受過正規教育，卻斐然成為美國總統中唯一可稱為文學大家的人，哈定受過高等教育，當過報紙編輯：也喜歡舞文弄墨，但他的文字卻錯誤得不忍卒讀，不及物動詞用直接受詞（如 "We must prosper America" 之類），及物動詞反而缺少直接受詞（如 "I would like the government to do all it can to mitigate" 之類）。寫過一本權威著作《美國語文》(*The American Language*)的作家及文學批評家亨利・路易・孟肯(Henry Louis Mencken)說哈定的文字是他所見到的「最壞的英文」("the worst English")。

柯 立 芝

1. 唯一 7 月 4 日出生的總統：1872 年 7 月 4 日。

2. 唯一由其父監誓宣誓就職的總統：1923 年 8 月 2 日哈定在舊金山旅次病逝時，副總統柯立芝正在佛蒙特州普利茅斯山峽(Plymouth Notch)他父親的農莊度假，農莊沒有電話，消息傳到已是次日凌晨 2 時。他被叫醒後，穿著他最好的黑色衣服，凌晨 2 時 43 分在農莊的起居間煤油燈搖曳不定的燈光下，由他的父親約翰・柯立芝(John Coolidge)以治安法官(justice of the peace)兼公證人的資格監誓宣誓就總統職，既無演說，亦無鋪張，歷時 4 分鐘，然後回到樓上睡大覺。天亮後啟程前往華府履新。不久，獲知他父親的職權只限於為州級公職人員監誓，幾天後，又在華府補行宣誓。

3. 唯一在職期間其肖像見於美國硬幣的總統：1926 年獨立 150 週年紀念半圓銀幣。

4. 終其任不接聽電話，20 世紀的總統尚有他人乎？這也是他被稱爲“Silent Cal”的另一原因。

胡 佛

1. 唯一在兩個政府擔任商務部長，卓有成就的總統：在哈定及柯立芝政府，1921-28 年。

2. 唯一因經濟大蕭條(the Great Depression)的連累而遭擯棄的總統：胡佛有非常才幹，服務公職有卓越成就，1928 年大選以承諾延續共和黨的繁榮時代而獲得壓倒勝利，所得選舉人票及選民票均屬空前。當他進入白宮時，股票市場正欣欣向榮，生產水準日益提升，國民生活富裕。曾幾何時，1929 年 10 月 29 日「黑色星期二」(“Black Tuesday”)華爾街股市大崩盤，隨之發生經濟大蕭條。此項衰退不僅在美國是空前，而且是世界性，其嚴重的程度經濟學大師約翰・M・凱因斯(John M. Keynes)認爲歷史上只有黑暗時代(the Dark Ages)堪與比擬。胡佛雖立即採取行動──所採行動比前此任何總統爲多──卻無法挽回頹勢。1932 年大選敗於原先欣賞他、稱爲總統最佳人選的佛蘭克林・D・羅斯福。想不到具有非常才智及人道精神的胡佛竟因大蕭條的連累，被賜以「被擯棄的總統」(the “President Reject”)。

3. 經濟恐慌或經濟蕭條不止一次，1819，1837，1857，1873，1893，1907 均曾發生，而在職總統的姓氏因此被用作諷刺、咒罵之辭者，未之前有，他是唯一一遭此不幸的總統：胡佛執政正是大蕭條蔓延時期，其實災難的種子在他就職之前早已種下，1928 年大選即使他的對手獲勝，也會發作。當大蕭條加深的時候，失望的美國人便開始拿他出氣，他的姓氏也就成爲誹謗的形容詞，於是空空如也的口袋翻轉過來，稱爲「胡佛旗」(“Hoover flags”)，報紙稱爲「胡佛毯」(“Hoover blankets”)，宰殺野兔作食物，稱爲「胡佛豬」(“Hoover hogs”)，簡陋房屋形成的貧民窟稱爲「胡佛維爾」（"Hoovervilles"）。

4. 當他和他的夫人不願他們的客人或白宮的僚屬了解他們的談話時，他們有時用中文交談。他和他的夫人都在中國住過，會說中國話。

5. 唯一曾會見過希特勒的美國前總統：1938 年 3 月 18 日。

6. 唯一曾在兩個政府擔任公職的前總統：1947-49 年在杜魯門政府及 1953-55 年在艾森豪政府，先後主持兩個胡佛委員會(the Hoover Commissions)。

7. 狄奧多‧羅斯福是狩獵專家，也寫過《狩獵記事》，亞瑟可能是美國最了不起的垂釣專家（艾森豪也喜愛此道），而胡佛卻是唯一寫過一本《垂釣之樂》(Fishing for Fun)（1963 年版）的前總統。

佛蘭克林‧D.‧羅斯福

1. 唯一半身不遂長年坐輪椅的總統：1921 年，39 歲時，染小兒麻痺症，腰部以下癱瘓，雖不良於行，無損於精神強健，經過艱苦鍛鍊，3 年後東山再起，重返政壇。

2. 此事只發生過一次：總統就職當天，內閣即已提名、宣誓並舉行閣議。羅斯福第一任內權宜之計，爲緊急處理面臨的經濟蕭條所必要。1933 年 3 月 4 日總統宣誓就職之日，命令閣員齊集白宮在其家屬友人之前宣誓就職，又一打破傳統的行爲。

3. 唯一打破兩任傳統，連續四次當選的總統：1940 年第三任，1944 年第四任。1936 年競選連任，獲得驚人的勝利。1940 年決定第三度競選，頗多爭議。批評者謂其意圖獨裁，但羅斯福則謂爲保全新政的必要，且爲國際危機日增所迫。其時歐洲戰事已起，羅氏對其他民主國家一向採取合作政策，對法西斯義大利及納粹德國則懷有敵意。1940 年 5 月要求孤立主義濃厚的國會通過龐大的軍費預算，以備可能發生的事變。在戰雲密布的情形下，他得以打破傳統，當選第三任，惟所得選舉人票及選民票均少於第二任。1941 年珍珠港事件發生，美國終於參戰。1944 年以「中流不換馬」為號召，當選第四任，所得票數更少於第三任。

4. 雖然有其父有其子（約翰及約翰・昆西・亞當斯），有其祖有其孫（威廉・ H.及本嘉明・哈利生），亦有遠房宗兄宗弟乎？有，狄奧多・羅斯福與佛蘭克林・D.・羅斯福。佛蘭克林不僅非常欽佩狄奧多，且與狄奧多有許多相同之處：二人同為荷蘭移民的後裔，為第五代宗兄弟，佛蘭克林又娶了狄奧多的親姪女艾利娜為妻，二人既誼屬同宗，又是姻親（狄奧多為妻叔，佛蘭克林為姪婿）。1905 年佛蘭克林與艾利娜結婚時，當時任總統的狄奧多並為女方主婚人，此後佛蘭克林經常與狄奧多接觸，加深其對政治的興趣。二人同為大有為而富有改革思想的總統，而其到達此一最高職位的歷程亦非常類同：同出生於富有之家，同受家庭教師教導，同就讀過私立預備學校，同畢業於哈佛大學，同任過紐約州議員，同擔任過海軍部助理部長，同當選過紐約州長，同競選過副總統（佛蘭克林 1920 年與詹姆斯・ M.・柯克斯搭檔競選，失敗），同以姓名首字母通稱（TR 及 FDR）。任總統時，同在紐約擁有夏日白宮──一在薩加摩爾山(Sagamore Hill)，一在海德公園(Hyde Park)；同不以兩任為滿足──狄奧多 1912 年尋求第三任提名，未果，另組進步黨競選，亦失敗。死後同葬於紐約───一在俄伊斯特灣(Oyster Bay)，一在海德公園；歷史學家對他們同有很好的評價───一為「近乎偉大」（"near great"），一為「偉大」（"great"）。

杜 魯 門

1. 哈利・ S ・杜魯門(Harry S Truman)其中名 S 是全寫，不

代表甚麼：杜魯門出生後由於長輩對其中名意見不一——究應照其祖父之名取名 Shippe，抑或照其外祖父之名取名 Solomon，結果只取其首字母 S 爲名，說它代表兩者可，不代表任何亦可。它是中名的全寫而非縮寫，故其後不加句點。此爲唯一事例。

2. 20 世紀美國總統中唯一未受過高等教育的人。

3. 迄今爲止，唯一決定使用原子彈的總統：爲早日結束二次大戰，節省美軍傷亡，他決定對日使用原子彈。1945 年 8 月 6 日轟炸廣島，8 月 9 日轟炸長崎，8 月 14 日日本宣布投降。

4. 二次大戰後唯一以具體而深具意義的作爲遏阻國際共黨擴張的美國總統：1947 年 3 月發表以其姓氏著稱的政策聲明，援助希、土抗拒內部武裝叛亂及外來共管海峽壓力，爲圍堵政策揭開序幕。同年 6 月批准國務卿馬歇爾從大戰灰燼中重建歐洲的計畫，復興歐洲經濟，確保民主自由制度，使西歐免爲紅潮所淹沒。1949 年 4 月締結北大西洋公約，使美、加與西歐國家在抵抗共黨武裝攻擊方面結爲一體。1950 年 6 月配備蘇聯武器的北韓共黨政權大舉南侵，駸駸然有席捲朝鮮半島之勢，杜魯門行動果決，一面促使安全理事會號召會員國擊退侵略，同時下令美軍援助南韓作戰，國際共黨併吞全韓的野心在聯軍堅決抵抗下終未得逞。惟其國內清除政府內部共黨勢力的工作則認爲做得不夠，而派遣特使調停國共爭議，致中共坐大，「失掉」中國，尤其遭受批評。

艾　森　豪

1. 唯一曾在一、二兩次大戰服役的總統：一次大戰期間初出茅廬，只在國內陸軍基地擔任組訓工作，領兵打仗，嶄露頭角，是二次大戰之事。

2. 總統任職以前領兵作戰者，不止一人，唯獨他曾指揮空前龐大軍力登陸作戰，贏得最後勝利：1945 年 6 月 6 日艾森豪以歐洲聯軍統帥指揮歷史上最大陸海空協同攻擊部隊——近 20 萬大軍，600 艘船艦，由 950 架戰鬥機及運輸機掩護、支援，在惡劣天氣中渡過英吉利海峽，登陸諾曼第海灘。1945 年 5 月 7 日在里姆斯(Reims)接受德國投降。勝利帶來莫大聲望，民主、共和兩黨都視為各該黨未來總統的可能候選人。共和黨搶先安排他出長哥倫比亞大學，培養其文人氣質；杜魯門再召他復役，出任北約歐洲盟軍統帥。1952 年還是接受共和黨的提名。

3. 唯一擔任過北約組織歐洲盟軍統帥的總統：1950-52 年。

4. 迄今為止，唯一前來臺灣訪問的美國在職總統：1960 年 6 月艾森豪訪問遠東四國，6 月 18 日行抵臺灣，停留 24 小時，曾對 50 萬民眾的歡迎大會發表演說。訪臺期間中共曾對金門發射 174,754 發砲彈。

5. 只有兩位總統在任職以前領有飛行執照：艾森豪及布希。布希是二次大戰美軍最年輕的飛行軍官。

甘迺迪

1. 唯一兩腿一長一短的總統：右腿比左腿長 3/4 吋。

2. 父子兄弟四人都是哈佛畢業的總統只有二人，他是第二人：父約瑟夫(Joseph)1912 年哈佛畢業，甘迺迪本人 1940 年哈佛畢業，三弟羅伯(Robert)及么弟愛德華(Edward)也都是哈佛畢業（愛德華西班牙文考試舞弊，休學一年，最後仍畢業）。

3. 二次大戰中服役後來擔任總統的 7 人中，甘迺迪是唯一曾在戰爭中受傷的：參加海軍，派在太平洋戰區任 109 號巡邏魚雷快艇(PT-109)艇長，1943 年 8 月所羅門群島戰役中為日本驅逐艦撞擊，艇毀落海，拖著一名受傷的士兵游了 3 浬，到達安全地，背部舊傷加遽，送回國動手術。此役他獲頒紫心勳章。

4. 唯一擁有一架私人飛機供競選之用的總統候選人：甘家富

有而且是巨富，他的父親約瑟夫‧P‧甘迺迪(Joseph P. Kennedy)長袖善舞，家財5億美元，是美國20位富豪之一。甘氏競選時，其父供給一架由康維爾(Convair)改裝的私人飛機，以甘氏的3歲小女兒之名取名凱洛琳號(the *Caroline*)，辦公室、廚房、臥室一應俱全，較之乘坐商用飛機，不僅便捷，而且舒適。

5. 內舉不避親，是唯一任命一名近親為閣員的總統：任命其三弟羅伯為司法部長，引起批評，謂羅伯年齡太輕、太無經驗。甘氏則別有用意——培養其資望，以備將來繼承衣缽。

6. 4位在職遇刺死亡的總統中唯一被來福槍擊中，立即死亡的總統：奧斯華(Lee Harvey Osward)從臨街樓上以裝有望遠瞄準器的卡賓步槍行刺。其他遭暗殺的總統均為手槍或左輪擊中，最快的第二日死亡（林肯，9小時又7分鐘），最慢的拖延兩個半月後死亡（賈飛德，80日）。

7. 唯一先其父母而死亡的總統：1963年遇刺時，其父母均健在。父約瑟夫，1969年病逝；母露絲(Rose)，1991年歡度100歲誕辰，布希總統宣布該日為「露絲‧甘迺迪日」，1995年104歲病逝。

8. 有其兄，必有其弟，他的長兄及兩位弟弟，甚至他的老爸都有志於白宮：甘氏的長兄小約瑟夫‧P‧甘迺迪(Joseph P. Kennedy, Jr.)及三弟羅伯‧F‧甘迺迪和幼弟愛德華‧M‧甘迺迪。老約瑟夫‧P‧甘迺迪原意培植其長子小約瑟夫做總統，小約瑟夫一表人才，為其父所器重，8個弟妹所敬愛，生前亦不諱言將來要當總統，不料二次大戰中駕駛一架載滿炸藥的轟炸機在英國上空爆炸，機毀人亡。約翰繼承長兄的遺志，取代他在家族中的地位，退伍後步入政壇，由眾議員而參議員，實現了老約瑟夫的願望而登上總統寶座。約翰遇刺死亡，羅伯繼之。約翰競選總統時，羅伯擔任競選總幹事；約翰入主白宮後，任命羅伯掌管司法，參與樞機，為總統以外最有權勢的人。約翰死後，辭職，當選紐約州聯邦參議員，成為民主黨自由派的領袖，1968 年競選民主黨總統候選人提名，加州初選獲勝時，遭暗殺而死。老么愛德華，約翰認為是「甘家天生最佳政治人物」("the best natural politician in the family")，1962 年剛滿 30（參議員最低年齡條件），以兩位兄長的助選擊敗亨利‧C‧洛奇(Henry C. Lodge)之子喬治‧洛奇(George Lodge)，而保持住約翰所遺麻州聯邦參議員的民主黨席位，野心勃勃，要承傳其長兄的衣缽。然而 1969 年駕車淹死女秘書的事件因不能說明當時情況，輿論對他頗多指責，不僅 1972 年放棄競選，甚至 1980 年與卡特爭取民主黨總統候選人提名，也因女秘書溺斃案重新成為話柄而失敗。其實老約瑟夫自己又何嘗沒有問鼎白宮的野心。他有錢，錢多好辦事；他做過官，但官運並不亨通。他資助佛蘭克林‧D.‧羅斯福競選，爭取財政部長未遂，只得到駐英大使；渴望提名候選總統，又因羅斯福競選第三任，而且聲望正隆，從此失掉機會。自己無緣，把希望寄託在兒子身上。父子、兄弟何其太多總統迷。

詹　森

1. **唯一師範學院畢業的總統**：德州州立西南師範學院，1930 年。詹森高中畢業後，不願讀大學，跑到加州闖天下，兩年間為找工作，四處遊蕩，回到家身無分文，決心試試大學，1927 年進入德州州立西南師範學院（South-West Texas State Teachers College，今改為德州州立西南大學），靠工讀完成學業。1934-35 年曾短期在華府喬治城大學(Georgetown University)修法律。任副總統期間，與甘迺迪政府內一批東部常春藤大學出身的人相比，未免見拙。

2. **二次大戰期間第一、也是唯一保留聯邦議員席位入伍服役後來擔任總統的人**：1941 年 12 月至 1942 年 7 月，在海軍服役，服役期間仍保留他在聯邦衆議院的席位。1942年遵從羅斯福總統命令所有服役中的國會議員應恢復其立法工作，而退役。詹森1937-49年任聯邦衆議員。

3. 唯一擔任過聯邦參議院政黨領袖(floor leader)的總統： 1953-54年爲參議院少數黨（民主黨）領袖(Minority leader)，1955-60年爲參議院多數黨（民主黨）領袖(Majority leader)。1953年當選少數黨領袖時，年44，爲歷來最年輕的政黨領袖。除12年參議員外，前此並曾任聯邦衆議員12年，爲亨利・克雷(Henry Clay)後140年來最熟練的國會領袖，也是歷來最善於對付國會的總統——其任內30次否決無一被推翻。

4. 唯一由女性法官監誓就職的總統： 甘迺迪遇刺後，1963年11月22日下午2時39分在達拉斯機場空軍一號總統座機上由聯邦地方法官莎拉・T・休斯(Federal District Judge Sarah T. Hughes)監誓宣誓就總統職。

5. 唯一攜帶寵物犬參加就職遊行的總統： 1965年。

6. 戰爭期間總統競選連任，向例中流不換馬，惟他受到戰爭牽累放棄競選連任： 詹森任內有兩大夢魘：種族暴亂與越戰牽累，而最受其害者，則爲越戰。1964年8月7日東京灣決議案授權總統在越南「採取一切必要措施，擊退任何對美國部隊的武裝攻擊並防止另外的侵略」，爲美國全面介入越戰的開始。1965年2月詹森下令轟炸北越陣地，3月第一批海軍陸戰隊在越南登陸，6月美軍參加戰鬥。詹森任職之初，美國在越南非戰鬥部隊25,000人，迄他任職終了，在越美軍增至將近525,000人。1968年1月30日越共發動陰曆新年攻勢(the Tet Offensive)，南越第二大城順化失守，西貢美國大使館的防務一度突破；攻勢的犧牲雖大，卻使許多美國人認爲不能贏得戰爭。3月31日詹森同時宣布停止轟炸越南北緯21度以北及不再尋求連選。儘管他繼任甘迺迪的未滿任期未超過2年，依憲法修正案第22條還可連任一次；儘管他繼任後第一次大選（1964 年）得選民票 61.1 ％，還超過 1936 年大選佛蘭克林・D.・羅斯福的 60.8 ％。

7. 只此一人，全家成員，包括一隻小狗，其姓名的首字母同為 L.B.J.：詹森本人 Lyndon Baines Johnson，妻子 "Lady Bird" Johnson，大女兒 Lynda Bird Johnson，小女兒 Luci Baines Johnson，小狗 Little Beagle Johnson。

尼 克 森

1. 副總統任期終了未直接繼任而當選總統者，尼克森是唯一的事例：現任總統任期未滿而缺位（或在職病故，或遇刺身亡），副總統當然即時繼任；現在總統任期終了，副總統競選總統者，以往固均直接繼其現任總統而當選，如 1796 年約翰・亞當斯之繼華盛頓，1800 年哲斐遜之繼亞當斯，1836 年范布倫之繼傑克遜均是；新近亦復如此，如 1988 年布希之繼雷根。唯獨尼克森則不然，1953-61 年任了 8 年副總統，1960 年競選總統，敗於甘迺迪，隔了 8 年捲土重來，才再登上總統寶座，為美國政治史上前無古人，後無來者（？）的僅有事例。

2. 以反共起家而以與共產國家和解博得名聲，尼克森是唯一的總統：尼克森是最難捉摸的人物之一，早年服務聯邦眾議院非美活動委員會(the House Un-American Activities Committee)，以調查國務院顧問亞吉爾・奚斯(Alger Hiss)為蘇聯從事間諜工作並繩之以法，而名噪一時，為此他當選參議員。未幾，搭上艾森豪的列車，當了副總統。1959 年訪問莫斯科，與蘇聯總理赫魯雪夫(Nikita S. Khrushchev)進行一次即席的「廚房辯論」（"the Kitchen Debate"），而再度聞名。1960 年與甘迺迪競爭總統，有所謂「新尼克森」(the "New Nixon")之說，選舉結果頗為接近。息影多年後，1968 年再度參加總統競選，「新尼克森」又成為話題。同一名稱，而重心各別：1960 年的「新尼克森」，主要是對內不再從事反共政治迫害，而外交方面依然主張強硬路線；1968 年的「新尼克森」則指的是外交方面要與共產國家推動和解政策。就任後，縱橫捭闔，不可一世。1972 年訪問中國大陸，在北京與毛澤東把酒言歡，在上海與周恩來發表公報，要搞關係正常化，震撼世界。接著前往莫斯科，與蘇共總書記布里茲涅夫(Leonid I. Brezhnev)舉行高峰會議，簽訂戰略武器限制條約，要「建立世界和平的新結構」，自認為頗有成就。

3. 1971 年 6 月 12 日在白宮玫瑰花園為其長女派翠西亞(Patricia)于歸舉行婚禮，為唯一在白宮戶外露天舉行的婚禮。

4. 迄今為止，唯一因案辭職的總統：因涉及水門醜聞隱瞞案情，妨害司法，及 1972 年大選期間種種卑鄙政治行為相繼洩漏後，在眾議院通過彈劾案迫在眉睫，參議院審判定罪可期，一切無望的情形下，為逃避罷黜之恥及隨之而來的牢獄之災，於 1974 年 8 月 8 日宣布辭職，次日黯然離開白宮。訪問中國和辭職都是歷史上有名的大事，前者使他揚名，後者令他蒙羞。

福　特

1. 唯一曾經更改姓名的總統：出生時，以其生父之名命名小勒斯利・林奇・金恩(Leslie Lynch King, Jr.)，兩歲時，父母仳離，三歲時母改嫁老吉拉德・魯道夫・福特(Gerald Rudolf Ford, Sr.)，由繼父收養，改名小吉拉德・魯道夫・福特(Gerald Rudolf Ford, Jr.)。後改其中名的拼法為 R.，並去掉"Jr."。除正式簽名外，他通常簽名用傑利・福特(Jerry Ford)。柯林頓的情形與福特不同，改姓而未更名：柯林頓出生時，以其父之名取名威廉・哲斐遜・布萊斯三世(William Jefferson Blythe III)，其父在其出生之前因車禍喪生，其母後改嫁羅吉爾・柯林頓(Roger Clinton)，由繼父收養，改姓柯林頓。

2. 是一位獨特的左撇子總統，與其他左撇子總統不同：他是右手運動員，但寫字和吃飯則用左手。布希則是左投右打的棒球隊員。

3. 唯一曾擔任過美式足球及拳擊教練的總統：肄業密西根大學時，爲密西根大學美式足球隊明星隊員。畢業後，因要進耶魯習法律，受聘爲耶魯大學美式足球隊助理教練兼拳擊隊主任教練，3 年後獲准入法學院習法律。

4. 唯一做過男子服裝模特兒的總統：受到其在紐約市當時裝模特兒女友的影響，也當了服裝模特兒，二人曾雙雙出現在 1940 年 3 月號《展望》(*Look*)雜誌內封冬季運動服裝全幅廣告上。也做了 1942 年《宇宙》(*Cosmopolitan*)雜誌的封面人物，福特身著嶄新筆挺海軍制服。

5. 迄今爲止，唯一曾任聯邦眾議院少數黨領袖的總統：被任命爲副總統前，1965-73 年任眾議院少數黨（共和黨）領袖。

6. 唯一未經選舉而擔任副總統及總統的人：1973 年 12 月 6 日福特出任副總統，係當時總統尼克森依憲法修正案第 25 條提名經國會認可，以接替辭職的安格紐(Spiro T. Agnew)副總統者。及至尼克森辭職，1974 年 8 月 9 日繼任總統。兩個職位均未經過選舉，實集「意外副總統與意外總統」("an accidental Vice President and an accidental President")於一身。此一「頭銜」爲其夫人貝蒂‧福特(Betty Ford)所賜。前此有「意外總統」之稱，而無「意外副總統」。泰祿任副總統剛好 1 個月，杜魯門任副總統不到 3 個月，繼任總統時，均一度被稱爲「意外總統」；惟其所繼任者均爲在職死亡的總統，而福特所接替或繼任者均係失寵之人。又泰祿及杜魯門之副總統職位也都是由選舉產生，而非意外得來，以往並無「意外副總統」之例。

7. 唯一赦免另一總統在職期間所犯一切罪行的總統：就職未

滿一月，赦免尼克森。其赦免尼克森，盡人皆知，而在職最後一日赦免「東京玫瑰」（"Tokyo Rose"——美籍日裔女子，二次大戰期間從東京對美軍廣播，企圖瓦解其士氣，戰後被捕，以叛國罪受審，判刑入獄），則鮮爲人知。

8. 被任命的副總統繼任總統後，又任命一副總統，以接替自己所遺的職位，此事迄今只發生過一次：福特繼任後，依憲法修正案第 25 條，於 1974 年 8 月 20 日提名納爾遜・A・洛克斐勒(Nelson A. Rockefeller)爲副總統，12 月 19 日經國會同意，同日就職。福特就職時，原聲明 1976 年不參加候選，但 1975 年 7 月 8 日卻又宣布要當獨立 200 週年的總統，勉強獲得共和黨提名，大選以些微之差敗於卡特，想彌補其未經選舉而任總統的遺憾亦未可得，致他成爲佛蘭克林・D・羅斯福以來唯一未被《時代週刊》選爲「年度風雲人物」（"Man of the Year"）的總統。

卡　特

1. 迄今爲止，僅有的兩位在醫院出生的總統中第一位：1924 年 10 月 1 日在喬治亞州平原鎮(Plains)懷茲醫院(Wise Hospital)出生。另一人爲現任總統柯林頓。其他總統均在家中出生。

2. 迄今爲止，唯一美國海軍官校(the U.S. Naval Academy)出身的總統：1946 年畢業，派至海軍服役，由海軍少尉升至上尉，有意成爲職業海軍軍官，1953 年因父病故，辭職退伍回鄉接掌家族農場。

3. 唯一稱爲花生農夫的總統：卡特生長在喬治亞，喬治亞生產花生爲各州之冠，種植種子花生是他的家族事業，他自小在農忙季節即到田間幫助種植、收成、清洗花生，也曾沿街叫賣過花生。從軍歸田後，繼承他父親所遺的家族農場，種植、出售種子花生。38 歲選入州議會後，才開始從政。1976 年大選，花生又活躍起來：他競選用的包機綽號「花生一號」（“Peanut One”），他的助選人員稱「花生兵團」（“Peanut Brigade”），花生及卡特的露齒而笑是民主黨的流行形象。就職時，鄉親包火車去華府觀禮，稱「花生列車」（“Peanut Train”）。1980 年競選連任時，他喜歡一副政治家的形象，花生幾已全部消失。

4. 唯一於美國獨立兩百週年紀念當選的總統：1976 年適值美國獨立兩百週年紀念，他的當選打破福特想當獨立兩百週年總統的美夢。海斯則於 1876 年獨立一百週年紀念當選總統，二人均一任而止——一個不尋求連任，一個競選連任失敗。

5. 唯一就職後第二天無條件赦免越戰期間逃避兵役的總統：估計約萬人，而近 10 萬的戰時逃兵則不與焉。

6. 唯一恢復另一總統公民權的總統：邦聯總統哲斐遜·戴維斯內戰結束後以叛國罪被捕繫獄兩年保釋，拒絕要求聯邦政府赦免，密西西比州想選他為聯邦參議員，因未復權不得就職作罷。1979 年戴維斯死後 90 年，卡特恢復其公民權。

雷　根

1. 唯一電影演員出身的總統：20 多年(1937-65)演藝生涯演過 54 部電影，B 級片演主角，A 級片演配角，聲望雖不如俟洛·弗林(Errol Flynn)及羅伯·泰勒(Robert Taylor)，但無疑是一位優秀、敬業、盡職的演員。1947-52 年及 1959-60 年並兩度擔任電影演員工會(the Screen Actors Guild)主席。其先後兩任妻子也都是電影女演員，和第二任妻子且同演過一部電影——《海軍悍婦》(*Hellcats of the Navy*)。

2. 原配死後再婚的男子當選總統者，不乏其人，狄奧多·羅斯福及伍佐·威爾遜均其例，離婚再娶而當選總統者，迄今為止，只有一人：雷根 1948 年與珍·惠曼(Jane Wyman)離婚，1952

年再與南西‧戴維斯(Nancy Davis)結婚。

3. 加州 1964 年起繼紐約而成為美國人口最多的一州，個人所得亦冠於全國，紐約州長出身的總統有 4——范布倫、克利夫蘭、狄奧多‧羅斯福，及佛蘭克林‧D‧羅斯福——而加州州長出身的總統迄今只有 1 人：雷根 1966-74 年任加州州長。

4. 唯一兩耳重聽同戴助聽器的總統：早年演電影時，另一演員靠近他的頭部發射手槍，鼓膜震動受損，從那時起即患重聽。情形逐漸惡化，任總統後，先是右耳，再來左耳，開始戴助聽器。

5. 美國總統在職遇刺未死而終其任者，只有 1 人：雷根 1981 年 3 月 30 日在華府希爾頓大飯店門外遇刺，一顆子彈掠過第 7 根肋骨，穿入左肺，停在離心臟 1 吋之處，特勤人員當機立斷，直接送往醫院，醫師立即手術，取出子彈，很快完全恢復。當時如稍遲數分鐘送醫（如先回白宮再去醫院），可能不治。

6. 美國總統有所謂 20 年劫運週期(the 20-Year Curse Cycle)之說，其意謂自 1840 年以來，凡於第五個四年一度大選產生的總統，未有能終其任者，雷根是唯一的例外：雷根於 1980 年（即所謂劫運之年）當選，次年遇刺，受傷而逃過一劫。20 年死亡週期，參看本書附錄三「總統週期」。

7. 遭遇大難不死，歷經大案全身以退，罕有其匹：兩伊戰爭期間，雷根同意暗地出售武器給伊朗，以換取在黎巴嫩被親伊朗的恐怖組織劫持的美國人質。雷根曾多次保證絕不與恐怖分子打交道，因為那會引起更多的恐怖行為；也曾公開對其他國家施加壓力，不要賣武器給伊朗，因為那會增長它的氣燄。問題不單是出售武器給伊朗，更糟的是軍售的盈餘還秘密地移轉給尼加拉瓜的游擊隊，這就是伊朗／尼游案(the Iran-Contra affair)。伊朗是雷根指為恐怖主義國家的首惡，援助游擊隊推翻尼加拉瓜桑定政權(the Sandinistas)，為國會所禁止。伊朗／尼游案為美國近代史上最醜陋的醜聞，其嚴重性遠超過水門事件，雷根竟能全身而退，以奸詐見稱的尼克森當自嘆不如。

8. 卸任總統一篇演說酬勞 100 萬美元，只有一人：1989 年 10 月雷根應日本產經富士集團負責人鹿內信隆之邀訪問日本，不僅獲得日皇明仁頒贈菊花大綬勳章，還賺了兩百萬美元——發表兩篇演說，每篇酬勞 100 萬美元，不過這筆錢他並未飽入私囊，而是作爲建造雷根總統圖書館的捐款。

9. 唯一罹患老人癡呆症的前總統：1994 年例行健康檢查發現患有阿茲海默症，親筆告國人，美國人對他不隱瞞病情深爲讚揚。

布　希

1. 唯一 6 月出生的總統：從此一年 12 個月中每月均有總統誕辰。

2. 打棒球的總統中唯一左投右打的人。

3. 二次大戰期間駕機轟炸小笠原群島中一個小島上日軍無線電通訊中心，飛機被高射砲擊中，他是唯一倖存的機員：1944 年 9 月 2 日，這是他 3 年又 3 個月服役期間最慘痛的戰時經驗。

4. 早期總統曾任駐外使節者多矣，惟自布坎南出使俄國後，即未再有其事。布希持節出使不僅爲 140 年來歷任總統所僅見，而其擔任駐聯合國及駐北京大使更爲任何其他總統所未曾有：他是唯一曾任駐聯合國大使（1971-73 年）及駐北京大使（1974-75 年，正式名稱爲聯絡辦事處主任）的總統。

5. 唯一曾擔任中央情報局長的總統：1976-77 年。中情局從事海外情報收集及政治活動，其局長向來視爲鮮具有政治前途，亦無政治人物樂於擔任其職，布希接受任命，實在有些心不甘、情不願。

6. 唯一經歷六四天安門事件的美國總統：1989 年 6 月 4 日北京發生一件驚天動地的大事——武裝鎮壓天安門民主運動事件，震驚世界，美國輿論更是大張撻伐，布希除發表行政命令對中共予以有限的制裁外，不接受國會進一步要求的決議，最惠國待遇亦照例給予。

7. 東歐國家共產政權崩潰，柏林圍牆拆除，東西德統一，蘇聯解體，冷戰結束，布希是唯一適值其時的總統：美國與國際共產主義鬥爭 40 年，這些大事既非布希政府獨力所促成，亦未單獨影響其發展，布希躬逢其會，可稱為美國歷史上最幸運的總統。

8. 二次大戰後唯一贏得一次漂亮戰爭的總統：波斯灣戰爭之所以贏得如此輝煌，固得力於美國的尖端武器，而布希的外交運用及戰略規劃，應居首功。40 天歷史上最具破壞性的空中轟炸，100 小時閃電式的地面進攻，擊退頑強的伊拉克，解救被兼併的科威特，打擊薩丹・哈珊(Saddam Hussein)在中東地區的顛覆能力，保持美國及其盟國的中東石油供應，美國擺脫韓戰勝敗不分的尷尬局面，走出越戰棄甲曳兵的陰影，蜚聲鵲起，登上世界顛峰，布希的聲望如日中天，獲得美國人民高達 89 ％的讚許，尤勝於二次大戰德國投降時杜魯門所得 87 ％的民意支持。

9. 7 位東北部（新英格蘭）出生的總統中退休後唯一定居西南部（德克薩斯）的人：布希的事業始於德州（經營石油生意），退休後回到他一生事業的起點休士頓定居，他的總統圖書館也建築在德克薩斯農工大學校園內。

柯 林 頓

1. 1978 年當選阿肯色州長，1980 年競選連任，敗於共和黨候選人佛蘭克・懷特(Frank White)。1982 年東山再起，擊敗懷特，重行當選。他是阿肯色迄今唯一非連續任職的州長，其情形猶之乎克利夫蘭 1888 年競選連任敗於本嘉明‧哈利生，1892 年捲土重來，擊敗哈利生，再度當選，成為美國歷史上唯一非連續兩任的總統。所不同者，克利夫蘭格於慣例，只能兩任，而柯林頓則先後共 5 度當選州長，任期至 1994 年止，1992 年當選總統後，辭去州長職務（阿肯色州長任期 1986 年起由兩年改為四年）。

2. 他喜愛爵士樂，薩克斯風吹奏得很好，也樂於當眾秀一手。1988 年他曾在 NBC 電視名主持人強尼‧卡爾遜(Johnny Carson)的〈今晚節目〉(*Tonight Show*)中表演，是唯一在全國電視節目中吹奏薩克斯風的未來總統。

3. 唯一遭「三振」而未出局的總統候選人：1992 年大選新罕布夏州初選（2 月 19 日）前兩週柯林頓與珍妮斐‧佛勞爾斯(Jennifer Flowers)的婚外情事件被媒體披露，前 12 日越戰期間他逃避兵役的舊事又被揭發。新州初選意義重大，近 40 年事例，每一位贏得最後勝利的候選人，未有不先贏得新州初選者。然而新州初選他敗於前麻州聯邦參議員保羅‧宋嘉斯(Paul Tsongas)，居第二名，競選圈內傳言，借用棒球術語，說柯林頓已遭到「兩次打擊」("two strikes")，第三次可能致命。事有湊巧，「超級星期二」(the "Super Tuesday")（3 月 10 日）前兩天，媒體刊載他和他的妻子涉及白水土地開發公司(Whitewater Development Company, Inc.)弊案，第三次打擊出現了，但他並未出局。超級星期二 8 州初選中，柯林頓贏得南部 6 州，確定民主黨提名的領先地位。接著又在工業大州伊利諾及密西根輕易獲勝。6 月初加利福尼亞等 6 州初選，大獲全勝，使他爭取民主黨總統提名穩操左券。7 月民主黨紐約市全國代表大會第一次投票，即獲得提名。競選期間共和黨雖大力抨擊他的品德，也繼續受到三大醜聞的困擾，但他並未情見力絀，敗下陣來。他之所以贏得最後勝利，說者謂一拜民主黨一些更具實力的競爭對手當初懾於波斯灣戰爭後布希聲望之隆畏縮不前，他揀到機會；二由於德州億萬富翁羅斯‧裴洛 (Ross Perot)中途參加攪局，他坐收漁人之利；三是經濟情況未見轉好，人心思變，予以可乘之機。

4. 新總統的內閣人事任用案，參議院照例予以同意，即使偶有意見，亦多以票數多寡或拖延聽證表示之，其逕予拒絕者，甚屬罕見——1959 年參議院拒絕艾森豪提名劉易士‧L.‧斯特勞斯 (Lewis L. Strauss)爲商務部長，30 年後同類事件才再發生一次：1989 年拒絕布希提名約翰‧陶華(John Tower)爲國防部長，可爲明證。至於對同一部長人選爲同一原因，兩週內兩度拒絕，兩度撤回更換重提，迄今只發生過一次，發生在民主黨多數的參議院對新到職的民主黨總統所提司法部長任用案，益見其事之不尋常。1993 年柯林頓就職之日，參議院即同意其國務卿人選，其餘各部首長的任命案，第二天亦予同意，獨司法部長人選梭依‧拜爾德(Zoë Baird)因非法僱用外籍女傭，遭到非難，1 月 22 日柯林頓撤回任命案並承認遴選錯誤。第二次提名金貝‧M.‧伍德(Kimba M. Wood)，也因爲同一原因參議院不予審議，2 月 5 日再撤回。2 月 11 日第三次提名前佛羅里達州岱爾郡(Dale)主任檢察官珍妮特‧李諾(Janet Reno)，3 月 11 日參議院以 96-0 票表決同意，第二日宣誓就職。3 人均爲女性，據傳出自第一夫人推薦。

尤可怪者，類似問題稍後又發生在司法部掌管民權司的人選拉妮‧季尼爾(Lani Guinier)身上。季尼爾耶魯法學院出身，賓州大學法學教授，女性黑人，專業知識及象徵意識均屬理想，不意又因其著作主張配額制度(Quota system)（爲廢除教育及就業歧視，主張學校或企業應接受一定比例的黑人或女性），被指爲革新急進主義(innovative radicalism)的急先鋒，而撤回任命案，其結果較諸拜爾德及伍德兩案的挫折更糟。

5. 唯一歷經四門而屹立不動的總統，最後終因爲拉鍊門及史塔爾門而身敗名裂：自從水門事件以來，門不單是宮室垣牆的出入處，也是政經界一些醜聞弊案的代名詞。水門事件(Watergate)迫使尼克森下臺，伊朗門事件(Irangate)因涉案而下臺者眾，一度使雷根政府蒙上陰影，殺傷力之大，一次已足，然有經四門而依然無恙者，柯林頓是唯一的例證。白水門(Whitewater gate)事件：指柯林頓任州長期間參與的白水土地開發公司弊案，涉訟至總統任內糾纏不清。本案涉及不當貸款（柯林頓利用州長權勢取得貸款）、利益衝突（州長夫人希拉蕊任貸款銀行法律顧問，代表銀行與監督銀行的州政府機關辦交涉）、投資所得報稅不實，牽連到投資的麥迪遜抵押擔保儲貸銀行(Madison Guaranty Savings and Loan)的破產，經管柯林頓夫妻白水土地投資案卷宗的白宮副法律顧問文生特・佛斯特(Vincent Foster)的自殺及經管卷宗的失蹤，參議院特別小組舉行聽證、司法部任命特別檢察官調查，傳喚第一夫人到聯邦大陪審團作證（1996 年 1 月 26 日）及柯林頓錄影作證（1996 年 5 月 9 日，爲尊重他的職位，特准他從橢圓形辦公室藉著錄影帶作證並接受盤問），及柯林頓的合夥人被判刑。本案顯示總統的操守令人疑惑。奶媽門(Nannygate)事件：指柯林頓 1993 年就職之初先後所提司法部長人選，均因非法僱用外籍女傭爲參議院拒絕，而撤回更換，至推薦第三人始定案，總統的判斷力遭到質疑。差旅門(Travelgate)事件：1993 年 5 月 19 日白宮將其差旅室(the Travel Office)的 7 名職員全部開除，立即生效，理由是管理不善，實際則係第一夫人要用「自己的人」，總統表姊妹想當主任，小岩城的旅行社要搶白宮的包機生意。消息傳出，輿論大譁，5 日後 5 人又官復原職，白宮聲明歸咎幕僚長處置失當。本案顯示公器私利不分。州警門(Troopergate)：任州長期間一小隊州警察被派擔任州長的保鑣、司機、招待員、接線生，其最接近州長者爲州長轉接情婦電話，車送州長至情婦處幽會，送女人進入州長旅館房間，不一而足。其未被柯林頓以聯邦官職買通三緘其口的州警，1993 年年底經記者挖掘，將其親身經歷和盤托出，刊諸報端，大肆渲染，總統的私生活備受嘲笑。

不止嘲笑而感到羞愧者，則爲拉鍊門(Zippergate)。拉開拉鍊之事雖早已有之，且爲數不少（柯林頓曾坦承有過數百次婚外情，拉開拉鍊，當不少於此數），而拉鍊門之作爲性醜聞的代名詞，則是1998年1月柯林頓與前白宮實習助理莫妮卡‧陸文斯基(Monica Lewinsky)的性關係曝光後，才開始流傳，成爲取笑的對象。其意係指柯林頓偷腥時拉開長褲拉鍊，褪下內褲，暴露下體，要對方替他口交。拉鍊門亦偶然稱爲污跡門(Staingate)，因二人交歡時，柯林頓在陸文斯基的藏青色洋裝上遺留的精液而得名。使柯林頓面臨彈劾調查的，則爲史塔爾門(the Starrgate)：肯尼斯‧史塔爾(Kenneth Starr)自從1994年8月受任獨立檢察官接辦白水土地開發案以來，窮挖柯林頓見不得人的醜事，最令柯林頓不安的即爲調查柯林頓與陸文斯基的性醜聞案。始而以免訴權換得陸文斯基坦白供認1995年11月至1997年5月18個月期間柯林頓與她歷次性接觸的情節，包括在橢圓形辦公室附近書房內幽會及二人不見面時的性電話(telephonesex)，巨細靡遺，淫穢不堪。旣而以陸女口供迫使柯林頓一改其以往全盤否認的說辭，承認與陸女確有「不當關係」（“inappropriate relationship”）。終而繕具調查報告，詳述緋聞始末，並列舉柯林頓可能被彈劾的11大罪狀，包括僞證、妨害司法、影響證人作證、濫用職權等，不一而足。衆議院除透過網際網路將調查報告本文公布，使柯林頓顏面盡失外，並於1998年10月8日決議展開彈劾，使柯林頓成爲美國史上唯一因性醜聞被彈劾調查的總統。

6. 唯一任命其妻子（第一夫人）擔任聯邦公職的總統：希拉蕊‧羅德漢(Hillary Rodham)，威爾斯利學院(Wellesley College)及耶魯法學院畢業，柯林頓任阿肯色州檢察長期間1977年加入小岩城歷史最久、聲響最隆的羅斯法律事務所(the Rose Law Firm)，1988年及1991年兩度被選爲「美國100名最有影響力的律師」

(the "100 Most Influential Lawyers in America")之一，年收入 6
位數字，數倍於她任州長的丈夫，是主要賺錢養家的人，掌管她
丈夫的和她自己的投資事業。1992 年大選期間柯林頓被指有婚外
情的事件中，她上電視爲柯林頓辯護。在政權轉移過渡期間，她
參與物色閣員及其他重要人事安排。她是第一位曾執業律師的第
一夫人。作爲第一夫人，她打破先例，在白宮西翼(the West Wing)
擁有辦公室。西翼是總統辦公室及總統高級幕僚工作的地方，第
一夫人的辦公室向在東翼。不僅此也，柯林頓還任命她主持國民
健保改革總統特設委員會(the President's Task Force on National
Health Reform)，賦予檢討、改進國民健康保險制度的廣泛權力。
由於這項職務她實際具有聯邦公務人員的身分。1993 年 9 月柯林
頓親自向國會兩院聯席會議致辭，提出健保新計畫，隨後希拉蕊
出席國會聽證會，解說這項包括萬有的改革方案，贏得兩院議員
的稱讚。然而一年爭辯下來，由於保險業的反對及計畫本身的複
雜，1994 年 9 月爲國會斷然拒絕。這一挫折以及她涉及的一些醜
聞如白水土地開發投資弊案、麥迪遜抵押擔保儲貸銀行的破產、
白宮差旅室人員的解職、白宮副法律顧問文生特·佛斯特的自殺
及經管案卷的失蹤，她的聲望大跌，今後遇事採取低姿態，不復
趾高氣揚，而將辦公室遷離權力中心，回到原來地方。特別檢察
官調查白水案期間，1996 年 1 月 26 日希拉蕊應傳出席大陪審團
作證，也是第一夫人被傳到庭的第一次。

　　7. 14 位少數總統獲得連任者，只有 3 人（而連續連任者僅 2
人），他是迄今爲止最後 1 人：1992 年大選選民票 43 ％，1996
年 49 ％，平均百分比則列名第 2。

四

無以復加

華 盛 頓

1. 神乎人乎？半神半人？總統可能受人尊重，為人崇拜，只有華盛頓一度被尊為神人——華盛頓的第一個傳記作者梅森・洛克・韋姆茲(Mason Locke Weems)，別名「巴森・韋姆茲」（"Parson Weems"），1800 年出版的《喬治・華盛頓小傳》稱華盛頓為神人（半神半人）(a demigod)，集所有美德於一身：「謂華盛頓虔誠如努馬(Numa)〔傳說中古羅馬王〕；正直如亞里斯蒂斯(Aristides)〔古雅典政治家〕；有節制如艾匹克蒂塔斯(Epictetus)〔古希臘哲學家〕；愛國家如雷克拉斯(Regulus)〔古羅馬大將〕；授予公共付託，公正如塞佛拉斯(Severus)〔古羅馬皇帝〕；軍行得勝，謙遜如西庇阿(Scipio)〔古羅馬大將〕；謹慎如費比阿斯(Fabius)〔古羅馬大將〕；敏捷如馬賽拉斯(Marcellus)〔古羅馬大將〕；無畏如漢尼拔(Hannibal)〔迦太基大將〕；不自私如辛辛那塔斯(Cincinnatus)〔古羅馬政治家〕；對自由，堅定如伽圖(Cato)〔古羅馬愛國者〕；尊重法律如蘇格拉底(Socrates)〔古雅典哲學家〕：幾不為過。」何人能當此無愧？

2. 歷史學家一致公認為偉大總統，是否最偉大，評論時有不同：歷史學家評論總統，向分為「偉大」（"great"）、「近乎偉大」（"near great"）、「中等」（"average"）、「中等以下」（"below the average"）及「失政」（"failure"）等五級。1948 年歷史學家、哈佛大學教授亞瑟・M・斯勒辛格(Arthur M. Schlesinger)對 50 名同僚所作的非正式調查,華盛頓、林肯及佛蘭克林・D.・羅斯福同列為偉大總統。1962 年斯勒辛格的兒子、也是歷史學家小亞瑟・M.・斯勒辛格(Arthur M. Schlesinger, Jr.)根據 75 位歷史學者所作調查評列 31 位總統——從華盛頓到艾森豪,除去威廉・H.・哈利生及賈飛德因在職時間太短不予評列——林肯、華盛頓、佛蘭克林・D.・羅斯福、威爾遜及哲斐遜同列為 5 位偉大總統,華盛頓次於林肯。1981 年賓州州立大學羅伯・摩雷(Robert Murray)及提姆・布勒辛(Tim Blessing)根據 500 名頂尖歷史教授答案所作調查,列名偉大總統的 4 人,為林肯、華盛頓、哲斐遜及佛蘭克林・D.・羅斯福,華盛頓亦次於林肯。1982 年《芝加哥論壇報》(Chicago Tribune)根據 49 位歷史學家對 38 位總統所作調查,華盛頓退居第三;次於林肯及佛蘭克林・ D.・羅斯福。1990 年西艾納學院(Siena College),位於紐約州盧敦維爾(Loudenville),教授湯瑪斯・凱利(Thomas Kelly)及道格拉斯・龍斯壯(Douglas Longstrong)對全美 220 名歷史及政治學教授所作意見調查,40 位美國總統中,華盛頓雖列為 5 位最好的總統,但總分僅居第四,低於佛蘭克林・D.・羅斯福、林肯、哲斐遜,而僅高於狄奧多・羅斯福。其歷史地位雖一直保持高檔,而名次則有逐漸降低之勢——由獨占鰲頭而第二、第三、第四。

3. 第一任就職典禮最莊嚴、隆重,類似國王加冕:至少宣誓畢,監誓者領導群眾高呼「萬歲」,有如國王加冕。

4. 第二任就職演說辭為歷來最短者:135 字,短短兩段,不需要 1 分半鐘即可宣讀完畢。

5. 雖非軍人出身而軍階最高的總統:服務維吉尼亞自衛隊期間,為一校級軍官,出任大陸軍總司令,官至陸軍上將,為美國第一位陸軍上將。1978 年 3 月 15 日國會兩院聯席決議,以美國革命大陸軍總司令及首任總統喬治・華盛頓為陸軍高級將領(senior general),追贈美國陸軍元帥(General of the Armies of the United

States)。General of the Armies 高於 General of the Army（五星上將），故譯爲元帥。按美國第一次大戰英雄約翰・J・潘興(John J. Pershing)1919 年晉升 General of the Armies，爲得此官階的第一人，惟潘興只佩戴 4 顆星。格蘭特曾官至陸軍上將，艾森豪曾晉 5 星上將，二人均係職業軍人出身。艾帥當年進海軍官校不成，改入陸軍官校，奠定其一生事業基礎。華盛頓有類似情形。華盛頓 11 歲失怙，事異母長兄勞倫斯(Lawrence)若父，效法之唯恐不及。勞倫斯曾任職英國海軍，爲其弟在海軍謀得「乘艦練習生」(midshipman)職務。喬治亦有志於海上事業，欣然接受，惟其母堅決反對。喬治其時年 14，原可像當時其他青年離家出海，但遵從母意，放棄之。成年後，加入維吉尼亞自衛隊，由陸軍少校而上校。如果當初如願以償，進了海軍，能否嶄然見頭角，以海軍軍官統率革命軍，殊成問題。

6. *以其姓命名的事物之多，無與倫比：*(1) 1 個州，(2) 7 座山，(3) 8 條河，(4) 10 所大學，(5) 10 處湖泊，(6) 33 個郡(counties) (7) 121 個鄉鎮(towns and villages)。

約翰・亞當斯

1. *建國先賢中最有學識、最勤奮、最有遠見、最熱心公益的人，也是最自負、最暴躁、最直言無隱、最會損人的總統之一。*

2. *活得最久、壽命最長的總統：*活到 90 歲又 247 天；第二位最長壽的總統胡佛，活到 90 歲又 71 天。

3. *婚姻關係最長久，比任何其他總統都長：*54 年(1764-1818)。

哲斐遜

1. *最多才多藝的總統：*1962 年 12 月約翰・甘迺迪在白宮宴

客，175 位嘉賓中有 49 位諾貝爾獎得主。甘迺迪致詞：「我認爲這是人類才能、人類知識非凡的大結合，未之前有地聚首在白宮，可能除湯瑪斯・哲斐遜當年獨自在此用餐外。」簡單一句話捕捉了哲斐遜的多方面才智。他集許多卓越之士於一身：革命家、民主鬥士、〈獨立宣言〉的主稿人，一舉增加美國領土將近一倍的總統（路易西安那購買案），屹立於美國政治上最偉大的人物。然而他不只是政治家，也是哲學家、科學家、建築家、農學家、古生物學家、氣象學家、地理學家、考古學家、音樂家、著作家、語言學家及發明家。他再造了第一個已絕種的巨象；建築了維吉尼亞大學；發明了旋轉椅、自動門、迴轉食品架、摺疊式書桌、計步器、新式耕犁；對現代和古代希臘語發音的差別有獨到的研究，寫了一部美洲印第安人語彙的比較研究。

2. 衣著最邋遢：他提倡簡樸生活，摒除時下浮誇，矯枉未免過正，經常身著破舊不堪的衣服，足蹬後跟邊拉的拖鞋，即使接見外交使節，也同樣不拘禮節，英國公使安德魯・梅瑞(Andrew Merry)即因他穿著晨衣及拖鞋在官邸接見而大爲憤怒，認爲對他個人及他所代表的國王是一項侮辱。

麥 迪 遜

1. 身材最矮、體重最輕的總統：身高 5 呎 4 吋，體重 100 磅，自幼體弱多病、神經質，患有癲癇狀歇斯的里症。

2. 最不自我宣傳引人注意的總統：說話聲音細而微弱，不善於交談，對陌生人更是膽怯、緘默。紐約市中心麥迪遜大道(Madison Avenue)——美國一些大型廣告公司及公共關係事務所的集中地——以其姓而命名，寧非諷刺。

3. 所有總統中最公平正直、脾氣最好的一位：競選時所受到的誹謗爲「哲斐遜的皇太子」（"Jefferson's crown prince"）、

「拴在皮帶上的猴子」（"monkey on a leash"），1812年之戰所遭到的嘲笑爲「麥迪遜的戰爭」（"Mr. Madison's War"），都處之泰然。

4. 1812年之戰首都淪陷，國家受辱，使其成爲截至當時止最不孚眾望的總統。

5. 1886年以85歲高齡逝世時，是最後一位美國建國先賢、最後一位大陸會議代表（當初則爲最年輕的代表）、最後一位憲法簽署人（原被稱爲「憲法之父」）。

孟　羅

1. **出使經歷最豐富，爭議最多，收穫亦最多**：1794年華盛頓派他爲駐法公使，因爲同情法國革命太熱心，受到國務卿申斥；未幾又因未積極爲美英傑伊條約(the Jay Treaty)辯護，爲華盛頓召回（1796年）。1803年哲斐遜派爲駐英公使，1806年與英所訂商約因未解決強徵海員當兵問題，爲哲斐遜所批駁。奉命至馬德里，因爲西班牙不願考慮美國對佛羅里達的要求，失意而歸。1803年以特使赴法，交涉路易西安那購買案，雖越權，而以如此有利條件獲得如許廣大土地，哲斐遜儘管困窘而仍要求參議院批准。

2. **孟羅主義**——總統發表以其姓氏命名的政策聲明傳世最早，爲美國獨霸美洲的開端，影響至大：1823年12月3日孟羅致國會年度咨文，聲明美洲不再爲歐洲列強殖民的對象，美國不容歐洲列強干涉西半球事務，爲未來美國外交政策奠定基石，影響至爲深遠。孟羅主義經過狄奧多‧羅斯福推論(the Roosevelt Corollary)加強及佛蘭克林‧ D.‧羅斯福的睦鄰政策修正，至今仍爲美國外交政策的完整部分。

約翰・昆西・亞當斯

1. 最偉大——最有才幹、最有成就——的國務卿之一：1818年與英國訂立界約，劃定美國與加拿大從明尼蘇達到落磯山脈現有邊界。1819 年與西班牙訂約，取得佛羅里達並劃定疆界。在拉丁美洲殖民地紛紛宣布獨立期間，他說服孟羅總統這些國家充分穩定足以維持其新獲得的獨立之前，暫緩予以承認。在孟羅主義規劃期間，他極力主張單獨發表聲明而不接受英國邀請發表共同宣言。

2. 1824 年大選，有幾項特殊現象：(1)總統候選人有 5——約翰・昆西・亞當斯、約翰・C・卡爾洪(John C. Calhoun)、亨利・克雷(Henry Clay)、威廉・克勞福(William Crawford)，及安德魯・傑克遜同屬民主共和黨，但均標榜無黨(no party)，爲歷來同一政黨互相對抗人數最多者。卡爾洪後退出，而競選副總統，仍有 4 人。(2)無人獲得過半數選舉人票，由衆議院投票選舉而當選。(3)大選中所得選舉人票及選民票均爲少數總統之最少者——分別爲 32.2 ％及 31.9 ％（一謂 29.8 ％）。

傑　克　遜

1. 最年輕的革命軍人：13 歲即參加大陸軍，當一名騎馬傳令兵(a mounted orderly)。

2. 參加過決鬥最多：有 3 位總統及兩位副總統曾參加過決鬥（要求決鬥或接受決鬥的挑釁）：詹姆斯・麥迪遜（1797 年）、安德魯・傑克遜、亞伯拉罕・林肯（1842 年）、艾倫・柏爾(Aaron Burr)（1804 年）、約翰・C・布勒金瑞奇(John C. Breckinridge)；惟傑克遜涉及的決鬥次數最多——在 100 次以上，進入白宮後不再決鬥。

3. 說好，最倔強；不好，最頑固：支持他的人稱讚他的直率、果敢；批評他的人則認爲他鹵莽、專橫。但有一事敵友都同意：當他決定要做一件事時，不管贊成反對如何，他一定去做。他否決的法案比前此 6 位總統之和還多，他公開拒絕執行最高法院的判決。有人說在最後審判日，如果他心血來潮，要進天堂，無人能擋得住他。

4. 1828 年大選，與約翰・昆西・亞當斯角逐總統，爲美國政治史上最卑鄙、最惡意中傷的競選活動：一爲現任總統，志在連任；一爲上次挫敗，捲土重來。依照慣例，2 人均未公開競選，而透過代理人從事活動。文宣方面，除傳單、小册子外，各花巨款創辦報紙或收買報紙，推銷自己，攻訐對手。雙方所爭非關政經大計，而爲個人隱私，且多撿拾流言。亞當斯的支持者罵傑克遜爲兇手、姦夫、勾引婦女、破壞家庭。兇手，指傑克遜性格殘暴。他們印發「棺材傳單」（"Coffin Handbill"），封面繪有 6 具黑色棺木，每具代表傑克遜下令槍斃的一名民兵。姦夫，指傑克遜與其妻雷恰爾(Rachel)的婚姻有瑕疵。甚至說傑克遜的母親是英國軍人帶來美國的一名「公娼」(a "common prostitute")，眞是禍延考妣。傑克遜的黨人反擊亞當斯與其妻子路易莎(Louisa)婚前已有性行爲；更罵他是淫媒（指責亞當斯使俄期間曾爲沙皇亞力山大介紹一名美國女子）；說他與亨利・克雷從事「骯髒交易」(corrupt bargain)──指 1824 年大選，4 個主要競選者無人獲得過半數選舉人票，衆議院就得票較多的前 3 名選舉 1 人爲總統時，克雷第 4 名，旣已無望，命其黨徒轉而支持亞當斯，而亞當斯則以國務卿一職爲交換云云。亞當斯與克雷是否有此交易，迄無定論，但原得票最多的傑克遜反而落敗，卻是事實，含恨在心，始終難忘。

**5. 1832 年以 219 張選舉人票連選連任，除 1820 年孟羅之 231

票外，爲華盛頓以後兩黨競爭中表現最佳者。

6. 兩任期間行使 12 次否決權，無一被推翻。

范 布 倫

1. 他是一位圓滑的政客，遇事不置可否，任參議員時，連太陽從東方升起的問題，也只說是普遍接受的事實，而不表示己見，更甭說今天天氣可好的問題了。他又攻於心計，任國務卿時，對總統的親信盛讚傑克遜的偉大一無缺陷，又故意不要他告訴傑克遜，以博取傑克遜的歡心。模稜、諂媚，誰與倫比？

2. 在職期間從未領薪的總統，卸任後才支領薪俸。

3. 1840 年，以現任總統連選失敗。再 4 年，尋求本黨再提名，未遂。1848 年另組新黨競選，未獲得 1 張選舉人票，前任總統有失敗比此更慘者乎？但所拉走的選票卻足以使民主黨總統候選人劉易斯・凱斯(Lewis Cass)失掉紐約而將該州連同大選讓給輝格黨總統候選人撒迦利・泰勒。說他成事不足，敗事有餘，不爲過。

4. 他的自傳無一次提到他的妻子：他們原是青梅竹馬的戀人，12 年婚姻關係育有 4 子。她病死後，他未再娶。

威廉・H.・哈利生

1. 1840 年大選，在「提帕卡努，再加泰祿」("Tippecanoe and Tyler, Too")競選口號下集結美國得未曾有的最大政治遊行及群眾集會（提帕卡努，印第安納一河名，1811 年哈利生在此大敗蕭尼印第安人〔the Shawnee Indians〕，成爲英雄人物；泰祿，他的副總統候選人約翰・泰祿）。

2. 年齡最大的總統之一：就職時，年 68，僅次於 1981 年雷

根，69 歲。

3. 就職演説時間最長： 1 小時又 40 分鐘，演說詞字數最多——8,445 個字（一說 8,578 個字）。演說中，他曾表示不求第二任，竟成讖語。

4. 在職時間最短： 1841 年 3 月 4 日就職，4 月 4 日病逝，32 日。在職第二位最短者，爲賈飛德，199 日。

5. 孫輩及曾孫輩後裔最多的總統： 孫輩 48 人，曾孫輩 106 人，超過任何其他總統。

約翰・泰祿

1. 夫妻年齡相差最大的總統： 與其第二任妻子茱莉亞(Julia)相差 30 歲，茱莉亞且小於其長女瑪麗(Mary)5 歲，有老少配(the mating of January and May)之稱。

2. 子女最多的總統： 第一任妻子生 3 子 4 女，第二任妻子生 5 子 2 女，成年子女共 14 人。

3. 提名最高法院法官被拒絕認可最多者： 提名 6 次，被參議院拒絕 5 次，紀錄迄今未被打破。

4. 在職期間最不得人心，死亡時最被忽視： 泰祿原屬民主黨，輝格黨所以提名他爲副總統候選人，只是爲平衡威廉・H・哈利生的候選名單。哈利生死後，他繼任總統，一個接一個否決輝格黨推動的法案，也疏遠了輝格黨的大多數議員。1841 年 9 月 11 日全體閣員除國務卿丹尼爾・韋伯斯特(Daniel Webster)外提出辭職，國務卿所以暫時留任，是爲了繼續與英國談判東北邊界糾紛。輝格黨的領袖亨利・克雷譏笑他是「一位無政黨的總統」（"a President without a party"）。內戰期間他投靠邦聯，當選邦聯議員，就職前死亡，北方視爲叛徒，無人注意。1915 年，內戰結束 50 年後，國會才在其墓地立一塊紀念石碑。

5. 年齡最大當父親的總統：其么女佩爾(Pearl)出生時，泰祿年已 70。

波 克

1. 最被忽視的總統之一，出身貧窮之家，以沒沒無聞始，沒沒無聞終，然而他也是最成功的總統之一，領導美國經過其最大擴張時代，實現了美國人的「天命孔昭」。他更是最勤政的總統，在職 4 年期間朝乾夕惕，很少離開辦公桌，心力交瘁，以截至當時最年輕的總統，離職 3 個月，即溘然而逝，實在是工作累死的。

2. 以履行諾言的能力言，波克是美國歷史上最守誠信的總統：1844 年大選，他許下 5 大諾言：獲得加利福尼亞，解決俄勒岡糾紛，降低關稅，建立獨立國庫，4 年後退職。波克離職時，他的競選諾言全部履行。輕諾寡信、食言而肥的候選人能無愧乎？

3. 最嚴肅的第一家庭：波克與其夫人莎拉(Sarah)禁止在白宮玩紙牌，跳舞，飲烈酒。其他第一夫人禁止白宮宴會飲烈酒的有：海斯夫人露西(Lucy)、賈飛德夫人盧克利霞(Lucretia)及卡特夫人羅莎琳(Rosalynn)。

4. 卸任後活的時間最短的總統：103 天。

5. 依照歷史學家小亞瑟・ M.・斯勒辛格(Arthur M. Schlesinger, Jr.)1962 年調查 75 位歷史學者所作評價，波克為最偉大的一任總統(the greatest one-term President)。

泰 勒

1. 最不修邊幅的總統：衣著隨便（有時甚至便裝與軍裝混

雜），言語粗野，不誇耀，不矯飾，嚼煙草，吐煙汁，率性而為。

2. 他擁有四項第一和六項第二，無人能及。四項第一：(1)軍中服役時，為第一位官階加銜的陸軍軍官。(2)第二位來自最南方的總統（長在西南邊陲地區）。(3)任其昔日戰馬在白宮草地放牧。（60 年後塔虎脫為了便於獲得鮮牛奶，讓一頭母牛在白宮草地放牧。一次大戰期間威爾遜夫人在白宮草地上養羊，為的是賣羊毛，捐助紅十字會。）(4)第一位，迄今唯一的一位，死後百餘年挖開墓穴，驗明是否中毒而死的已故總統。六項第二：(1)第二位職業軍人當選總統。(2)第二位當選的輝格黨總統（泰祿是繼任而非當選）。(3)第二位未照向例於大選次年 3 月 4 日宣誓就職的總統。(4)第二位在職死亡的總統。(5)第二位死於白宮的總統。(6)第二位任職時間最短的總統。

費 爾 摩

1. 當矮小而粗壯的泰勒（5 呎 8 吋）仍在職時，華府人士評論高大而威嚴（6 呎）的費爾摩（副總統）比總統更像總統。泰勒死後，他繼任了總統，可是歷史學家卻認為他不怎麼樣——評為 6 名「中等以下」（實即庸才）總統之一。

2. 他簽署的逃奴法最有爭議。

3. 遣使「遠征日本」，打開日本門戶，是最大成就。

皮 爾 斯

1. 最黑的黑馬、最乾燥無味的競選：1844 年波克於第 9 次投票獲得提名，稱為「黑馬」，1852 年皮爾斯則多至 49 次投票始獲得提名，為民主黨歷屆當選總統提名投票次數最多者，可稱為最黑的黑馬（1912 年威爾遜提名投票 46 次）。其競選對手輝格黨溫斐德·史考特(Winfield Scott)之獲得提名，投票次數更多達53 次，即此一端已足為歷屆總統競選之冠。然而尚不止此，提名後，皮爾斯一直在家中，保持沈默；史考特雖曾作政治活動，但始終不談政治話題，以致新聞界如《紐約前鋒報》(the *New York Herald*)稱該屆大選為美國自脫離英國統治以來最滑稽、可笑、了無趣味的總統競選。說它自開國以來，未免言過其實，謂為自1820 年孟羅競選連任以來最乾燥無味的競選，可無疑義。

2. 他在「所有美國總統中不是最壞的，就是最弱的」──美國哲學家愛默生(Ralph Waldo Emerson)的評論。

3. 「皮爾斯是白宮曾經有過最漂亮的總統，但作為總統，他介於布坎南與卡爾文·柯立芝之間。」──哈利·S.·杜魯門的評論，1952 年。前者指其儀容，後者指其政績。

布 坎 南

1. 1812 年之戰期間志願從戎，當一名兵卒(private)，無升遷，為所有總統中軍階最低者。

2. 1962 年歷史學家的評價或 1982 年《芝加哥論壇報》的評價，布坎南排列低到幾乎無以復加的地位（前者 31 位總統中評為第 29，後者 38 位總統中評為第 36），但卻是最壞總統中唯一整個任期未感染重大醜聞的一人。私的方面，慷慨借錢給困難中的朋友，捐款救濟窮人；公的方面，謝卻所有贈送的免費車船票，任總統所得禮物轉交專利商標局(the Patent Office)，不據為私有。

3. 其副總統約翰·C.·布勒金瑞奇(John C. Breckinridge)，就職時年 36，為歷來最年輕的副總統。

林　肯

1. 身材最高的總統：6 呎 4 吋，比麥迪遜整整高 1 呎，比詹森也高 1 吋。詹森任總統時身高 6 呎 3 吋，體重 210 磅；林肯身高 6 呎 4 吋，體重 180 磅，4 肢特長，所以顯得特別高䠷。他也是面貌十分醜陋的總統：左眼比右眼高，右嘴角上長一顆瘊子，右眼角上有一個疤痕，顴骨高聳突出，臉長皺紋多，憂傷憔悴，雖不能稱爲面目可憎，不少人卻認爲「眞正醜陋」（"downright ugly"）。再加以穿著隨便，更減省了他的形態。

2. 最受推崇的總統：這位偉大的解放者(the Great Emancipator)、內戰的領袖，作爲政治家的眞正風範，死後已經偶像化，許多人——而且愈來愈多的人——認爲他是所有美國總統中最偉大的一位，在世界歷史上是一位卓然而立、永垂不朽的傑出人物。1948 年歷史學家、哈佛大學歷史教授亞瑟・M・斯勒辛格(Arthur M. Schlesinger)對 50 位同事所作非正式問卷調查，林肯列爲 3 位「偉大」（"great"）總統中第二位，次於華盛頓，而高於佛蘭克林・D・羅斯福。1962 年斯勒辛格的兒子，也是歷史學家，小亞瑟・M・斯勒辛格根據 75 位歷史學者所作調查，林肯、華盛頓、佛蘭克林・D・羅斯福、威爾遜及哲斐遜等 5 人同列爲「偉大」總統，林肯列名第一。1981 年賓州州立大學歷史教授羅伯・摩雷(Robert Murray)及提姆・布勒辛(Tim Blessing)對近 500 名全美著名歷史教授所作問卷調查，列名偉大總統的爲林肯、華盛頓、哲斐遜及佛蘭克林・D・羅斯福等 4 人，林肯亦駕乎華盛頓。

3. 最受詆毀的總統：沒有一位總統像林肯在內戰期間那樣受到詆毀，攻擊來自四面八方：奴隸制度廢止論者(abolitionists)、憎惡黑人的人(negrophobes)、邦權主義者、憲法嚴格解釋者、急進分子、保守分子、紙上談兵的戰略家，甚至不喜歡他的長相或厭惡他的講故事的人。從他就職之日到他遇刺之日，咒罵毫不放鬆。他被指為猢猻、狒狒、小丑、土棍、篡奪者、賣國賊、暴君、怪物、白癡、宦官、頑豎、奸雄、瘋子、蠢材、騙子，不一而足。《伊利諾州記事報》(*Elinois State Register*)說他是「玷污美國公職最狡猾和最不誠實的政客」。主編譏誚之曰：「誠實的亞伯，的確！誠實的艾阿戈！仁慈的尼羅！忠實的以色加略！」(*"Honest Abe, forsooth*! Honest Iago! Benignant Nero! Faithful Iscariot!"*)按「誠實的亞伯」為林肯的綽號；艾阿戈，莎翁名劇《奧塞羅》(*Othello*)中奸人；尼羅，焚羅馬的暴君；以色加略，出賣耶穌的人：凡此均反語也。

4. **文學造詣最深的總統**：早期總統如約翰・亞當斯及哲斐遜，近世總統如狄奧多・羅斯福及威爾遜等，他們的文學修養均屬罕見，林肯在其顛峰狀態則凌駕而上之。他生長寒微之家，父母都是文盲，一共受過一年不到的正規教育；但年輕時即鑽研名家著作，喜讀莎士比亞的戲劇、愛倫坡(Edgar Allan Poe)及霍姆茲(Oliver Wendell Holmes)的詩集、柏恩斯(Robert Burns)及拜倫(Lord Byron)的韻文，多學而識，發展出一種獨特的文體，比之文學大家毫無愧色：純樸、清晰、精確、有力、雋永、叶韻，有時且氣勢宏偉。很難想像其他總統能寫出擲地有聲的散文傑作如蓋茨堡演說及其第一、二兩次就職演說辭。

5. **最傑出的分贓人**：林肯有許多傑出之處，實行分贓制，也是箇中佼佼者。一般認為分贓制是傑克遜引進的，他必定是分贓大家。不錯，傑克遜就職時，把原有共和黨人擔任官職者免職，代之以民主黨人，其形象之強烈，令人難忘。「戰利品〔官職〕屬於勝利者」("To the victors belong the spoils")的口號，在幾乎所有美國人的腦海中與傑克遜有不解之緣（事實上這句話是傑克遜的好友、聯邦參議員威廉・L・馬西〔William L. Marcy〕1832年所說的）。其意蓋謂選舉勝利的政黨，上自總統，下至聯邦政府的卑官小吏，均應由其一手包辦。其實傑克遜並未那樣極端，在他兩任期間，612 名聯邦官員中他總共只更換了 252 人，不及一半。哲斐遜從未被稱爲分贓人，卻攆走了半數以上的現職官員。林肯是箇中能手，撤換的官員比任何其他總統爲多。他在職第一年便更動了 1,457 人，留下前任的官員不到 200 人，可稱爲最偉大的分贓人。

6. **遇刺死亡，遺體殯殮後，停靈供人瞻仰的地方最多**：死後運至白宮驗屍，停靈國會圓形大廳，供人憑弔，兩週半期間遺體分別停留 14 處城市，供人瞻仰，最後到達伊利諾州春田市(Springfield)下葬。

7. **被寫傳記最多的總統**：40 部以上，以其事蹟爲主題的歌曲，多達 500 首以上，爲任何其他總統所不及。

約 翰 生

1. **結婚時年 18，爲最年輕當新郎的總統**：其長女瑪莎出生時，他年 19，爲最年輕當父親的總統。

2. **否決權被推翻最多的總統**：21 次中被推翻 15 次。

3. **就總統功績(presidential performance)言，爲歷任總統表現最差者**：1962 年歷史學家亞瑟‧M‧斯勒辛格調查所作評價，約翰生的表現雖不算最壞——五級（偉大、近乎偉大、中等、中下、失政）總統第三級 12 人中最後一位；但 1981 年賓州州立大學羅伯‧摩雷及提姆‧布勒辛對近 500 名著名歷史教授所作問卷調查，總統作爲分爲偉大、近乎偉大、中上、中等、中下、失政等六級，在最低等級中約翰生則列爲第一人，其他 4 人依序爲布坎南、尼克森、格蘭特及哈定。

格 蘭 特

1. 1872 年競選連任獲得 286 張選舉人票，爲美國史上歷來票數最高者，其時參加者 37 州；直到 1900 年始爲麥金利的 292 張選舉人票所超越，其時參加的州數 45。

2. 美國最傑出的將領之一，最失敗的總統之一：內戰的軍事英雄，在聲望鼎盛之時入主白宮，旣無政治經驗，亦不熱中政治事務。其閣員不僅多屬親朋，且均爲庸碌之輩，爲美國政治史上最平凡、最不起眼的內閣。

3. 煙癮最大的總統：可與其老長官泰勒媲美，所不同者，泰勒嚼煙草，格蘭特抽雪茄。1862 年頓納爾遜要塞(Fort Donelson)戰役後獲贈一萬盒雪茄，致吸煙過量，遂成爲煙癮很大的人，每天抽 20 支以上。1868 及 1872 年兩次競選均以雪茄爲其競選象徵，最後以喉癌病逝。

4. 在職期間醜聞不斷，成爲美國政治貪污的象徵：第一個重大醜聞爲 1869 年黃金風暴(the Gold Panic)。事緣格蘭特的妹夫、華爾街投機客厄布‧R.‧柯爾平(Abel R. Corbin)與證券市場大騙子詹姆斯‧費斯克(James Fisk)及傑伊‧古爾德(Jay Gould)，時人稱爲三條鯊魚者，夥同意圖壟斷紐約黃金市場，說服格蘭特停售黃金，炒高金價。及格蘭特發覺被騙，命令恢復出售，引起美國史上最有名的黑色星期五（1869 年 9 月 24 日），金價滑落，市場崩盤，千萬投資人破產。最惡名昭彰的醜聞，爲興業銀行(Crédit Mobilier)承包聯合太平洋(Union Pacific)鐵路興建工程，虛報假帳，詐騙公帑，1872 年事發，牽涉國會議員及政府官員，副總統斯凱勒‧柯法斯(Schuyler Colfax)被剔除連選名單。再有格蘭特的私人秘書奧維爾‧E.‧巴貝寇克(Orville E. Babcock)及稅務人員涉及 1875 年威士忌酒幫事件(the Whiskey Ring Affair)，與釀酒商勾結，僞造生產報告，侵吞稅款，數百人被捕。情節最複雜曲折者，則爲 1876 年爆發的陸軍部長威廉· W.·貝爾奈普(William W. Belknap)處理印第安貿易站事務，其第一、二兩任妻子（爲親姊妹）收取回扣。案發，他辭職以逃避彈劾。至於格蘭特本人雖未涉貪污醜聞，卻也不拒貪圖權勢者饋贈禮物，不論其爲上好雪茄或專供賽跑的良馬或整棟房屋。白宮重新裝修，金碧輝煌，美酒佳肴款待賓客，極盡奢華。昔日征戰沙場的將軍今已貪圖享受矣。

海　斯

1. 最有爭議的一次選舉中產生的總統，1876 年：總統選舉團及國會特設的選舉委員會均較其對手各多 1 票而險勝。本次大選，因部分選舉人票發生爭議，國會特設選舉委員會，由參眾兩院及最高法院各推選 5 人組織之。委員會集會以 8 對 7 票將所有有爭議的選舉人票全部判給海斯，海斯遂以 185 對 184 票擊敗民主黨候選人撒繆爾· J.·狄爾登(Samuel J. Tilden)而當選，儘管狄爾登所得選民票超過 51 ％，多過海斯 25 萬票。

2. 宣布當選與宣誓就職其間只有兩天：參議院遲至 1877 年 3 月 2 日始宣布海斯當選，距新當選總統例行就職日期（3 月 4 日）只差 2 日。事實上海斯並未於 3 月 4 日就職，因該日適爲星期日，而提前於 3 月 3 日不公開宣誓就職，3 月 5 日舉行公開儀式。此一方式亦屬絕無僅有。

賈　飛　德

1. 內戰期間服役的 6 位未來總統中，5 位曾官至將官，賈飛德是最年輕的將領：32 歲任少將。其他諸人：海斯 42 歲加少將衛，格蘭特 39 歲升少將，亞瑟 33 歲少將，本嘉明·哈利生 32 歲升准將。另一位爲麥金利，上尉，加少校衛。

2. 總統候選人提名創共和黨大會投票次數最高紀錄：1880 年共和黨芝加哥大會第 36 次投票始提名賈飛德爲總統候選人。此項紀錄不僅前所未有，迄今亦無人打破。

3. 4 位遇刺身亡的總統中，從被刺到死亡經過一段最長的痛苦折磨時間：林肯遇刺，第二天死亡；麥金利遇刺，8 天後死亡；甘迺迪遇刺，當時死亡。賈飛德 1881 年 7 月 2 日在華府車站遇刺，背部中兩槍，抬回白宮，瀕於死亡者多日，炎炎夏日，受盡折磨。9 月初遷至新澤西州濱海療養，9 月 19 日才一瞑不視，距其遇刺已熬煎 80 日矣。

克利夫蘭

1. 結婚時年齡最大的總統：49 歲。妻子福蘭西絲(Frances)21 歲即當了第一夫人，爲第一夫人年齡最輕者。

2. 否決法案最多，有「否決總統」(the "Veto President") 之稱：第一任期內否決國會通過的法案 414 件，比前此 21 位總統——自華盛頓至亞瑟——否決的總數高出兩倍以上。第二期內否決法案亦達 170 件。兩任共計 584 件，爲歷任最多者。佛蘭克林·D.·羅斯福雖否決過 631 件法案，惟其任期多達 12 年又兩個月，而克利夫蘭只 8 年。

3. 前後兩任不連接：1885-89 年，1893-97 年，前無古人，後無來者。

麥金利

1. 有人說麥金利與其前任本嘉明·哈利生形同兩極：哈利生

予人一恩惠，樹立一敵人；麥金利拒人一恩惠，贏得一友人。那是因為哈利生拘泥形式，與人相處呆板；而**麥金利有一種神奇魅力，親切、友善，廣受人喜愛。**

2. **為一強烈保護主義者**：任眾議院歲入委員會主席時，提出1890年麥金利關稅法(the McKinley Tariff Act of 1890)，制定破紀錄的高保護關稅，平均稅率高至48％。任總統，就職不久，即召開國會特別會議，推動1897年丁格利關稅法(the Dingley Tariff Act of 1897)，再提進口稅到新的最高紀錄，平均稅率57％，毛織品則高達91％，砂糖97％，菸草119％。

狄奧多・羅斯福

1. **最年輕的總統**：1901年繼任總統時，年42歲又10個月18日；甘迺迪1961年就任時，年43歲又7個月22日。

2. **精力最充沛、最熱情洋溢、最嗜好運動的總統**：他與尼加拉大瀑布被稱「同為自然的兩大奇觀」("both great wonders of the nature")。

3. **哲斐遜以後最多才多藝的總統**：軍人、牛仔、和事佬、探險家、狩獵者、科學家、作家、進步的政治家。

4. **林肯以後最富於彩色、最引起爭議的總統。**

5. **行使82次否決權，只有一次被推翻，傑克遜以後最強勢的領導。**

6. **華盛頓謝絕與訪客握手，而改行鞠躬禮**，他認為握手有損總統尊嚴（貴族思想）。然而有些總統卻樂此不疲；麥金利與詹森都是箇中能手，而狄奧多・羅斯福1907年白宮元旦慶典曾與8,513個來賓握手，有比此更多者乎？

7. **著作最多的總統**：37部，包括《新民族主義》(*The New Nationalism*)、《非洲狩獵記》(*African Game Trails*)等。

塔 虎 脫

1. 他可能希望人們記著他的事業（旣是總統，又是首席大法官），但人們最記得的是他的體重——美國體重最大的總統：332磅，有「大畢爾」（"Big Bill"）之稱，「畢爾」是他的名字威廉的暱稱。他進入白宮後，必須另裝一個特大號浴缸供他使用。他擔任菲律賓總督時，一日從馬尼拉拍電報給陸軍部長艾利虎・羅德(Elihu Root)：「今日乘馬長途旅行，甚感愉快。」羅德立即回電：「馬如何？」關心馬馱得動否。

2. 總統競選連任失敗最慘——所得選舉人票最少：塔虎脫原是狄奧多・羅斯福親自挑選的繼任人，羅斯福因不滿其政策，與之決裂，另行組黨參加競選，不僅使民主黨候選人威爾遜獲得空前選舉人票，且導致塔虎脫競選連任失敗之慘空前——亦可能絕後——只得 8 票。1856 年費爾摩再投入選戰，也只得 8 票，情形不同，他是前總統。

3. 美國打棒球最好的總統之一：體格雖嫌笨重，卻是一名好二壘手。第二位是布希，一壘手。

威 爾 遜

1. 幼時學習非常遲鈍，到了 9 歲才會閱讀；奇怪的是，這樣「笨人」卻獲得約翰・霍布金斯大學的博士學位。他是美國唯一得有 Ph.D.學位的總統。

2. 以選民票是否超過半數論，威爾遜為「少數總統」之一：惟其 1912 年大選所得選舉人票為所有 14 位「少數總統」中百分比最高者：81.9％，而選民票百分比為 42.5％。

3. 最具影響力的總統，至少對外政策如此：為實現公正、持

久和平，提出十四條；為拯救歐洲危難，領導美國參加大戰；為建立世界新秩序，創立國際聯盟；為防禦侵略再起，採行集體安全原則。其道義力量之強大，影響之深遠，巴黎和會與美國參議院的抗拒只使之受挫於一時，而不能阻其發揚於未來。

哈 定

1. 有一雙最大的腳：穿 14 號鞋。華盛頓穿 13 號鞋緊隨在後。

2. 全然失敗(a tolal failure)，評價最低的總統：評論總統的作為，予以排列，是歷史學家多年來最喜愛的消遣。隨著時間的推移，重加評估，排行榜上升降靡常，也是常有的事。然而自從歷史學家第一次評論總統施政的得失以來，有一個基標始終不移：哈定在所有評論中名列最後。以 1981 年賓州州立大學羅伯‧摩雷及提姆‧布勒辛向近 500 名著名歷史學者對歷任總統的作為所作問卷調查的結果而言，從「偉大」到「不及格」6 個等級，哈定在 5 位「不及格」（失政）的總統中敬陪末座，其他 4 人依次為約翰生、布坎南、尼克森、格蘭特。西艾納學院(Siena College)教授湯瑪斯‧凱利(Thomas Kelly)及道格拉斯‧龍斯壯(Douglas Long-strong)1990 年發表的對全美 220 名歷史及政治學教授所作意見調查，40 位美國總統中哈定列為最壞總統的首位，其次為約翰生、布坎南、格蘭特及皮爾斯。兩項調查僅尼克森與皮爾斯之不同，哈定則同列為最壞總統的首選。

3. 文字最差勁的總統：他受過高等教育，擔任過報紙主編，但文法錯誤百出，不及物動詞常有直接受詞，及物動詞反而缺少直接受詞。他喜歡使用自己創造的笨拙粗俗字彙，尤愛用頭龍(alliteration)。這種奇特的文體，《美國語文》(*The American Language*)的作者亨利‧L‧孟肯(Henry L. Mencken)稱之為「加美利爾體」（"Gamalielese"）──Gamaliel 哈定的中名，並說哈定的文字是他所見到的「最壞的英文」（"the worst English"）。

柯立芝

1. 1924 年大選，其競選對手、民主黨候選人經過最高紀錄的投票次數始獲得提名：1924 年民主黨全國代表大會第 103 次投票提名約翰・W.・戴維思(John W. Davis)為候選人，黨內嚴重分裂，柯立芝得以獲勝。

2. 睡得最多的總統：塔虎脫以貪睡聞名，柯立芝以懶睡著稱。他每日睡 11 小時（10 點就寢，7 至 9 點之間起床），外加午睡 2 至 4 小時（1 點半到 3 點半或 4 點，有時至 4 點或 5 點鐘），晚間則躺在前廊搖椅上抽雪茄。作家兼記者亨利・L.・孟肯的《論政治：空談大觀》(On Politics: A Carnival of Buncombe)說：「柯立芝 5 年 7 個月在職期間，他的主要功績是睡得比其他總統多──睡得多，說得少。沈入莊嚴默無一言中，腳蹺在桌上，他糊里糊塗地度過懶惰的歲月。」

胡 佛

1. 一如約翰・亞當斯、詹姆斯・麥迪遜及約翰・昆西・亞當斯，他的最大成就不是在白宮的作為；約翰・亞當斯的主要成就為促使大陸會議接受〈獨立宣言〉，成為獨立的擎天柱；麥迪遜的主要成就為協助起草憲法，並為其批准辯護，成為憲法之父；約翰・昆西・亞當斯的主要成就為談判根特和約，制定孟羅主義，成為美國外交政策的基石。**胡佛的主要成就為一次大戰期間主持歐洲緊急救濟工作而享譽世界**；任商務部長時，改組商務部，深得工商界信賴；卸任總統後，於杜魯門及艾森豪時代先後兩度主持政府行政部門組織委員會，對行政改革貢獻卓著。

2. 被推爲美國史上兩位最偉大的工程師之一：另一爲湯瑪斯‧艾迪遜(Thomas Edison)。

3. 1928 年大選，獲得空前最大多數的選舉人票：444 張。

4. 美國總統獲得名譽學位最多的一人：89 個。

佛蘭克林‧D.‧羅斯福

1. **家世烜赫，無出其右**：其父母雙方祖先至少有 12 人是當年乘坐五月花號船(*Mayflower*)來到新大陸的；他本人 1933 年就職時，系譜學者確定，與下列 11 位前總統有親屬關係：華盛頓、約翰‧亞當斯、麥迪遜、約翰‧昆西‧亞當斯、范布倫、威廉‧H.‧哈利生、泰勒、格蘭特、本嘉明‧哈利生、狄奧多‧羅斯福及塔虎脫。6 位姻親，5 位血親。

2. **任期之多、任職之久前無古人，後無來者**：自華盛頓樹立兩任傳統以來，歷任總統無不遵循此一慣例，其間雖有企圖三任者，均未成功。佛蘭克林‧D.‧羅斯福四度當選，雖在職死亡，而任職亦長達 12 年 1 個月又 8 天，此係非常時期使然，不能謂爲已創立新慣例。憲法第 22 條修正案明定總統連任以一次爲限，今後即使在戰爭期間，除非再修改憲法，任何人當選總統不得超過兩任。即令當選前繼任總統或代理總統，未超過兩年，當選後，前後共計最多亦以 10 年爲限。

3. **有評論爲美國的最好總統者**：據西艾納學院教授湯瑪斯‧凱利及道格拉斯‧龍斯壯 1990 年發表的對全美 220 名歷史及政治學教授所作意見調查，大多數教授相信佛蘭克林‧D.‧羅斯福是美國歷任 40 位總統中最好者，排名在其他 4 位最好的總統林肯、哲斐遜、華盛頓及狄奧多‧羅斯福之前。

4. **最受歡迎、最成功的總統之一**。

5. 最怕失火：儘管 1933 年他在第一任就職演說謂「吾人所恐懼的，是恐懼本身」，但因爲他是跛子，他最怕失火。壁爐的火熊熊燃燒著時，他絕不單獨留在房內。

6. 美國總統中最認眞集郵之人：集有 25,000 枚郵票，分裝 40 個集郵冊，國務院有專人替他自外國蒐集，他死時他的郵票值數百萬美元。

杜　魯　門

1. 最佳服裝：布坎南講究穿著，甘迺迪穿著時髦，杜魯門不但穿著時髦，並贏得 10 位最佳服裝參議員之一。

2. 儘管他的女兒瑪格麗特(Margaret)說他爲人謙恭，卻也和安德魯・傑克遜一樣，**以脾氣火爆、言語尖銳著稱**。對某些人來說，看見總統毫不做作，當衆發牢騷，精神爲之振奮；另外一些人則惴惴不安，生怕鬧出亂子，例如美國原子能委員會主席大衛・李連索(David Lilienthal)就擔心杜魯門的脾氣會觸發第三次世界大戰。

3. 其副總統阿爾本・ W.・巴克萊(Alben W. Barkley)就職時 72，爲最年長的副總統。

4. 在職期間作出一些影響極爲深遠的決策，包括使用原子彈的決定：繼任之初戰戰兢兢，自謂好像整個天體落在身上。然而面對危機卻毫不畏縮，表現出果決堅忍的性格。發表杜魯門主義，推動馬歇爾計畫，簽訂北大西洋公約，突破柏林封鎖，出兵援助南韓，罷黜麥克阿瑟將軍，首先承認以色列，繼續發展氫彈，無一不深具歷史意義或富有爆炸性危險。但其最果決的決定則爲原子彈轟炸日本。二次大戰期間美國發展原子彈，副總統杜魯門並未與聞其事。繼任總統不久，陸軍部長亨利・L.・史汀生(Henry L. Stimson)爲他簡報原子彈發展情形，並接受其建議設立委員會審慎研究其可能發生的牽連。委員會充分考慮後，建議原子彈應盡早對敵人完成部署；對目標使用前勿須明確警告其毀滅性威力；只有總統有權作使用的最後決定。杜魯門也指示原子彈作爲戰爭武器，應依戰爭法所定方式使用之，也就是說應投向軍事目標、最重要的軍事生產中心。儘管後果嚴重，杜魯門毫不猶疑地作出最後決定，理由很簡單，因爲進攻日本，雙方將有50萬人戰死，100萬人終生殘廢。1945年7月16日原子彈在新墨西哥州沙漠試爆成功時，杜魯門正在波茨坦參加戰時三巨頭最後一次會議。8月5日夜，第一枚原子彈投向廣島的前夕，杜魯門搭乘軍艦從波茨坦歸來正橫渡大西洋駛向諾福克(Norfolk)軍港的途中，他並不知道原子彈轟炸日本的確切日期，也不確知要轟炸哪個軍事目標，但有一事他確切知道：未來數日內人類設計最具毀滅性威力的武器將投向業經選定的四個目標之一。

5. 離職後聲望遽增，未之前有：不少總統在職期間聲勢烜赫，離職後逐漸煙消雲散，杜魯門不然。這位出身平凡、素無大志的農家子弟，繼羅斯福盛名之後，擔任總統，一度被稱爲傻瓜、半吊子、歷史上最壞的總統，到了70年代，回顧往事，又開始成爲令人奮發的正直、果決、勇敢的象徵。說實話，做實事，不誇張，不矯情。在政治人物只重形象、權宜、而忽品德、原則的時代，獨樹一幟，爲其所當爲，即令不一定是明智的。1959年4月27日在一次訪問中，他說：「有些總統是偉大的，有些不是。我可以這樣說，因爲我不是偉大的總統之一；但我有許多時間試圖做一個偉大的總統。」他雖不偉大，絕對在水準以上，近乎偉大——大衛‧M.‧馬卡勞夫(David M. McCullough)《杜魯門傳》（*Truman*，1992年版，得1993年普立茲傳記獎）稱他爲「美國最偉大的平民總統」（"America's greatest common-man President"）。他有全球性的思考，也作出迅速的決定。好也好，壞也好，在戰後波濤洶湧的時代，他領導美國對抗共產主義，圍堵蘇聯擴張，成爲美國外交政策的基礎達 20 餘年之久。

6. 其夫人貝絲(Bess)以 97 高齡去世，爲最長壽的第一夫人。

艾 森 豪

1. 以二次大戰英雄、陸軍五星上將、哥倫比亞大學校長、北約歐洲聯軍統帥的背景競選總統，前無古人，後無來者。

2. 二次大戰期間統領百萬大軍（代表 12 國），爲歷史上最大的一枝軍隊。

3. 除軍事經歷外，從未擔任過政治公職，亦無堅強政黨基礎，兩次大選分別以 442 張及 457 張選舉人票，55.1 ％及 57.6 ％選民票，獲得大勝，絕無僅有。

4. 離職時，爲截至當時止年齡最大的總統：70 歲。就職時，年 62，雖較威廉・H・哈利生(68)、布坎南(65)及泰勒(64)年輕，但哈利生及泰勒任職分別 1 個月及 1 年 4 個月死亡，布坎南一任而止。

甘 迺 迪

1. 爲美國歷史上以選民票百分比最小差額贏得大選的總統：1960 年大選與尼克森競爭，贏得 22 州、34,226,731 選民票，占得票率 49.7 ％；尼克森贏得 26 州、34,108,157 選民票，占得票率 49.5 ％（另兩州選票分散）；以選民票差額 118,574，百分比差額 0.2 ％獲勝，爲歷來最少者。

2. 年齡最輕的當選總統：1961 年 1 月 20 日就職時，年 43。1901 年 9 月 14 日狄奧多・羅斯福就職時，年 42，係以副總統繼任總統。1963 年 11 月 22 日遇刺身亡時，年 46，也是逝世最年輕的總統。1881 年 9 月 19 日賈飛德遇刺死亡時，年 49。

3. 美國近代史上最具領袖魅力的總統(the most charismatic President)：謂其最有領袖氣質、領導能力也。

4. 拈花惹草玩弄女人最惡名昭彰的總統：甘迺迪生前媒體惑於「休明盛世的迷思」(the "Camelot myth")，對其私生活的醜聞往往隱而不宣，甘氏及其弟羅伯遇刺後，情形逐漸改變。據雪萊‧羅斯(Shelley Ross)所著《墮落》（Fall from Grace，1988 年版）一書所載，甘迺迪曾與數以百計的女人有過親密關係，從兩名暱稱「大驚小怪」("Fiddle and Faddle")的金髮碧眼女秘書，到更動人的尤物如影星珍‧曼絲菲德(Jayne Mansfield)與安琪‧狄金生(Angie Dickinson)、脫衣舞孃布蕊絲‧史塔爾(Blaze Starr)，及女畫家瑪麗‧P.‧麥爾(Mary P. Meyer)。他與肉彈女星瑪麗蓮‧夢露(Marilyn Monroe)的豔事，眾所周知，1962 年夢露之死與甘家兄弟有關。更荒唐的，是他與裘蒂絲‧康培爾(Judith Campbell)的穢行，這件事到 1975 年參議院調查，最後才揭露。裘蒂絲是芝加哥黑社會老大山姆‧姜卡納(Sam Giancana)的情婦，1960年經甘迺迪的好友瘦皮猴法蘭克‧辛納屈(Frank Sinatra)介紹而認識，不久二人在紐約廣場大飯店(the Plaza Hotel)第一次幽會。此後則在甘氏喬治城的家、棕櫚灘的別墅、洛杉磯的希爾頓大飯店會晤。甘迺迪還曾邀她到白宮，在白宮游泳池游泳，並請她共搭空軍一號總統專機。1962 年 2 月 27 日聯邦調查局長 J.‧艾德格‧胡佛(J. Edgar Hoover)為此寫了一份備忘錄給甘迺迪，直言不諱說他知道裘蒂絲是總統的情婦，然而她也是黑社會老大的情婦，總統和這種女人往來，最容易遭到敲詐。胡佛是甘迺迪久欲去之而後快的人，這次被他抓住小辮子。從此甘迺迪不再約會裘蒂絲。

5. 林肯以後最有機智、死後最受懷念的總統。

詹　森

1. 聯邦參議院歷史上最年輕的少數黨（民主黨）領袖，1953-54 年，當選時，年 44；最年輕的多數黨（民主黨）領袖，1955-60 年，當選時，年 46。

2. 亨利・克雷後 140 年來最熟練的國會領袖：先後任衆議員，1937-49 年，及參議員，1949-61 年，各 12 年。在此以前並曾任國會秘書 6 年，1931-37 年。

3. 在最悲傷的情況下宣誓就任總統：1963 年 11 月 22 日甘迺迪以最年輕而極孚衆望的總統訪問達拉斯時，遇刺身亡，舉世震驚，詹森當日在達拉斯機場甘迺迪所乘總統座機上宣誓就職，甘迺迪的遺孀賈桂琳穿著沾有其丈夫血跡的衣服站在一旁，益增悲慟淒涼之感。總統就職通常是一件歡欣的事，至少一部分人歡欣，然而詹森就職時，無人不哀傷，即宣誓人亦愁眉不展，全國人民更是悵觸無端。

4. 入主白宮最粗俗的人：隨便任性，逸出常規，言語粗魯，四字經脫口而出。宴會中隨意取他人盤中食物，會議中上洗手間經常叫他人同去。光天化日下在白宮游泳池裸體游泳，大庭廣衆中拉起襯衣出示膽囊開刀的疤痕，令人蹙眉。

5. 狄奧多・羅斯福後精力最充沛的總統，但與羅斯福不同：羅斯福的精力無窮盡，而詹森則一切求快速。他的活力驚人，足使嗜好睡眠的柯立芝死不瞑目。他的朋友、衆議院議長薩姆・雷朋(Sam Rayburn)說：「林敦行事好像沒有明天一樣，今天必須做完一切的事。」終日棲棲遑遑，連走路也急急忙忙，三步併作兩步走──稱之爲詹森快步(the LBJ trot)。他討厭高爾夫和垂釣，因爲那動作慢或靜止不動。他的消遣游泳、狩獵，或引導參觀詹森農場，都是快速動作，有時近乎瘋狂。1964 年競選連任，一天之內發表 22 場演說。1967 年 12 月以 4 天 15 小時 58 分鐘環繞地球，從越南、泰國慰勞美軍，到羅馬會晤教宗保祿六世，一個接一個訪問各國。1968 年 7 月一天訪問中美洲 5 國。

6. 態度傲慢自大，鮮有其匹：常喜歡說「我的最高法院」("*My* Supreme Court")、「我的國情演說」("State of *My* Union address")。一次檢閱一枝準備開往越南的海軍陸戰隊後，他走向一架直升機，一位士官攔住他，指著另一架說，「長官，你的直升機在那邊。」他回答：「小子，它們都是我的直升機。」他對僚屬的要求極為嚴苛，凡不能滿足他的行為標準時，無不以惡言相向。一次他走進白宮新聞秘書辦公室，看見助理新聞秘書邁爾康・基爾達夫(Malcolm Kilduff)的辦公桌雜亂，說：「基爾達夫，我希望你的思想不會像你的辦公桌那樣雜亂。」基爾達夫趕快加以整理，一兩天後，詹森看見，又說：「基爾達夫，我希望你的頭腦不會像你的辦公桌那樣空無一物。」就連國防部長羅伯・S・麥納馬拉(Robert S. McNamara)及國務次卿喬治・鮑爾(George Ball)在一次會議中也遭到他的責罵，他的好友國務卿狄恩・魯斯克(Dean Rusk)看不過去，加以勸告。他的弟弟說：「如果他不偶爾對你大吼大叫，你就不是他家屬的一員。」

7. 任職在近代史上國內最動亂的時期：反戰（越戰）示威，種族騷動，重要公共人物遭暗殺──小馬丁・路德・金恩(Martin Luther King, Jr.)及羅伯・甘迺迪，終於迫使他放棄 1968 年再度競選。

8. 死後葬在最南方的總統：德州詹森城(Johnson City)。

尼克森

1. 1952 年以 39 歲年齡與艾森豪搭檔競選，為 1856 年約翰・C・布勒金瑞奇與布坎南搭檔競選後，近百年來最年輕的副總統候選人。

2. 1960 年大選以歷史上選民票最小百分比差額敗於甘迺迪：甘迺迪得 49.7 ％選民票，尼克森 49.5 ％，相差 0.2 ％。甘迺迪險勝，在於電視辯論，電視辯論最傷害尼克森的，為二人外表的差異。甘迺迪態度瀟灑自若，而尼克森則因膝蓋受傷感染住院，體重不足 8 磅，襯衣領子顯得太鬆，面孔憔悴拉得又長，電視已成為優勢媒體，得勝後甘迺迪謂「扭轉情勢的電視比任何事物更重要」。

3. 1972 年大選以最大普選票的差額擊敗對手而連選連任，但未來的表現卻最差勁：以將近 1800 萬選民票的差額(61 ％)，最多的州（49 州，1984 年雷根亦囊括 49 州）擊敗喬治・S・麥高文(George S. McGovern)，未及兩年以水門醜聞揮淚離開白宮。

4. 最有爭議、最難捉摸的總統：以反共起家，而以與蘇聯推動緩和政策、與中共搞關係正常化浪得虛名。方其春風得意，儼若有使世界越過冷戰危險對抗情勢之望，似乎是最成功的總統；及至水門醜聞爆發，辭職前夕，呼天喊地，窮途慟哭，又是最狼狽的總統。

5. 最善於自我宣傳的總統：所謂「棋盤」演說(the "Checkers" speech)、所謂「廚房辯論」(the "Kitchen Debate")、所謂「新尼克森」(the "new Nixon")、所謂「尼克森震撼」(the "Nixon shock")，無一而非其自我宣傳的伎倆。獲得赦免後，仍不知收斂，竟圖東山再起。

6. 出現在《時代週刊》封面次數之多，為任何其他總統所不及：破紀錄的 64 次。

7. 歷史學家評價列為最後一級：1981 年賓州州立大學羅伯・摩雷及提姆・布勒辛根據 500 名著名歷史教授答案對歷任總統所作評價，尼克森列為最後一級，歸入「失政」，與約翰生、布坎南、格蘭特、哈定同屬一類。較之「中下」的平庸之輩如泰祿、泰勒、費爾摩、皮爾斯、柯立芝及雷根等尤遜一等。

福　特

1. 副總統繼任總統的 9 人中年齡最長者：61 歲。

2. 以運動健將而下飛機跌跤、碰頭，走路失足，成爲新聞爭相報導的焦點，電視節目爭相摹仿嘲弄：不跌跤、碰頭或不失足，也是新聞。

3. 以優異的學業成績（在密西根大學及耶魯法學院均以全班第三名畢業）、長期國會議員歷練（任衆議員 24 年，其中 8 年爲少數黨領袖），而謂美國政府三大部門中總統「想像上在白宮」（"supposedly in the White House"）、國會「想像上在立法部門」（"supposedly in the legislative branch"）、最高法院「想像上主掌司法體系」（"supposedly heading the judicial system"）（1974 年 11 月演說），「東歐未受蘇聯控制」（"There is no Soviet domination of Eastern Europe"）（1976 年 10 月與卡特電視辯論），失言之嚴重，得未曾有，難怪有人罵他是笨蛋(a clumsy oaf)。

卡　特

1. 其當選得力於黑人選票及南方諸州的堅強支持者，獨多：卡特以一個小州（喬治亞，人口列爲第 13，面積第 21）州長，無藉藉之名(Jimmy who?)，1976 年大選以 2％選民票領先險勝現任總統福特，最得力於 13 個關鍵州 92％黑人選票及民主黨地盤鞏固的南方諸州同輩南方人的堅強支持。

2. 就任州長時，呼籲終止一切形式的種族歧視，當選總統象徵「新南方」(the "New South")興起，承認種族平等，爲南北戰爭以來美國政治上南北分歧的最後癒合。

3. 穿著最為隨便：經常著牛仔褲及毛線衫在白宮四處走動，即使仿照佛蘭克林・D・羅斯福上電視爐邊談話亦復如此。

4. 宗教信仰最虔誠的總統之一：每日必讀《聖經》，祈禱，任總統期間及卸任後，仍繼續在主日學校任教。

5. 外交政策最重視人權：關心人權是卡特外交政策的中心要素，他的就職演說說得很明白：「我們的道德觀念指示我們明確偏愛那些與我們同等尊重個人人權歷久不渝的社會，我們對人權的承諾必須是絕對的。」然而宣布與中共建交的，正是他；簽訂第二階段限武條約時，與蘇共總書記布里茲涅夫(Leonid I. Brezhnev)互相擁抱的，也正是他。中共及蘇聯是最蔑視人權的國家，可見人權也者有其雙重標準。

6. 品行端正、最誠實無欺的總統：在尼克森謊言太多之後，確予人以親切之感。1976 年競選時，以「我絕不對你們撒謊」("I'll never lie to you.")為競選主題。甚至關於男女私情也不隱瞞。1976 年 11 月《花花公子》雜誌(*Playboy* Magazine)發表的訪問記坦承：「我曾懷著情慾看很多女人，我心中曾多次犯通姦罪。」其坦誠如此。

7. 由於伊朗人質危機處理失當及其弟比利(Billy)種種胡作非為，甚至接受利比亞政府 22 萬元（時人稱為「比利門」"Billygate"），1980 年 6 月卡特公眾贊成的評價跌至 22 ％。自 1939年開始民意調查以來，*為任何總統評價最低者*，即使尼克森因為水門醜聞辭職前尚為 25 ％。

8. 讀書最勤的總統：他是一位速讀者(a speed reader)，每分鐘讀 2,000 字，了解 95 ％。在職期間除批閱所有必要的公文外，每週讀書 3 至 4 本。

雷　根

1. 年齡最大的總統：1981 年就職時，年 69（差 17 日 70 歲），比威廉・H.・哈利生猶長一歲；1989 年離職時，年 77（去 78 歲生日僅 17 日）。迄今爲止美國 41 位總統中已去世者 36 人，絕大多數未曾活到如此高齡，死亡時超過 77 歲者僅 9 人。

2. 1984 年以空前 525 張選舉人票當選連任，爲歷來總統候選人所得選舉人票最多者，超過 1936 年佛蘭克林・D.・羅斯福當選連任所得 523 票。惟羅斯福的競選對手蘭敦得 8 票，而雷根的競選對手孟岱爾得 13 票，就選舉人票的差額及比例言，羅斯福則勝過雷根。

3. 原屬民主黨自由派，50 年代加入共和黨，終而成爲最保守的總統。

4. 就職之初向國會提出美國有史以來最大減稅法案：希望 1982 會計年度減少稅負 376 億元，其後 5 年內節省納稅人 7,500 億元。

5. 就職後提出 1982 會計年度 6,595 億元預算案，所有重大項目的預算都削減了，只有軍事預算增加：他認爲軍力弱是美國 70 年代在國外屢次失敗的原因之一，蘇聯在軍備競賽方面已占優勢。他恢復 B-1 轟炸機的生產計畫，批准五角大廈多年所要求的 MX 飛彈，戰鬥艦重新服役，發展戰略防禦機先計畫(SDI, Strategic Defense Initiative)──通稱爲「星戰」（"Star Wars"）者。在其第一任內軍事開支增加三分之一，爲和平時期最大的軍力增強。

6. 威爾遜、佛蘭克林・D.・羅斯福、甘迺迪、詹森及尼克森對其健康情況都諱莫如深，惟他則最爲坦白，毫不隱瞞，即使得了老人癡呆症，亦復如此。

7. 最幸運的總統：人質危機使卡特喪失人民信心，雷根就職之日，伊朗釋放人質，使其任期有一個好的開始。遇刺未死，而傷勢迅速復元，不僅為人民所讚賞，國會且因同情而通過其減稅案。伊朗／尼游軍售醜聞(Iran-Contra scandal)情節之嚴重遠超過水門事件，然而雷根並未被淹沒，優游自在，一任其部屬蹚渾水，大而化之的總統開始遭受嚴厲批評。第一任內經濟由衰退而復甦，不意1987年10月19日紐約證券交易所突然發生黑色週一(Black Monday)崩盤，導致全球股市一落千丈，為大蕭條以來所僅有，更是雪上加霜。在此緊要關頭，使雷根得有機會重建聲望的，反而是強敵蘇聯。1987年12月戈巴契夫訪問華府，與雷根簽訂歷史性的裁減核子武器條約，同意撤出並銷毀所有部署在歐洲的中程及短程核飛彈。此一成功足以抵銷雷根所有的不幸。據西艾納學院教授湯瑪斯・凱利及道格拉斯・龍斯壯1990年發表的全美220名歷史及政治學教授意見調查報告，40位美國總統中雷根在智慧一項雖倒數第二，而運氣一項則獨占鰲頭。

8. 其任內政府官員醜聞之多為任何時代所不及：據眾議院文官小組委員會(the House Sub-Committee on Civil Service)統計的數字，雷根任命的人員被指控倫理上或刑事上為非作歹者，多達225人，此一數目為美國歷史前所未有。如果說哈定政府的茶壺蓋醜聞(the Teapot Dome scandal)及尼克森政府的水門醜聞(the Watergate scandal)是毒瘤，那雷根政府的整個免疫系統遭到破壞。涉案的人員有國家安全顧問理查・愛倫(Richard Allen)收受日本記者1,000元，被迫辭職；中央情報局長威廉・凱西(William Casey)從事證券內線交易，被調查；中央情報局第二號人物麥克思・休吉爾(Max Hugel)從事不法股票交易，被迫辭職；國防部副部長保祿・泰耶爾(Paul Thayer)從事內線交易，被起訴而辭職；第一任司法部長威廉・F・史密斯(William F. Smith)因隱瞞報稅，被調查；勞工部長雷孟德・杜諾萬(Raymond Donovan)因詐騙紐約市捷運局

(the New York City Transit Authority)740 萬元，被起訴，爲有史以來在職閣員被起訴的第一人；環境保護署署長安妮・M・戈蘇池(Anne M. Gorsuch)因拒絕提供文件，列爲藐視衆議院，被迫辭職；白宮助理、有雷根夫婦「乾兒子」（"honorary son"）之稱的邁克・狄弗(Michael Deaver)爲環球航空公司遊說，收受 25 萬元，被起訴；第二任司法部長、雷根多年老友艾德文・米西三世(Edwin Meese Ⅲ)因財務交易及利益衝突多次被調查。最丟臉的還是伊朗／尼游醜聞，揭發之初，國家安全委員會助理奧立夫・諾斯(Oliver North)被開除；國家安全顧問約翰・彭岱特(John Poindexter)辭職（二人最後被起訴）；中央情報局長威廉・凱西涉嫌對國會說謊，調查中病死。雷根評價因此案跌至 40 ％，爲 1983年經濟衰退以來最低者。

9. 歷史學家評論雖爲六個等級（偉大、近乎偉大、中上、中等、中下、失政）中倒數第二級──「中下」（"below average"），位於庸才(mediocrities)之末（泰祿、泰勒、費爾摩、皮爾斯及柯立芝等其他五名庸才之後），在近代總統中僅勝過尼克森與哈定（「失政」──第六級），而低於卡特與福特（「中等」──第四級）；然而在一般美國人民心目中迄今仍是二次大戰後最孚民望的總統，此無他，擅長塑造形象，爲佛蘭克林・D・羅斯福後最善於塑造形象的總統。第一、12 年無線電播報員及電視主持人練得口齒伶俐，音調柔和，足以取悅聽衆。第二、20 年電影生涯面對開麥拉態度從容，爲任何其他總統所不及。第三、儀表雄偉，灑脫笑謔，自有其誘人處。離開白宮時，民意調查顯示三分之二人民贊成其在職期間的作爲，爲二次大戰後任何任職期滿的總統最高者。

10. 自從 1933 年佛蘭克林・D・羅斯福任用佛蘭西絲・帕金茲(Frances Perkins)爲勞工部長，首開女性入閣之例以來，雷根政府延攬女性閣員最多者：3 人──勞工部長安・杜爾・麥克勞林(Ann Dore McLaughlin)、健康及人力服務部長馬格麗特・M・赫克勒(Margaret M. Heckler)、及運輸部長伊麗莎白・ H・杜爾(Elizabeth H. Dole)。

布　希

1. *曾是最年輕的海軍飛行軍官*：1942 年，剛滿 18 歲，即應徵入伍，參加海軍飛行訓練計畫。訓練期滿，1943 年，年 19，獲得飛行員徽章及海軍少尉任命狀，成爲美國海軍最年輕的飛行軍官。

2. *美國棒球打得最好的總統之一*：1947 及 1948 年耶魯大學棒球隊一壘手。另一最善打棒球的總統爲塔虎脫。

3. *布坎南後 130 年來最有外交經驗的總統*：曾任駐聯合國大使(1971-73)及駐北京聯絡處主任（大使）(1974-75)。在職期間亦以外交事務見長。

4. *1988 年大選爲美國歷史上花費最多的總統競選*：公私財源方面，布希花掉大約 1 億 1,500 萬元，其競爭對手杜凱基斯(Michael S. Dukakis)花掉大約 1 億 500 萬元。依照〈聯邦選舉競選法〉(the Federal Election Campaign Act)對大選每一候選人分配公款各 4,600 萬元。而選民參選率，則爲 1924 年以來最低者。

5. *所提副總統人選丹佛斯・奎爾(Danforth Quayle)最具爭議*：提名之初在紐奧爾良大會即引起一陣騷動。奎爾是二次大戰後嬰兒潮時期出生，金髮藍眼，一臉孩子氣。競選時被譏爲「印第安納娃娃」(“Indiana kid”)。更糟的，他爲逃避兵役，而加入印第安納國民兵，成爲諷刺的把柄。當選後，每當布希生災害病，輿論總少不了對他取笑一番。

6. *波斯灣戰爭後聲望達於頂點*：1991 年波斯灣戰爭，以巧妙的外交運作和靈活的戰略規劃，5 週的空中轟炸，100 小時地面作戰，擊退了伊拉克，解救了科威特，美國登上世界顛峰，布希的聲望如日中天，獲得美國人民高達 89％的讚許，猶勝於二次大戰德國投降後杜魯門所得 87％的民意支持。

7. 推動憲法修正案最多：布希任職期間支持修憲行動多達 6 項：確定焚毀國旗爲非法行爲，禁止墮胎，強制限定國會議員任期，賦予總統對分項預算的否決權，准許聯邦政府支持學校推動祈禱活動，及平衡聯邦預算。聯邦憲法自 1789 年生效後，除 1791 年通過第 1 至 10 條修正案通稱爲〈權利法案〉(the Bill of Rights) 外，此後兩百年間共有 17 項修正案──修正案第 27 條 1992 年 5 月 7 日生效，有關國會議員加薪法案非至衆議院下次選舉後，不得生效──布希所以熱心修憲，可能有其政治目的，例如他尋求一項平衡聯邦預算，以期削減赤字的修正案，1992 年 6 月 11 日爲衆議院拒絕，事實上他本人從未提出平衡的預算案，而其任內美國債務是繼續增加。

8. 1992 年連任失敗受獨立派候選人分頭夾擊之害者獨多：布希競選連任，不但面對一位年輕而求新求變的民主黨對手──比爾・柯林頓，而且還遭遇一位德州富商──羅斯・裴洛(Ross Perot)以獨立派參加競爭，幾將所有怨氣發洩在布希身上，一位任內未發生過重大醜聞的現任總統聲望跌落如此之速，前所未有。裴洛雖未獲得任何一州或一張選舉人票，卻吸走了將近兩千萬選民票，占參加投票選民總數 19％，自 1912 年前總統狄奧多・羅斯福參加競選以後，第三黨候選人贏得選民票百分比未有如此之大者。他自知不會當選，而堅持不放，足見攪局成分居多，眞可謂成事不足，敗事有餘。

柯 林 頓

1. 1978 年，年 32，當選阿肯色州長，爲當時美國最年輕的

州長：自哈羅德・E・斯塔生(Harold E. Stassen)1938 年以 31 歲當選明尼蘇達州長以來，爲美國最年輕的當選州長。競選連任失敗，1981 年下台，年 34，爲美國歷史上最年輕的前州長。

2. 16 位總統分別擔任過 8 個州的州長，柯林頓任職的一州無論人口，選出聯邦衆議員人數或個人平均所得，均爲此 8 州中最少者。

3. 他曾爲民主黨總統候選人發表提名演說，被轟下臺，並未因此毀掉他的政治前途：1988 年 7 月民主黨亞特蘭大大會，柯林頓爲邁可爾・S・杜凱基斯(Michael S. Dukakis)發表提名演說，說得太長，太差勁，聽衆高呼「滾下去，滾下去！」("Get off, get off!")他黯然走下講臺，以爲他在全國政治中的未來完全搞砸了。他支持的人失敗了，而他 4 年後卻當選了。

4. 逃避兵役問題，以及由此所引起的是否愛國問題深受責難：辯護逃避兵役緣由前後互歧，以及由此所產生的可否信賴問題，不僅在總統競選期間遭受空前責難，任職後繼續成爲話題。在徵兵制之下，及齡男子身體合格者皆有服兵役的義務，二次大戰以來歷任總統未有不負羽從軍者，不少且以臨陣英勇著稱。柯林頓在越戰期間曾多方設法避免徵召入伍；1992 年大選期間兵役一事一直是競爭對手猛烈攻擊的話題之一。事實上連媒體記者也提出質疑——10 月 19 日第 3 場電視辯論時，就有記者問：既然自己逃過兵役，一旦當了總統，遇到戰事，能否心安理得派兵去前線作戰？他回答威爾遜和佛蘭克林・D・羅斯福都未當過兵，卻無礙於他們在一、二兩次大戰中以三軍統帥身分指揮三軍參戰，贏得勝利（其實威爾遜與羅斯福及齡時，美國行的是募兵制，當兵是自願；柯林頓及齡時，美國行的是徵兵制，服兵役是義務）。如果說因反對越戰而不當兵，那又何以志願參加預官訓練隊計畫(ROTC)？當了總統，仍有人提及此問題，一般人也就罷了，現役軍人可犯了大忌。1993 年 6 月 18 日，空軍少將哈羅德・N.・康培爾(Harold N.Campbell)因稱柯林頓總統是「吸大麻」("dope smoking")、「逃兵役」("draft dodging")的統帥，被罰款 7,000 元並命令退休，即其一例。

5. 自從 1972 年尼克森以現任總統訪問中國大陸以來，歷任美國總統莫不有中國之行，然而訪問時間之長，訪問城市、隨外人員、隨帶裝備之多，則以 1998 年 6-7 月柯林頓為最。時間：9 日（6 月 25 日至 7 月 3 日）；城市 5 處：西安、北京、上海、桂林、香港；人員：超過 1,000 人，除第一夫人、重要閣員、部分國會議員、白宮高級幕僚外，另有貼身保鑣、便衣安全人員、通訊人員、翻譯及專屬美容師；裝備：包括防彈禮車 10 部、交通安全偵察隨護車 2 部、防彈講臺、精密交通器材等，60 噸需要 4 架客機及 7 架大型 C-141 裝運。

6. **性醜聞案情公布後，拆穿謊言，使他受到羞辱，面臨彈劾，造成政治生涯中最大危機：**美國史上風流總統多矣，而以緋聞事件遭到彈劾調查，則未之前有，有之，則自柯林頓始。柯林頓 1992 年角逐白宮寶座時，即有人提出他的品格問題，說他有習慣性說謊的毛病，果然陸文斯基案揭開了他的本來面目。本案自 1998 年 1 月初次曝光以來，柯林頓否認與她有染不下 6 次之多。陸女與獨立檢察官肯尼斯・史塔爾(Kenneth Starr)達成協議，獲得免訴權後，1998 年 8 月 6 日向聯邦大陪審團作證，坦承自 1995 年 11 月 15 日至 1997 年 5 月 24 日 18 個月間在白宮與柯林頓有過 10 次性接觸，多在橢圓形辦公室旁的書房內或附近。不會面時，他們有過 10 至 15 次電話性交(telephonesex)。陸女和盤托出後，柯林頓面臨堅持早先的謊言，而觸犯偽證，或承認確有其事，而名譽掃地的窘境。8 月 17 日他作證，承認與陸女確有「不當關係」("inappropriate relationship")，但拒絕說明細節。

獨立檢察官繕具調查報告，呈送眾議院，洋洋灑灑，巨細不遺，僅本文一項已達 445 頁（另有無數的輔助資料和附件），詳述可能導致柯林頓被彈劾的理由，所列 11 款罪狀從偽證、妨害司法、企圖影響證人，到濫用權力，不一而足。9 月 11 日眾議院表決將調查本文透過網際網路公布於世，使美國總統偷腥事件的淫穢情節讓世人共見共聞。不止此也，10 月 5 日眾議院司法委員會通過建議院會對柯林頓展開正式而無限制的彈劾調查。委員會的報告說明柯林頓犯下 15 項足以構成彈劾的罪狀，比史塔爾報告多列 4 項，包括偽證、妨害司法、影響證人作證等，另加涉及共謀及協助提出不實書面證辭，而刪除濫用職權的指控。10 月 8 日眾議院以 258 票贊成對 176 票反對、1 票棄權通過對柯林頓展開時間與範圍均不受限制的彈劾調查。贊成票中有民主黨議員 31 人。

柯林頓從小在逆境中成長，很早便學會如何逢凶化吉，因此經常在「剃刀邊緣上」行事，卻每次安然無恙。然而陸文斯基案卻使他陰溝裏翻船，行險徼幸，終使他成為美國歷史上因私德不修，遭到彈劾調查，受盡羞辱的總統。不論彈劾調查的最後結果為何，個人信譽已毀，總統形象已虧。

五

軼　事

華　盛　頓

1. 拒絕王冠：1781 年 10 月 19 日英軍在約克鎮(Yorktown)投降後，革命戰爭已告結束，但美國情形並不樂觀。通貨瘋狂膨脹，軍餉長期拖欠，戰士無錢還鄉歸田，大陸會議無能爲力。面對這種絕望情勢，1782 年 5 月 22 日一名叫作劉易斯·尼古拉(Col. Lewis Nicola)的軍官寫信給總司令華盛頓，勸他以軍隊相助奪取政權，自立爲王，建立一個強有力而穩定的政府。尼古拉說如果那些「共和頑固派」("Republican bigots")風聞此事，他必遭火刑，深信華盛頓在行動之前，必能嚴守秘密。

華盛頓的確代爲嚴守秘密，但也立即嚴辭拒絕，回信予以痛責，說在戰爭過程中沒有一事比這個念頭更使他痛苦，這將帶給國家莫大的傷害。「如果你對國家、對自己或後代子孫有任何關心，或對我有任何尊敬，我求你從腦海中擯除這些思想，永遠不再傳達這種意見。」爲此，尼古拉飛函華盛頓謝罪，其事遂寢。

2. 老眼昏花化解一場危機：1782-83 年冬，當美國人民正等待與英國議和之際，華盛頓設在紐堡(Newburgh)總部的軍官們日益不安，大陸會議不僅未籌得款項補發欠餉，且有違背發給退伍金諾言之意。軍中傳言要召開群衆大會，商討採取強硬行動，情勢富有爆炸性。1783 年 3 月 15 日華盛頓集合軍官開會，在其軍旅生涯中第一次面對如此面帶怒容、心懷敵意的聽衆。他勸告軍官們理智，答應盡力向大陸會議爭取他們應得的待遇；但大陸會議是一個議事機關，行動難免遲緩，他也力促他們忍耐，以免損及以往的榮譽。軍官們漠然不爲所動。他記起帶來大陸會議某一代表的信件，答應對軍官不滿迅採行動。他從口袋取出信件，當衆宣讀，卻因閱讀困難而感到困惑。再從口袋取出一副眼鏡，先對談話中斷致歉，然後溫和地說：「我對國家服務已經鬢髮斑白，現在又老眼昏花。」這句話使軍官們震驚，菲力浦‧斯凱勒將軍(Gen. Philip Schuyler)事後說，「在整個革命戰爭中華盛頓從未獲得比這次更大的勝利，他致辭完畢，全體與會的軍官熱淚盈眶。」華盛頓離去後，軍官一致表決遵照他的勸告。

3. 皇家禮物：1786 年西班牙國王查理三世送給華盛頓兩頭出身高貴的公驢，一頭在運送途中死去，另一頭是血統純正的安大路西亞種(pure Andalusian breed)，華盛頓稱之爲皇家禮物(Royal Gift)，帶到佛南山莊飼養，那裏有許多騍馬等待牠交配繁殖出體格強健的騾子。但當一匹騍馬放進牠的圍場時，牠始而小心翼翼用鼻子嗅，繼而扭轉頭望望然去之。經過一連串探試，都不能激起牠的熱情，華盛頓開始懷疑這頭公驢是否出身太高貴，不屑與庸俗的美國族類成其好事；要不，就是和西班牙國王一樣年事太高（時年 70 ），對女色不能迅速有反應。但最後他還是想出一條妙計，引皇家禮物上鉤：他誘之以騍驢，等牠發情後，立即將騍驢牽走，而代之以騍馬，成了。

4. 第一個就職大典：1789 年 4 月 30 日華盛頓第一任期就職之日，天方黎明，紐約曼哈坦島南端砲台響起 13 響禮砲，稍後華盛頓起床，開始準備當日的慶典活動。他的頭髮塗了白粉，身著褐色服裝，配以金色飛鷹鈕扣，腳穿白色長統絲襪，足蹬銀扣皮鞋，腰懸佩劍。早餐旣畢，教堂鐘聲齊鳴，門外群衆聚集。中午稍過，國會代表團前來迎接總統當選人前往聯邦會堂(Federal Hall)宣誓就職。華盛頓鞠躬，握手，進入四匹駿馬拉的轎式大馬車，12 點 30 分，在群衆歡呼中動身前往。在聯邦會堂前下車，走過民兵的行列，進入會堂，行至參議院會議廳，參眾兩院議員、外國使節、及其他顯要早已在那恭候。副總統當選人約翰‧亞當斯趨前迎迓，報告：「參眾兩院已準備參加閣下依照憲法所定的宣誓典禮，典禮由紐約州首席法官監督。」華盛頓回答：「我已準備好。」亞當斯鞠躬，引導華盛頓到門廊(portico)，他的前面一張小桌子覆蓋著紅桌布，深紅天鵝絨的墊子上放著一本《聖經》。門廊俯瞰華爾(Wall)及百老(Broad)兩條大街，街上及附近房屋的窗口和屋頂都擠滿了人。

華盛頓一出現門廊上，便響起一陣歡呼聲。華盛頓鞠躬三、四次，他的手放在胸前，最後他在桌旁一張靠背椅子坐下。片刻後，他站起，走到欄杆，讓更多的人看得見他，準備宣誓就職。群眾頓時鴉雀無聲，參議院秘書舉起《聖經》，首席法官羅伯‧R‧李文斯頓(Robert R. Livingston)趨前監督，華盛頓手撫《聖經》，按照憲法所定誓辭宣誓，最後加一句「神其鑒諸」（"So help me God"），於是身體向前微曲吻《聖經》。宣誓既畢，李文斯頓轉身對聚集下面的群眾高呼：「合眾國總統喬治‧華盛頓萬歲！」（"Long live George Washington, President of the United States!"）群眾隨聲高呼。聯邦會堂圓頂升起國旗，砲台鳴放 13 響禮砲，教堂鐘聲齊鳴。華盛頓一再鞠躬答謝觀眾的祝賀，再步入參議院會議廳，在講台上就座，等各人入座。當他起立宣讀就職演說時，全體觀眾隨之起立，他鞠躬，觀眾再坐下。

演說完畢，就職禮成，華盛頓和其他官員一同步行至聖保羅禮拜堂(St. Paul's Chapel)參加國會牧師主持的禮拜。晚間與友人觀賞紐約市張燈結綵及燃放煙火。就寢前他寫信給朋友說：「我很怕國人所期待於我者太多。」

5. **第一個總統招待會**：就職後，華盛頓開始舉行 3 種官式接待會：週二總統招待會(levees)，只接待男賓；週五總統夫人瑪莎(Martha)的茶會(tea parties)，男女賓客同邀請；週四正式宴會(official dinners)。第一個總統招待會，華盛頓的副官大衛・韓福瑞(David Humphreys)安排來賓在他稱爲「接見室」(the "presence chamber")內集合，然後引導華盛頓到門外，打開門，高聲喊叫：「美國總統！」據哲斐遜記載，華盛頓被韓福瑞的安排嚇到了，整個接待會中悶悶不樂。接待會完了，他忿然對韓福瑞說：「好，你耍了我一次，看上帝的分，你絕不可耍我第二次！」經過這次事件，招待會此後雖從未成爲非正式，但不再那樣隆重了。

6. 守時：華盛頓邀請客人參加他的正式宴會，希望他們準時到達。一次一位聯邦衆議員遲到，客人都已入席。華盛頓告訴他：「我們這裏必須守時。我的廚子從不問客人是否已到，而只問時間是否到了。」

7. 大發脾氣：1791 年 11 月亞瑟・聖克萊將軍(General Arthur St. Clair)麾下一枝遠征西北地方印第安人的部隊遇伏，潰不成軍。華盛頓曾警告聖克萊愼防奇襲，這對他是一個重大打擊。兵敗的消息傳到時，華盛頓正設筵款待賓客。他獲悉後，毫無激動的跡象。客人退回客廳時，他和往常一樣禮貌周到地和每位貴婦人交談。稍後和他的秘書託比亞斯・李爾(Tobias Lear)單獨相處時，他仍設法克制自己。他走來走去好幾分鐘，一言不發；之後突然唉聲嘆氣。再一次努力自我克制，繞著房間走，激動而無一言。接著突然停止不動，怒氣沖天。痛心疾首中他不時用拳頭猛打前額，大聲咒罵聖克萊。然後坐下靜一靜，最後控制住情緒，文靜地說：「此事不可張揚出去。」再停頓一下，又說：「聖克萊將軍應得到充分公平的審判。」過後，他對聖克萊的「不幸」深表同情。

約翰・亞當斯

1. 掘溝渠：亞當斯小時必須學拉丁文法，覺得枯燥無味，一點也不喜歡。他據實以告他的父親，請另換一份工作。他的父親要他去試掘溝渠，他的草地正需要溝渠灌溉。小約翰於是去草地工作，沒多時便發覺開挖溝渠很費力，一天過去，他打定主意，還是恢復學拉丁文好。但他太驕傲，不願承認。又挖了一天壕溝，到了晚間辛苦克服了驕傲，他重回到拉丁文。終其一生亞當斯一直認為「挖溝渠」在塑造他的品格方面扮演一個很重要的角色。

2. 7月2日：1776 年 6 月 7 日出席第 2 次大陸會議的維吉尼亞代表理查・亨利・李(Richard Henry Lee)以麻薩諸塞約翰・亞當斯的附議提出決議案，要求宣告脫離英國而獨立，會議決定延期表決。7 月 2 日大陸會議 13 個代表團中 12 個表決支持李的宣告獨立決議案，紐約代表團奉命棄權。亞當斯興奮之餘，第二天從費城寫信給他的夫人亞比該(Abigail)說：「1776 年 7 月 2 日在美國歷史上將是最值得紀念的日子，我相信後代子孫將作為偉大的紀念節日來慶祝。」的確如亞當斯所預料，以後年年有盛大慶典，但日期卻不是 7 月 2 日，因為從 1777 年起，慶典在 7 月 4 日——大陸會議通過〈獨立宣言〉之日——而非在 7 月 2 日——大陸會議表決宣告獨立之日——舉行。

3. 學法文：1777 年 12 月法國正式承認美國獨立，第二年 12 月大陸會議派遣亞當斯赴法參加代表團。駐法期間他努力要學好法國語文：研究文法和字典，閱讀法國文學著作，訪問法國法院旁聽，參加教堂法語禮拜，去法國國家劇院欣賞演出。一天他和約翰・保羅・瓊斯(John Paul Jones)（美國革命戰爭中海軍英雄，他統率的軍艦嘗在英國海岸外襲擊英國船艦）在他的軍艦〈好人理查號〉(The *Bon Homme Richard*)上晚餐，話題轉到學習語文，同桌中有人謂學習法文有兩個方法：養一個情婦或去法國國家劇院觀賞。艦上醫官盯著亞當斯，調皮地問：「特派員先生，你認爲哪種方法最好？」亞當斯輕鬆地回答：「兩種方法都會學得很快，二者同時並進最快。」他轉爲嚴肅，「但語言無一處比國家劇院說得更好。教堂布道，法院辯論，國家科學院──無一處說得像法國劇院那樣正確。」

4. 就職典禮：繼華盛頓而任總統，並不容易，華盛頓的衣缽是難以傳承的。華盛頓的就職大典，他是萬衆矚目的焦點，反之，1797 年 3 月 4 日約翰‧亞當斯的就職，人們所注視的不是他，而是靜坐一旁身材魁偉、退休的開國元勳，情緒有些激動，眼中含著淚水；矮小而胖的亞當斯即使在他最得意的時刻，他的表現也相形失色，他任總統可以說一開始就不快樂。

1837 年范布倫就職典禮，其前任傑克遜在場，也爲之失色。風和日麗，大家恭聆范布倫就職演說，當他們一眼瞥見傑克遜時，大聲喝采，參議員湯瑪斯‧哈特‧本頓(Thomas Hart Benton)說：「這一次東升的太陽爲西落的太陽所遮蓋。」("For once the rising sun was eclipsed by the setting sun.")

事隔 40 年，兩個就職典禮頗爲雷同。

哲 斐 遜

1. 獨立宣言起草：哲斐遜不以任總統爲其一生重大事業，對他而言，起草〈獨立宣言〉才是一生事業中最偉大者。

1776 年 6 月 10 日大陸會議指派哲斐遜、約翰‧亞當斯、本嘉明‧佛蘭克林(Benjamin Franklin)、羅伯‧R‧李文斯頓(Robert R. Livingston)，及羅吉‧雪曼(Roger Sherman)等 5 人爲〈獨立宣言〉起草委員會，5 人開會推舉哲斐遜及亞當斯 2 人執筆，2 人互推，最後決定由哲斐遜主稿。從 6 月 11 日至 28 日不借助參考書籍，他完成了這篇開國文獻。委員會提出報告，大陸會議代表七嘴八舌提出修改，哲斐遜深以所起草的〈宣言〉為傲，視這些修改為「可悲」（"deplorable"），大為煩惱，佛蘭克林眼見這位年輕同僚的懊喪（佛蘭克林當時年 70，哲斐遜 33），以一則小故事安慰之。佛蘭克林說他認識一名製帽商人，學徒期滿，準備自行開業，想要一塊漂亮的招牌。他擬定的是：「約翰‧湯普生，帽商，製造並售賣帽子，現款交易」（"John Thompson, Hatter, makes and sells hats for ready money"），招牌上繪一頂帽子的圖形。為了慎重，他請教朋友。朋友甲認為 "Hatter" 一字重複，因為後 "makes hats" 二字已足以表明他是製帽商，於是刪除。朋友乙認為 "makes" 一字也應刪，因為顧客不在乎誰製的帽子，只要好、合適，就買。也刪掉。朋友丙認為 "for ready money" 三字無用，因為當地並無賒賬的習慣。刪。"sells hats" 二字也有人提出意見，「賣帽子！」這位朋友說，「無人期待你送帽子，sells 一字何用？」"sells" 一字既刪，"hats" 當然隨之而去。招牌上文字最後只剩下店主的姓名「約翰‧湯普生」（"John Thompson"），外加一個帽子的圖形。佛蘭克林的故事使哲斐遜稍覺舒服一些。1776 年 7 月 4 日大陸會議正式通過〈獨立宣言〉，紐約地方會議遲至 7 月 19 日才表決贊同。原稿共修改了 86 處，刪除 480 字，留下 1,337 個字；最主要的修改為刪除痛責英王佐治三世販賣奴隸的文字，因為喬治亞及南卡羅來納的代表對這段文字感到不快。所作修改使宣言有所改進，惟哲斐遜原稿「不可剝奪的權利」（"inalienable rights"），"inalienable" 一字最後定稿變成 "unalienable"，現在所見到的文字一直如此。

　　2. 午夜法官：官場上放起身砲，中外皆然。1801 年約翰‧亞當斯任期行將終了時，聯邦黨在國會匆促通過一個法律，修改 1789 年司法制度法(the Judiciary Act)，增設法院，增加法官人數，

以便安插聯邦黨人，確保聯邦黨控制法院，國務卿約翰‧馬歇爾
(John Marshall)（其時他已就任最高法院院長，仍擔任國務卿。他
也是亞當斯最後任命的官員之一）負責填寫任命狀，一切手續要
趕在 3 月 3 日午夜總統任期屆滿前辦妥。哲斐遜風聞其事，將他
的懷錶交給司法部長指定人利威‧林肯(Levi Lincoln)，命令他午
夜時分去國務院，接管該處，並注意午夜過後任何文件不得流出
去。林肯依照指定的時間到達馬歇爾的辦公室，告訴馬歇爾，奉
哲斐遜之命前來接管他的辦公室及其文件。其時大部分任命狀都
已辦妥，只有少數幾份尚未發出。馬歇爾說：「哼，哲斐遜先生
還沒有資格。」意謂他還未宣誓就職。林肯回答：「哲斐遜先生
從執行者的觀點看，認爲在正式取得資格前有義務接管政府的文
件。」「可是還沒有到 12 點。」馬歇爾取出他的懷錶。林肯拿出
哲斐遜交給他的錶，高舉著，說：「這是總統的錶，它的時間作
準。」至是馬歇爾屈服，向桌上尚未發出的任命狀瞄了臨別的一
眼，悵然離去。幾年後，他常笑著說除了帽子，他甚麼也未准拿
走。但他離去時，口袋裏的確帶走一兩件任命狀。因此，凡接受
這種任命狀的法官，都被稱爲「約翰‧亞當斯的午夜法官」
（"John Adams's midnight judges"）。

3. 禮物的代價：美國憲法明文禁止政府公職人員未經國會許
可，接受外國君主或國家所贈與的禮物。此事常使美國官員，甚
至總統處於尷尬地位。拒絕，勢將得罪贈與者；接受，必須先得
國會許可，而國會曾通過決議不准接受禮物。

1806 年突尼斯國王(the Bey of Tunis)贈送湯瑪斯‧哲斐遜 4 匹
阿拉伯馬，詳細考慮後，他決定接受贈與，而將馬出售，以支付
突尼西亞使者在華府旅館食宿的費用。然而兩全的辦法竟難如
願：使者的開支高達 15,000 美元，而馬每匹只售得 50 美元。

類似情形時常困擾美國政府。1861 年暹羅國王表示要送給美
國十幾頭大象，林肯總統禮貌地謝絕。

當時美國尚無動物園，而動物外交的觀念更尚未發展。美國第一個動物園，1874 年創於費城，華盛頓國家動物園 1890 年才設立。1972 年尼克森中國大陸之行，周恩來送給他兩隻貓熊，養在華盛頓動物園，贏得多少美國人，特別是美國兒童的心。

4. 眼淚化解校園風波：維吉尼亞大學是哲斐遜一生引以為傲的事蹟之一，創立之初，事無巨細，無不出其精心設計，教授亦係他親自選聘。1825 年 3 月開學，學生 40，教授中有幾位是來自歐洲的著名學者。到了秋季，就讀的學生超過百人。哲斐遜一直希望學校能吸收認真受教的學生，殊不料大多數終日優游，不求上進，課堂蹺課，酒店酗酒，呼么喝六，宿舍變成賭場，甚至把臭氣彈丟進教授房間。一夜一群鬧事的學生在校園遊行，高呼：「打倒歐洲教授！」有些教授試圖恢復秩序，反遭棍棒磚石攻擊，兩位教授聲稱要辭職。第二天，學校的監察人會(the Board of Visistors)與學生在學校圓形大廳舉行緊急會議。監察人中有 3 位前任總統哲斐遜、麥迪遜和孟羅。哲斐遜首先發言，說「這是他一生中最痛苦的事件之一」，說到此，他情緒激動，悲從中來，痛哭失聲，倒在座位上，說不出話來。學生像受電擊一般，大為感動。另一位監察人接替主持會議，要求鬧事的學生站出，自行報上姓名，全體幾乎一一照辦。事後一名學生說：「化解他們頑強意志的，不是哲斐遜先生的言語而是他的眼淚。」會後監察人會嚴定校規，勤加督導，信任與強制重新恢復，學校逐步發展成為世界上培養通才教育最著名的學府之一。

麥 迪 遜

1. 獵官者：麥迪遜擔任哲斐遜的國務卿時，一天一名忠實的民主共和黨人來到他的辦公室，要求派為西部某一地方的行政官。麥迪遜告以其他申請人的條件都比他好，礙難遵命。這名共和黨人退而求其次，稅務局長也可以。不幸，缺額已滿。郵政局長如何？沒問題。那麼，請問國務卿先生能否惠借一套舊衣服充場面？麥迪遜的脾氣好得沒話說。

2. 長頭髮：美國政黨的發展，第一階段爲聯邦黨與哲斐遜的民主共和黨的對抗，聯邦黨一向視民主共和黨爲死對頭，加以1812 年之戰失利，更痛恨麥迪遜。1812 年之戰期間，一名聯邦黨人的妻子一天駕車到第一夫人桃莉・麥迪遜的(Dolley Madison)妹妹露西(Lucy)的家，解開她的長髮，懇求特准剪掉它，以便結成繩索絞死麥迪遜──哲斐遜的忠實信徒。

孟 羅

1. 孟羅與漢彌頓：1792 年孟羅是參議院調查財政部長亞歷山大・漢彌頓(Alexander Hamilton)的財務狀況的委員會一員，爲了澄清濫用公帑的指控，漢彌頓被迫透露他和費城一名女人有染及被她的丈夫勒索的事。調查委員會澄清了漢彌頓的貪污嫌疑，也同意調查紀錄保密。不料到了 1797 年有人（顯非孟羅）將紀錄洩漏給新聞界，漢彌頓只得公開承認風流韻事。他向妻子懺悔認錯，她對丈夫一直忠貞不貳。漢彌頓對孟羅懷恨在心，認爲是他洩漏的。一日由他的內弟約翰・巴克・邱池(John Barker Church)陪同，在紐約市找到孟羅，痛責一番。孟羅當時正和一位朋友一起，極力辯解自己的無辜。漢爾頓不聽，憤然說：「這和你的陳述一樣，全是虛假。」孟羅一躍而起，「你說我陳述的是虛假？你這個無賴！」漢彌頓也站起來，大吼：「我和你決鬥！」「我準備好了，」孟羅說，「拿出你的手槍！」在此緊要關頭，邱池介入，勸他們冷靜，與孟羅的朋友合力把二人隔開。邱池提議「這次會面所發生的火爆動作或衝口而出的言語一概置諸九霄雲外，當作未發生一樣」，來結束這場對抗，二人同意。此後二人函件往來雖爭吵如故，但無人再向對方挑戰決鬥。

　　事過多年，漢彌頓宿草已生，孟羅也當了總統，一日路過其故居，順道拜訪漢彌頓夫人，其時高齡 90 有奇，而舊恨猶在心頭。她走進客廳會見孟羅時，孟羅起立鞠躬致敬，並說了一些客氣的話。漢彌頓夫人冷淡地說：「孟羅先生，如果你此來告訴我你悔悟，你對不利於我丈夫的虛偽陳述和誹謗，以及你散布的謊言表示抱歉，很抱歉，我諒解。不然，時間再久，墳墓再近，並無任何差別。」她說完話，孟羅轉身，拿起帽子，悵然而去。

　　2. 孟羅和他的財政部長：孟羅的財政部長威廉・H・克勞福 (William H. Crawford)是麥迪遜的第 4 任財政部長留任的。1816 年大選，他原是孟羅爭取民主共和黨總統候選人提名的主要對手，孟羅就任後，他繼續下來。能幹，有效率，對減輕 1819 年經濟恐慌所造成的艱苦貢獻頗多，但也是孟羅內閣中最吱吱嘎嘎的人，為此他疏遠了許多人，包括總統。1824 年大選，他又興起總統的野心，和約翰・昆西・亞當斯（孟羅的國務卿）競爭。競選期間中了風，脾氣未改。就在孟羅的第二任期行將屆滿時，與孟羅發生一次激烈的口角。他建議的任命案，遭到孟羅耽擱，感到不耐，口出惡言批評總統拖延不決。孟羅責他語氣不敬，克勞福舉起手杖，好像要打總統的樣子，大吼：「你這個可惡的無賴。」孟羅抓起壁爐的火鉗自衛，命令他滾出去。這時克勞福自知無禮，退讓，為他的行為道歉。孟羅和藹地接受。二人握手。孟羅並未開掉他，到任滿為止。

約翰・昆西・亞當斯

　　1. 折服英使：亞當斯擔任孟羅的國務卿時，和英國駐美公使史特拉福・甘寧(Stratford Canning)有過一場精采的對話，經過幾小時猛烈的對抗後，傲慢自大的英使終於折服，視亞當斯為平等對手，對美國表示尊敬。

一天甘寧衝進亞當斯的辦公室，抗議他在眾議院有關哥倫比亞河口美國人居留地的計畫所發表的言論(the Columbia River，美國西北部一河流，由加拿大英屬哥倫比亞南流，然後西流，在俄勒岡波特蘭之西注入太平洋。俄勒岡地方領土主權的爭執，英美兩國 1846 年始解決)，亞當斯感到不快，不僅因為他認為美國對該地的要求權利和英國同樣有力，而且他更厭惡在國會辯論的發言受到外國使節質問。他告訴甘寧這簡直好像美國駐英公使聽到下議院有關派兵去謝德蘭群島(the Shetland Islands)的發言去質問英國外相。甘寧盛怒之下大聲責問：「你們對謝德蘭群島有何要求權利？」亞當斯反駁：「你們對哥倫比亞河口有何要求權利？」甘寧大吼：「怎麼，你不知道我們有要求權利？」亞當斯回答：「我不知道你們要求甚麼或不要求甚麼。你們要求印度；你們要求非洲；你們要求……」「或許一片月球。」甘寧諷刺地打斷亞當斯的話。「不，」亞當斯冷靜地說，「我未聽說過你們要求月球任何部分專有的權利；但我可以斷言在這個適於居住的地球上你們無處不要求。」經過甘寧更多的打岔及亞當斯更多的反駁，英使最後退讓，表示願意致力促進兩國的和睦關係，承諾「不再忘記對美國政府應有的尊敬」。亞當斯鞠躬，會談結束。但一兩天後，二人偶爾相遇，幾乎未曾交談。

2. 裸泳：亞當斯任總統時，有黎明前一兩小時早起散步或去波多馬克河裸泳的習慣。他是一位游泳健將，但偶爾也會發生麻煩。有一次早泳時，衣服被人偷去，只得要一個過路的男孩跑到白宮去替他另取衣服（那時也許沒有貼身保鑣，不然，不會叫路人去取衣服 ）。另一次，他打算乘獨木舟划到對岸，然後游回來。不料船到中流進水沈沒，亞當斯的寬大袖管灌滿了水，好像兩個沈重的東西掛在他的雙臂上，很吃力地游到岸邊。因為一半的衣服已經失落水中，他只好「衣不蔽體」回到白宮。

最為人熟知的故事，是他裸泳時遇到女記者安‧勞雅爾(Anne Royal)——美國第一位女性專業記者。她因為亟欲訪亞當斯，白宮進不去，才一路暗中追蹤到河邊，等他跳入水中，坐在他的衣服上，向亞當斯打招呼。亞當斯大吃一驚，問她幹甚麼。她說要訪問他。「在我訪問以前，你拿不到衣服。你答應我訪問，還是今生一直待在水裏。」「讓我上來穿衣服，我答應你訪問。我穿衣服時，請走到樹叢後。」亞當斯懇求。「不，你不能上來，」勞雅爾說。「你是美國的總統，千萬人想知道，也應該知道你對合衆國銀行問題的意見。我現在要得到這項意見。你如果試圖上岸，取衣服，我會大聲喊叫。」她達到了目的。在她訪問時，亞當斯下顎以下深深浸在水裏。

3. 悲哀的榜樣：哈佛大學校長喬塞亞‧昆西(Josiah Quincy)（1829-49 年任哈佛校長）及前總統約翰‧昆西‧亞當斯都是早起的人；因此，午後他們只要坐下一兩分鐘，便會打瞌睡。一天他們二人去旁聽最高法院大法官約瑟夫‧斯多里(Justice Joseph Story)在哈佛大學的講課。斯多里很禮貌地接待他們，請他們坐在講台上他身旁的座位上，然後開始講課。不到幾分鐘，兩位貴賓酣然入睡。斯多里停止講話，指著二人對學生說：「請看你們眼前就是早起壞影響的悲哀榜樣。」學生哄堂大笑，驚醒了夢中人。斯多里若無其事繼續講他的課。

傑　克　遜

1. 剛烈的母親：傑克遜的性格得自他的母親。他還不到 5 歲時，一天哭著回家，「趕快停住！」他的母親命令他，「不要讓我看見你再哭！女孩生來會哭，男孩不！」「那男孩生來做甚麼的？」他問母親。「打架的！」（"To fight!"）她告訴他。安迪（Andy，安德魯的暱稱）從此不再哭。安迪大約 12 歲時，被一個十七、八歲的小夥子打得鼻青臉腫，他的叔叔要告官將對方逮捕，控以毆打、傷害之罪。傑克遜的母親不同意，說：「我的兒子不會在一件毆打傷害的案件中以控方證人出庭。如果那傢伙太大，他幹不過，等他長大一些再試試。」

2. 懾伏惡霸：傑克遜流傳最廣的故事是自任警察逮捕一名憫不畏法的惡霸。1798 年某天傑克遜正以審判長審理事件時，一名惡名昭彰的田納西土霸羅素‧畢恩(Russell Bean)帶著手槍和獵刀耀武揚威地出現在法院外，大聲咒罵法官、陪審員，及集合在那裏的其他人。傑克遜命令法警以藐視法庭罪嫌將他逮捕收押。法警出去，無功而還。傑克遜叫他召集警察前來協助，警察召集不到，因為畢恩揚言要射殺膽敢接近他 10 呎以內的任何人。傑克遜大怒，「法警，你既不能聽我的命令，那就傳喚我好了。」法警說：「法官先生，雖然我不喜歡這樣做，你既然說了，那我就傳喚你。」「很好，」傑克遜站起來，宣布庭訊休息 10 分鐘，走出大門。畢恩正站在群眾中間，口出穢言，揮動武器，發誓要殺死敢動他毫毛的任何人。傑克遜鎮靜地向他走去，雙手各執手槍，兩眼發出怒光，大吼：「馬上投降，你這個壞蛋，就在此刻，不然我就打穿你的腦袋！」畢恩注視傑克遜片刻，乖乖地投降了。他被關進監牢。幾天後有人問畢恩為甚麼一下子就屈服了。他說，「他走過來時，我看見他的目光逼人，如子彈射出一般，我想該是低聲下氣的時候了。」

傑克遜年老時寫出這段遭遇，改正一個重要的細節：他並未要求法警傳喚他，而是法警對付不了畢恩，傳喚傑克遜及其他兩位法官，充當警察，但只有傑克遜答應採取行動。

3. 就職的喧擾：前文記述過華盛頓的就職典禮，莊嚴隆重；再看傑克遜的就職典禮，喧鬧嘈雜。

1829 年 3 月 4 日傑克遜就職，成千上萬的狂熱擁護者——鄉村小農、城市工人、退伍老兵、邊疆的粗野居民、愛爾蘭的移民後裔——從四面八方湧進華府，大街小巷熙熙攘攘，肩摩轂擊熱鬧非凡，當年北方蠻族淹沒羅馬，大致如此。就職演說，相當平靜，演說既畢，群眾開始瘋狂，蜂擁衝過警戒，奔上國會山莊台階，爭先恐後搶著要和「他們自己的總統」("their own President")握手。傑克遜好不容易衝出重圍，乘馬前往白宮主持就職酒會，後面成群結隊跟隨著熱情的擁護者。酒會一開始，就攘攘不休，稱之為近乎暴亂，不為過。雖然只有「公務上和社會上合格的人」才被邀請，然而不請自來的群眾從門窗湧進、爬進接待大廳，莫之能禦。侍者的食物盤打翻了，杯碟打破了，桌子、椅子推倒了，壁爐牆壁上的古玩碰破了，溢出的酒和吐出的菸汁污染了地毯。為了瞥見總統一眼，泥濘的靴子踏上花緞覆面的椅子。傑克遜脫身不得，安全人員築成一道人牆，擋住人潮，保護他從後門逃出白宮，回到旅館度過總統的第一夜。

4. **伊頓事件**：傑克遜在職期間深為一個女人所引起的風波所苦惱，此即所謂伊頓事件(the Eaton Affair)，又稱伊頓瘧疾(the Eaton Malaria)，涉及男女醜行，個人恩怨，派系傾軋，權力鬥爭。事緣傑克遜的陸軍部長約翰‧伊頓(John Eaton)與一名風姿綽約叫佩姬(Peggy)的有夫之婦有染，其服務海軍的丈夫為此自殺。傑克遜勸告伊頓為佩姬的名聲計娶她為妻。伊頓娶了佩姬，但她那原本不好的名聲並未改善。教會牧師指她是「一名邪惡的女人」("a wicked woman")，其他閣員的夫人羞與「那個賤貨」("that hussy")為伍；只要佩姬在，華府的貴婦淑女拒絕參加白宮的招待會。副總統約翰‧卡爾洪(John Calhoun)的夫人是排斥佩姬的首腦人物，原因是卡爾洪有其自己的政治野心；他厭惡伊頓對傑克遜的影響力，利用其夫人來羞辱伊頓。只有國務卿馬丁‧范布倫（他是鰥夫，沒有妻子嘮叨的煩惱）和英俄兩國公使（他們都是單身漢）參加白宮為伊頓夫人舉行的派對。傑克遜支持佩姬，固因為伊頓是他的好友，更主要的，還是不忘他自己的妻子雷恰爾(Rachel)生前因遭受污衊羞辱而死的傷恨。范布倫不愧是「一名小魔術師」(the "Little Magician")，最後想出一條妙計打破僵局：勸告伊頓辭職，他自己也辭職，接著其他閣員（包括卡爾洪的人，傑克遜早欲去之而後快）一同掛冠。於是而有 1831 年 8 月內閣大改組。伊頓調任佛羅里達地方的軍事長官，范布倫出使英國。這個社交風波發生很大政治後果：內閣成為清一色忠於傑克遜的人，卡爾洪成了死對頭，范布倫成了繼承人——1832 年取代為副總統，1836 年傑克遜指定為候選人，當選總統。

5. 最遺憾的事：1845 年傑克遜臨終不遠時，納什維爾(Nashville)長老會牧師艾德格(Dr. Edgar)問他如果約翰・卡爾洪及其他無效論者繼續下去，他會如何對付他們。他立即回答：「吊死他們！他們將永遠是賣國賊心生畏懼的人，後世將斷言那是我一生最好的行為。」數日後，他開始回憶往事，突然問艾德格：「你認為我主政期間哪一行為最受後世譴責？」艾德格表示可能是把政府的存款悉數從合眾國銀行(the Bank of the United States)提出。傑克遜大叫：「啊，不。」「那是硬幣通告(the Specie Circular)？」〔按傑克遜生長邊地，不信任紙幣，也認為合眾國銀行只照顧有錢的人而犧牲勞動大眾，1832 年他否決延長合眾國銀行特許法案，1833 年命令財政部把政府存放該行的款項轉存幾家經過挑選的州銀行，不僅遭到參議院譴責，而州銀行放寬信用，隨意發行紙幣，也觸發了西部土地投機及通貨膨脹。1836 年發布硬幣通告，要求公地購買人用金銀支付地價，雖終止了瘋狂的土地投機，卻又引發了 1837 年的經濟恐慌。〕「一點也不是！」傑克遜力言，他從床上坐起，眼睛閃爍發光，「我告訴你：我被說服未將卡爾洪以賣國賊吊死，這件事比我一生中任何其他行為更將受後世譴責。」

范 布 倫

1. 不敢確言太陽從東方升起：范布倫是一個圓滑而無主見——或更正確地說「不確表意見」("non-committal")——的政客，甚至太陽是否從東方升起，亦不置可否，這個流傳很廣的故事，他的《自傳》(*The Autobiography of Martin Van Buren*)也曾提到：他任參議員時，一位同僚打賭能使他表示積極意見。「馬特(Matt)（馬丁的曜稱），傳說太陽從東方升起，你相信嗎？」范布倫回答：「我了解那是人所共同接受的(the common acceptance)，不過我從未在黎明以前起床，我不能確實地說。」

2. 你知我知，別讓他知：范布倫又是攻於心計的人：1829 年他到華府擔任國務卿不久，拜訪佩姬・伊頓(Peggy Eaton)（傑克遜的親信陸軍部長的妻子，深受傑克遜愛護），對她說，他閱讀過很多有關偉人的書，得到結論傑克遜將軍是一位得未曾有的最偉大的人，而且是所有偉人中唯一無缺點的人。「這是我對你的私話，千萬別告訴傑克遜將軍。」佩姬深受傑克遜的庇佑，當然和盤告訴了傑克遜。傑克遜聽了，熱淚盈眶，說：「他敬愛我，而且秘而不宣。」

3. 逃避難題的妙計：范布倫任傑克遜的副總統，一天主持參議院會議時，輝格黨領袖亨利・克雷(Henry Clay)有意要窘他一下。其時參議院正討論傑克遜把政府的存款悉數從合衆國銀行提出的政策，克雷發表一篇慷慨激昂的演說，說明傑克遜的政策對國家經濟所造成的災害，請范布倫去懇求總統改變他的銀行政策，使國家免於毀滅。范布倫注意傾聽，看來很欣賞克雷所說的每句話。當全場注視他對克雷的動人演說如何反應時，他放下議事槌，請一位參議員代爲主席，步下主席臺，走向克雷的座位，說：「克雷先生，你的上好鼻煙可以借我一撮麼？」這項突如其來的動作使克雷不免一驚，把鼻煙壺遞給他。范布倫取出一撮鼻煙，放入鼻孔，笑一笑，向克雷鞠躬致謝，然後走出參議院議事廳。

威廉·亨利·哈利生

1. 就職演說稿刪不勝刪：哈利生宣誓就職前幾天，內定的國務卿丹尼爾·韋伯斯特(Daniel Webster)顧慮哈利生太忙，為他準備了一份就職演說稿。哈利生堅持自己寫，只同意完稿後請韋伯斯特過目並提出建議。第二天韋伯斯特開始審閱演說稿，令他吃驚地發現它多半談論古羅馬史，而且"proconsul"（古羅馬地方總督）一字用的次數太多，甚少討論美國的事。韋伯斯特花了好幾個小時盡可能使哈利生的意見美國化。他回去時，沒有趕上晚餐，向女房東道歉。女房東問他何以如此疲憊，他說：「我殺了17個羅馬總督，每個都死得像死魚一般。」即使經過韋伯斯特大加刪改，哈利生的就職演說仍長達八千四、五百字，費了將近兩個小時才讀完，是美國總統最長的就職演說。

2. 人民之一：一名樸實的農民在一個暴風雨的天氣來拜訪哈利生總統，總統正在用晚餐，僕人叫他在一間沒有生火的屋子裏等候。事後哈利生責備僕人為甚麼不引他到客廳坐，那裏比較溫暖舒適。僕人喃喃自語怕他弄髒了地毯，哈利生嚴厲地說：「下次別再管地毯。那個人是人民之一，而地毯和這棟官邸都屬於人民。」

泰祿

1. 老少配：泰祿的第二次婚姻人稱老少配(the mating of January and May)。他的第一任妻子死了一年後，開始追比他年輕 30

歲、也比他的長女小 5 歲、紐約富家女、有長島玫瑰(the Rose of Long Island)之稱的茉莉亞・伽德納(Julia Gardiner)。1844 年一天他告訴他的老友聯邦眾議員亨利・A.・懷茲(Henry A. Wise)準備和她結婚。懷茲大吃一驚，說他已過中年（時年 54），且身為總統，不能輕率。他回答「我剛好正在壯年」，不聽老友勸告，仍和茉莉亞結婚。1847 年，泰祿卸任已兩年，一日與懷茲在船上不期而遇，懷茲看見泰祿的行李中有一輛雙座嬰兒車。「啊哈！」懷茲說：「已經有了這樣的成績？」泰祿說，「是的，你現在該知我是如何對的；我當初告訴你我正在壯年，不是瞎吹罷。我有滿屋的漂亮小寶寶在我的四周發育著。」那時他的第二次婚姻尚只有兩個孩子，另 5 個接踵而至。他的兩次婚姻所生子女之多為其他總統所不及——共 14 個。

2. 給他一個"party"：泰祿是邦權主義者，主張從嚴解釋憲法。他原屬民主共和黨，輝格黨所以提名他為副總統候選人，只是為平衡哈利生的候選名單。他繼任總統後，一個接一個否決輝格黨在國會推動的法案，也疏遠了輝格黨的大多數領袖。1841 年 9 月 11 日全體閣員除國務卿丹尼爾・韋伯斯特外提出辭職，國務卿所以暫時留任，是因為繼續與英國談判東北邊界糾紛。輝格黨在國會最有影響力的領袖亨利・克雷譏笑他是「一位無政黨的總統」("a President without a party")。他的新婚夫人茉莉亞說：「如果他缺少的是一個party，我來給他一個party。」（按"party"一字可解為政黨，亦可解為社交的集會，如茶會、酒會、宴會、舞會等。）她確實做了：1845 年 2 月 22 日（泰祿行將離職時），泰祿夫妻二人在白宮舉行一次盛大的辭別會，3,000 嘉賓應邀參加，當來賓祝賀這次稀有的盛會時，泰祿一語雙關地說：「他們現在不能再說我是一位無 party 的總統了。」

3. 掛專車：這一則和下面另一則故事說明泰祿如何不為人尊重。他就職一年後，決定要出去旅行，派他的兒子鮑伯(Bob)，也是他的私人秘書，去定專車。鐵路局長（一位忠實的輝格黨員）說不替總統掛專車。鮑伯叫道：「甚麼！你不是曾爲哈利生將軍出喪提供一輛專車麼？」「不錯，」局長說，「你如果將令尊在那種狀況下帶來時，你會有一節最好的火車上路。」

4. 搭輪船：1845 年 3 月 4 日詹姆斯·K·波克就職後，泰祿準備離開華府。波多馬克河上輪船正要起碇開航時，他帶著家人、一群奴隸和一堆行李趕到碼頭。碼頭上有人高呼：「船長，等一等，前總統泰祿來了，等一等！」船長是亨利·克雷派的輝格黨人，用力拉動引擎鐘，船離了岸，高叫：「前總統泰祿該倒楣，讓他等在那！」

波 克

1. 宗教信仰：旣是長老會教徒(Presbyterian)，又是美以美會教徒(Methodist)，彌留時，始正式受洗。波克出生不久，他的父母抱著他去長老教會受洗，牧師要他的父母表明宗教信仰，否則不予施洗。他的母親是一位虔誠的長老會教徒，無問題；他的父親拒絕，和牧師發生爭執後，帶著未受洗的嬰兒而去。詹姆斯仍生長爲一長老會教徒，經常參加長老會禮拜。他 38 歲時，參加一次宗教露營聚會，深爲美以美會牧師的話所感動，此後他實際上成爲美以美會教徒，不過由於對母親和妻子的尊重，仍繼續參加長老會禮拜。偶爾他的妻子不能與他一同做禮拜時，他則獨自去美以美禮拜。在他彌留時，請來美以美會牧師爲他施洗，正式成爲美以美會教徒。

2. 硬幣：波克是一位忠實的傑克遜民主黨員，反對銀行和紙幣，贊成使用金銀爲唯一通貨。他自己的開支一律使用硬幣。1834 年夏和他的妻子莎拉(Sarah)前往華府途中，發現口袋裏的錢不夠當天開支，叫莎拉從衣箱取出一些錢備用。莎拉打開衣箱，東摸西摸尋找塞在箱內角落的錢袋。有些煩，「你看攜帶金銀多麼麻煩。這已足顯示銀行是如何有用了。」波克卻不同意，大聲說：「莎拉，你改變了政策！我現在所要的，只是那點錢而已。」莎拉最後把衣箱翻轉過來，倒出一袋硬幣，但她仍堅持她的意見，說：「如果我們一定要用金銀，女士簡直不可能帶足夠的錢。」

3. 握手的藝術：波克天生內向，但由於政治需要，強迫自己與人交往，更少不了握手為禮，在他的日記中說他的「握手大藝術」("great art in shaking hands")可以整天握手而無任何不良影響。其法是快握手(quick handshake)，輕接觸(light touch)，握而不被握(shake and not be shaken)；抓住而不被抓住(grip and not be gripped)。遇到孔武有力的人，預見會有強而有力的抓牢(a strong grip)，要比他快一步，先伸出手，捉住他的手指尖，熱誠地一握，放開，如此可以避免他完全抓住你的手。

威廉·B.·麥金利及林敦·B.·詹森亦各有其握手絕招，可與波克的「藝術」相互輝映。

麥金利的握手方法很有名氣。為了避免握手太長，右手受傷，他發展出一種方法稱為「麥氏握法」("Mckinley grip")：站在歡迎行列中，客人走近，先面現笑容，在自己的手被強力抓住之前，執客人的右手而親切地緊握之，再以左手握其肘，乘勢迅速將他推過去，再準備迎接下一位客人。

詹森喜歡「緊壓肌肉」("press the flesh")，在群眾中盡量和人握手；一天競選下來，他的雙手通常痠痛、起泡，有時甚至流血。對參議員同事，他有兩套技巧：「半詹森」("the Half-Johnson")——只將一隻手放在你的肩膀上——和「全詹森」("the Full-Johnson")——他將一隻手臂整個圍著你並將臉靠近你的臉，有時還加一點小動作——用腳踢你的小腿。

泰 勒

1. 觀察陌生人：1836-37 年在佛羅里達與塞美奴印第安人(the Seminole Indians)作戰期間，一天，泰勒與其參謀人員在紐曼斯維爾(Newmansville)一家小酒店停留片刻，喝杯啤酒。一名年輕人走進店來，行近他們的桌子。他剛從西點軍校畢業，接到委任前來到差，身穿一件亞麻防塵外衣保護他的嶄新制服。泰勒和往常一樣，穿一件樸素的粗布外衣，戴一頂寬邊草帽。「老頭兒，」年輕人坐下和他打招呼，「印第安人現在怎麼樣了？」泰勒回答：「先生，我認為他們正引起不少麻煩。」「怎麼會？」年輕人說，「那我們得要注意了。我是一名陸軍軍官，正為此事而來。我們一同喝杯啤酒吧，怪老頭兒(Old Codger)，你和你的鄰座。」泰勒和他的同伴站起，向年輕人乾杯，然後登上驛站馬車而去，留下他一人在酒店。一兩天後，這位西點畢業生報請點閱，面對的正是那位「怪老頭兒」，穿著上校制服。驚慌之餘，整個點閱過程無所措手足。事後問其他軍官如何賠罪。軍官們說：「對泰勒上校，不必了。」但年輕人總覺得不能就此了事，他到泰勒的營帳去道歉。泰勒平靜地說：「年輕朋友，讓我給你一點小小的忠告，可能對你有益：永遠不要以衣著觀察陌生人。」

2. 盛裝的尷尬：泰勒將軍很少穿制服，少數幾次中就有一次弄得很窘。下面一則故事是尤里西斯・S・格蘭特的回憶中所說的，格蘭特在墨西哥戰爭中在泰勒麾下任少尉軍官。1847 年布宜那・維斯塔之役(the Battle of Buena Vista)大敗墨西哥軍隊後，泰勒已成為全國知名的戰時英雄。是年 5 月 11 日他預定要和格蘭得河(the Rio Grande)口外艦隊司令海軍代將大衛・康內爾(Commodore David Conner)會晤，他知道海軍軍官很講究服飾，為了禮貌，他必須穿著禮服接見。他找出一套舊制服，刷了又刷，穿起來，再加佩劍、肩章、腰帶，恭候貴客來訪。而在另一方，康內爾完全了解泰勒討厭穿制服，爲了禮貌，他決定便服前往拜訪。結果這次會面雙方都侷促不安，談話主要是彼此道歉。此後泰勒放棄了制服，再也不拘泥禮節。

3. 拒收欠資函件：有些人爲了爭取提名競選總統，花掉大把大把的鈔票，撒迦利・泰勒卻一毛錢也不願花。1848 年 6 月輝格黨費城大會提名泰勒爲總統候選人，正式通知他獲得提名的信件是以收件人付費寄發的。信寄到時，這位未來總統因拒付一毛錢的郵資，留在郵局待領。到了 7 月收到大會主席寄來的副本，這次付了郵資，他才知道被提名，答覆接受。

1847 年，泰勒提名的前一年，美國郵局第一次發行帶膠的郵票。在此以前及其以後一段期間，郵件係收件人付費。泰勒是墨西哥戰爭英雄之一，全國聞名，經常收到各地寄來的大量欠資郵件，他不願花錢去領取，一些陌生人自動寄來的郵件大半留在郵局招領。因此，輝格黨提名的函件到達時，他也照例拒收。1848 年 11 月泰勒贏得總統職位，但所得選民票只有 47.4 %，成爲第三位「少數總統」，不過，這與拒收欠資信無關。

4. 墨西哥戰爭的眞正價值：泰勒總統就職不久派威廉・T・雪曼(William T. Sherman)上尉去探測、考察新墨西哥、亞利桑那和加利福尼亞等處墨西哥戰爭結果新獲得的土地。這位未來內戰英雄花了一年多時間踏勘了這些長滿仙人掌的沙質土地，返回華府，到白宮向泰勒覆命。泰勒問他：「怎麼樣，這些新領地值得戰爭所流的血和所花的錢嗎？」「將軍，和墨西哥作戰，我們損失了一億元和一萬人。」雪曼回答。「完全正確，」泰勒說，「但我們卻得到了亞利桑那、新墨西哥和南加利福尼亞。」雪曼回憶他剛剛離開的不毛之地，說：「是啊，將軍，我去了那裏，看過一遍——所有那塊地方——說句悄悄話，我覺得我們必須再打一仗，是的，我們必須來另一次戰爭。」「爲甚麼？」泰勒吃驚地問。「爲的是要他們把那塊鬼地方收回去！」雪曼回答。

費 爾 摩

1. 二手總統：泰勒在職死亡，費爾摩繼任總統不久，華府即流傳一則故事：當了總統，應該有一輛馬車，白宮侍者愛德華‧摩蘭(Edward Moran)帶他去看一輛漂亮的馬車，車主將他去，準備賤價出售。費爾摩仔細檢查後，一切滿意。轉而一想，他對侍者說：「美國總統乘坐一輛二手馬車到處奔馳，成何體統？」老摩蘭回答：「確實，但閣下只是一位二手總統！」(" Your Ixcellency is only a sicond-hand Prisident!")（句中錯字係照原來發音。）

2. 謝絕名譽學位：費爾摩卸任後，1855 年訪問英國，牛津大學準備授予民法博士名譽學位，他立即謝絕，說：「我未受過正統教育，依我判斷，任何人不應接受一個他不能閱讀的學位。」他很可能想到 1833 年安德魯‧傑克遜接受哈佛大學名譽學位時所鬧的笑話，怕不聽約束的牛津學生對他盡情嘲弄。他未進過大學，不敢高估自己；然而 1846 年──在他當選副總統前三年，繼任總統前四年──他卻一度出任布法羅大學的校長(Chancellor)。

皮 爾 斯

1. 就職而未「宣誓」：總統就職時，莫不興高采烈，然而皮爾斯就職時，卻懷著破碎的心步上最高公職，也未「宣誓」維護憲法。他的妻子珍妮(Jeane)從不以他的政治事業爲傲。他當選衆議員及參議員時，她都不高興，希望他早日離開政壇，過著平淡的生活。1842 年皮爾斯終於辭別參議院，放棄未來政治發展。

1852 年民主黨全國代表大會，皮爾斯以新罕布夏的政治寵兒被指名爭取總統候選人，無人認爲他有任何獲選的機會。大會陷於僵局，第 49 次投票他以黑馬獲得提名。皮爾斯並未爲這項突然轉機而著迷，他的妻子聽到消息，更是沮喪不已。他告訴妻子，他不要提名，但黨的徵召，爲了本尼（Bennie，他們唯一健在的兒子），爲了國家，只得應選。妻子勉強同意。本尼和媽媽一樣，也不喜歡華府生活，希望爸爸不要當選。然而 11 月皮爾斯當選了。

大選後，珍妮發現丈夫實際上爭取提名，所謂「被動」云云，全是謊言，夫妻時常爭吵，逐漸疏離。1853 年 1 月 6 日，皮爾斯就職前將近兩個月，一家三口從波士頓乘火車回康科特(Concord)，火車出軌，親見獨子慘死。妻子原已失和，又加喪明之痛（他認爲係上帝懲罰他的罪），就職時皮爾斯憂傷憔悴，拒絕用《聖經》，打破先例，舉右手，「確認」（"affirm"）而非「宣誓」（"swear"）維護憲法。

2. 被捕： 皮爾斯在職期間，乘馬意外地撞倒一名老婦人而被捕。當逮捕他的警員發現他的身分時，立即開釋。格蘭特當總統時，也因爲乘馬奔馳得太快被捕，並處 20 元罰金。

3. 晚年受洗： 並非謂他早年沒有宗教信仰，事實上從大學時代起，即是一名虔誠的教徒，每晚跪下祈禱。就職前，獨子死於火車意外事件後，更接近上帝，但直到晚年他才公開表明信仰。當了總統後，經常參加教堂禮拜，每餐與第一夫人感恩祈禱，並嚴守安息日，星期天不閱讀信函。離開白宮後，1865 年，61 歲，才正式受洗成爲聖公會教徒。

布　坎　南

1. 派至最遠的地方： 波克曾批評布坎南「小事缺乏判斷，行為有時像個老處女」，但 1845 年就任總統時，仍任命他為國務卿。前總統傑克遜對此頗不以為然，波克辯護說：「將軍，你自己卻曾派他出使俄國。」「不錯，」傑克遜回答，「我派他到離開我的視線最遠的地方，那裏他為害最少。如果我們在北極駐有公使，我早就派他到北極去了。」布坎南 1832-34 年任駐俄公使。派一個不喜歡的人出使俄國，這是第一遭，30 年後林肯仿效之，派他久欲去之而後快的陸軍部長西蒙‧凱麥隆(Simon Cameron)為駐俄公使。事緣 1860 年共和黨全國代表大會，凱麥隆為賓州黨魁，願以內閣職位為條件交換支持林肯。林肯當時不知道他的助選人員代他所作的這項承諾，就職後，勉強任命凱麥隆為陸軍部長。在職期間軍品採購不時傳出有縱容貪污之事，為了除去他，1862 年派他為駐俄公使。

2. 「最後一任總統」：布坎南任職末期，南方各州紛紛脫離聯邦，他雖不認各州有權脫離聯邦，但亦認為聯邦政府無能為力。他的閣員也一一離職，趕搭脫離列車。林肯行將就職時，他已智窮力盡，對人說：「我是合眾國最後一任總統。」意謂國家分裂，既無合眾國，自亦無合眾國總統。事實上在他進入白宮不久，艾德文‧斯坦頓（Edwin Stanton，他未來的第二任司法部長）已經告訴他，「你睡在火山上，四處布滿地雷，隨時可以爆炸，再不迅速採取有力行動，你將是合眾國最後一位總統。」

3. 不幸：布坎南體格強壯，穿著入時，既迷人，又謙恭有禮。他既不避免與女性交往，亦不乏女性景慕之人，但由於某種機緣，他始終未婚，成為美國唯一的單身漢總統。1861 年 2 月他的任期將滿時，一批婦女到白宮向他致敬。臨去時，一位女士說：「我們參觀過白宮的一切，高雅整齊，但我們發現一個缺點。」「是甚麼？」布坎南問。女士答：「你沒有主婦。」布坎南說：「女士，那是我的不幸，不是我的過錯。」（"my misfortune, not my fault."）

林　肯

1. 失敗的滋味：林肯因 1858 年與史蒂芬・ A.・道格拉斯 (Stephen A. Douglas)（民主黨）競選伊利諾州聯邦參議員所進行的一系列辯論，而名聞全國，但這場選舉林肯失敗了。州議會投票揭曉數分鐘後，友人問他感覺如何，他回答：「我感覺像一個碰破腳趾的男孩子；長得夠大不能哭，傷得太重不能笑。」

2. 替他拿帽子：史蒂芬・ A.・道格拉斯是林肯 1858 年競選參議員而失敗的人，也是林肯 1860 年競選總統所擊敗的人。1861 年 3 月 4 日當林肯步上國會議堂東廂門廊階梯上搭建的講台宣誓就職時，他手裏拿著演說稿、大禮帽和手杖。手杖放在桌下，禮帽如何處置，一時不能決定。參議員道格拉斯快步向前，接下帽子，回到座位，對林肯的一位親戚說：「即使我不能當總統，至少我能替他拿著帽子。」

3. 貢獻已經夠多：一名婦人傲然要求林肯任命她的兒子為陸軍上校，因為她世代忠烈。她告訴林肯：「我的祖父〔革命戰爭初期〕曾在勒星頓(Lexinton)作戰，我的父親〔1812 年之戰末期〕曾在紐奧爾良(New Orleans)作戰，我的丈夫〔墨西哥戰爭期間〕在蒙德勒(Monterey)戰死。」林肯說：「府上為國家貢獻已經夠多，現在該給他人一個機會。」

4. 黑奴解放令：林肯最為世人所不忘的，是他發布黑奴解放令(the Emancipation Proclamation)，這是一個歷史性的文件，而簽署文告也是一個歷史性的時刻。1863 年 1 月 1 日正午，當文告的最後定稿送到他的面前時，他兩度拿起筆，又兩度放下。他轉向身旁的國務卿威廉・ H.・西華德(William H. Seward)說：「從今晨 9 點鐘起，我的雙手一直發抖，而我的右臂幾乎麻痺。如果我的名字會永垂青史的話，那將是由於這一行為，我的全部心力也貫注於此。我簽署解放令時，如果我的右手顫抖，所有今後閱讀這一文件的人將說：『他猶豫不決。』」於是他再拿起筆，緩慢而堅定地簽了「亞伯拉罕‧林肯」他的兩個英文的名字。

5. 前車之鑑：1865 年 2 月林肯與國務卿西華德在維吉尼亞罕普頓碇泊所(Hampton Roads)會晤三位邦聯特使，商討和平問題。邦聯總統哲斐遜‧戴維斯(Jefferson Davis)既然堅持必須承認南方獨立，林肯對會議並不抱多大希望，但也不願忽略任何謀和的機會。會議開始林肯表明他不會和對政府作戰的武裝力量打交道。特使之一指出英王查理一世(Charles I)當年曾和武裝反抗其政府的人民談判。林肯皺起面孔說：「歷史問題我必須請你問西華德先生，他通曉這類事情，我不認為自己在這方面內行；不過此事我唯一清楚記得的，是查理丟掉了他的腦袋。」

6. 不幸的夜晚：1865 年 4 月 14 日，耶穌受難日，林肯遇刺的夜晚，他原不想去福特戲院(Ford's Theater)去觀賞《我們的美國表哥》(*Our American Cousin*)的晚場演出，他先前已看過這齣戲，不想再看。但林肯夫人想去。林肯告訴白宮侍衛官威廉‧H‧克魯克上校(Colonel William H. Crook)說：「海報已經宣傳我們會去，我不能令人民失望，否則，我不會去，也不要去。」臨行，他向克魯克說「再見」("Good-bye")，克魯克大惑不解，通常他只說「晚安」("Good-night")。

事有湊巧，在緊要關頭，貼身保鑣偏不在場。一說戲上演後，他乘間遛躂去了。另一說戲演得太好，他離開包廂崗位去看戲了。刺客約翰‧威克斯‧布斯(John Wilkes Booth)得以乘虛溜進總統包廂，對準林肯後腦開槍。

約 翰 生

重操舊業：內戰結束時，約翰生回到他生長之地北卡羅來納洛利市(Raleigh)去參加他父親紀念碑的揭幕典禮。致辭時他說：「我回到南方、回到我童年優游之地，如果可能，來設法和解戰爭所造成的裂痕。」群眾中一位早年就認得約翰生的老婦人喊道：「願上帝保佑他可愛的心腸，他就要回來開一家裁縫店！」約翰生未發達時，做過裁縫師傅，而且以其行業為榮，即使當了總統，路過裁縫店總會進去閒聊一兩句。

格　蘭　特

1. 兩首歌曲：格蘭特自來不諳音律，在西點軍校列隊進行，連配合軍樂齊一步伐，都有困難。當了總統，一次參加音樂會，有人問他是否欣賞音樂。他回答：「怎麼會？我只知道兩首歌曲，其一是洋基歌(Yankee Doodle)〔美國獨立戰爭期間流行的愛國歌曲，有第二個國歌之稱〕，另一首則不是。」

2. 與女王共餐：1877 年，格蘭特卸任後偕夫人及 19 歲的小兒子傑西(Jesse)環遊世界，到了英國，女王維多利亞在溫莎宮(Windsor Castle)款宴。宮廷總管告訴傑西在另一間房間與「王室」(the Household)同桌用餐，餐後立即引見女王。傑西不同意此項安排，說他不與「僕人」(the servants)同桌吃飯。如果不能與女王同桌，他寧願回到倫敦到小飲食店去晚餐。總管解釋女王不喜同桌的人太多，而且王室都是一些重要人物，包括女王侍從及侍女(Genthemen-in-waiting and ladies-in-waiting)。首相及外國使節除非特別邀請與女王同桌，也都與王室一同用餐。傑西非常堅持，認侍從及侍女不論如何重要，仍是「僕人」。格蘭特亦為其子抱不平，總管拗不過，只有請女王親自裁決。用餐時，傑西果然如願以償，與女王同席，但進餐時閒談卻不怎麼歡欣。女王大部分時間與其子利奧波德親王(Prince Leopold)及其女琵亞垂絲公主(Princess Beatrice)低聲談話，只偶爾與格蘭特夫人談及女王的職務繁重，格蘭特夫人悍然答道：「是的，我可以想像到；我也曾是一位偉大統治者的妻子。(I, too, have been the wife of a great ruler.)」餐畢女王退席，格蘭特一家和侍從及侍女玩撲克至深夜。

3. 神的意志，還是酒的的力量：1885 年，格蘭特在紐約臥病將死，一位頗有名氣的美以美會牧師以格蘭特家人的鼓勵開始作病榻訪問，對他誦讀一些《聖經》的文句。格蘭特一度失去知覺時，牧師向他身上灑聖水，對報界宣稱格蘭特將軍已經信教受洗。稍後醫師使他甦醒過來，牧師大呼，「這是神意，這是神意。」醫師說：「不，是白蘭地酒。」

海　斯

1. 究竟誰當選了總統？ 報紙大標題的報導有時竟然與事實相反。1948 年大選，杜魯門與湯瑪斯・E・杜威(Thomas E. Dewey)競選，各方看好杜威，而最後杜魯門卻獲勝。11 月 3 日，大選第二日，《芝加哥每日論壇報》(the *Chicago Daily Tribune*)大標題「杜威擊敗杜魯門」，一時傳為笑談。但這並非第一次。1876 年大選，海斯與撒繆爾・J・狄爾登對抗，由於幾州選舉報告重複互歧，造成混亂，爭議遲遲未決。11 月 8 日，大選第二日，《紐約論壇報》(the *New York Tribune*)大標題：狄爾登當選。這也難怪，狄爾登所得選舉人票確比海斯多，大選後三日甚至海斯自己也吐露：「儘管最近有好消息，我想我們失敗了。我認為民主黨已獲勝而狄爾登已當選。」一直到一個特設的選舉委員會將全部有爭議的選舉人票判給海斯，塵埃方才落定。

2. 白宮禁酒：1877 年海斯當了總統後，立即下令白宮禁止飲酒。海斯並不是一名狂熱的禁酒運動者，前此他也不時小酌一番。可是進入白宮後，他決定要為國人樹立一個好榜樣，戒絕了酒。不幸，不是每個人都欣賞總統的作為，在白宮作客愛好杯中物而又不得解饞的人，尤其煩惱。他們嘲笑海斯，而戲稱第一夫人爲「檸檬汁露西」（"Lemonade Lucy"），因爲她不准招待任何比檸檬汁強烈的飲料。

白宮客人終於找到一個規避海斯酒禁的方法。他們以管事的默許，可以飲到香橙汁調藍姆酒(rum)的混合飲料(punch)。這些管事有辦法將被禁的瓊漿偷進白宮，而不爲總統察覺。海斯是否眞不知情？他在日記中透露：「甜酒香橙混合飲料的笑話不是嘲弄我們，而是嘲弄好酒的人。我的命令是將香橙汁調製強烈一點，使其具有牙買加藍姆酒(Jamaica rum)相同的特殊風味。此計得售！裏面並無一滴酒精！」

3. *脫離苦海*：海斯當選時受到苛刻的批評，自始即無意尋求連任。他告訴他的夫人露西：「我完全厭倦了這種奴役、責任和辛苦的生活。」露西完全同意：「我希望到此爲止。」1880 年 5 月作家、《大西洋月刊》(*Atlantic Monthly*)主編威廉·狄恩·霍艾爾斯(William Dean Howells)夫婦到白宮拜訪他。霍艾爾斯夫人對他說：「好了，你快離開了。」海斯回答：「不錯，脫離苦海，脫離苦海(out of scrape, out of scrape)。」他重複地說。

賈 飛 德

1. 30 分鐘演說：賈飛德是一位天才演說家，他知道何時當止。一次在新罕布夏那修亞(Nashua)他與緬因州衆議員尤琴·赫爾(Eugene Hale)同臺，赫爾說了兩個多小時，聽衆變得不耐煩，開始喊叫賈飛德。輪到他的時候，他只要求聽衆多停留 30 分鐘。於是發表半小時演說，精采動人，聽衆要求再說下去，但他即時停止，不再繼續。

2. 賓漢之功：賈飛德就職之初，即深爲獵官求職的壓力所苦，然而對任命盧·華萊士(Lew Wallace)卻樂於爲之，那是因爲他的一部取材《聖經》故事的小說使然。賈飛德原打算派華萊士出使巴拉圭，但讀了《賓漢》(*Ben Hur*)後，深爲故事之驚心動魄所感動，改派他去君士坦丁堡(Constantinople)，希望他在那得到靈感，再寫一部《聖經》時代的動人故事。按土耳其當時是個大帝國，領土包括中近東。《賓漢》1880 年初版，爲一部暢銷小說，曾改編爲舞臺劇並拍成電影，均極轟動。

3. 對暗殺有預感？賈飛德是一位宿命論者，據他當選總統不久告訴友人，他相信暗殺和雷殛而死，同樣無法預防，都不必去煩惱。可是就職不滿 4 個月，一天他突然想到意外死亡的可能。他召見陸軍部長羅伯・托德・林肯(Robert Todd Lincoln)討論他父親遭遇暗殺的往事。賈飛德非不知亞伯拉罕・林肯遇刺的情形，保鑣失職……總統頭部後面牆壁上鑽的洞……刺客約翰・威克斯・布斯跳樓逃走……都是盡人皆知之事。但賈飛德所要知道的，是悲劇對局內人的感受。小林肯好不容易重述悲劇的故事：震驚、痛苦，事情接踵而至，應接不暇。賈飛德另問了一些問題，試圖重演福特戲院的情節，設想當時對布斯、對小林肯、對林肯本人如何。二人談了一個多小時。這項會晤是 1881 年 6 月30 日，7 月 2 日查爾斯・季陶(Charles Guiteau)對賈飛德開了兩槍，使他因傷致命——事情發生在賈飛德生平第一次關心自己死亡的兩天後。

亞 瑟

1. 餐具櫥：亞瑟遷入白宮之前，先將白宮重新整修、布置一番，清除多年來堆積的舊東西，裝滿 24 貨車，全部拍賣掉，其中包括約翰・昆西・亞當斯的一頂舊帽子、林肯的一條舊褲子、亞比該・亞當斯（約翰・亞當斯的妻子）的一個舊皮包，及基督教婦女禁酒聯盟(the Women's Christian Temperance Union)送給「檸檬汁露西」（海斯的妻子）的一個餐具櫥（因白宮宴客不備酒而送給她的）。餐具櫥爲華府賓夕凡尼亞大道上一家酒店老闆買去，陳列在酒吧間內顯著的地方，擺滿了各類名酒，寧非諷刺。

2. 將近死於任內：亞瑟在職期間患有末期勃萊特氏病(Bright's disease)（一種腎臟病，在當時爲不治之症），自己知道任期終了前極可能死亡，但他嚴守秘密，不讓外間知道。亞瑟認爲政治、經濟情勢不穩，他的健康問題不應該煩擾大眾。賈飛德遇刺身亡，他繼任總統，已經受到不利影響；宣布新總統不久於人世，會嚴重傷害政府的處事能力。不但如此，他反而使白宮充滿歡笑，好像毫無事故。他甚至半眞半假尋求連任提名。他活過了將近 4 年的任期，卸任一年半後才死去。

克利夫蘭

1. 劊子手：克利夫蘭當選總統之前，曾任紐約伊利郡(Erie County)保安官(sheriff)。保安官職務之一爲執行死刑，他任內曾兩度絞死罪犯，都親手將索套套住死刑犯的脖子，拉緊繩索，然後突然鬆開他腳下的活門，任其懸空吊死。

2. 願你不要做總統：1887 年，佛蘭克林‧ D.‧羅斯福 5 歲時，他的父親詹姆斯‧羅斯福(James Roosevelt)帶他到白宮，會見了克利夫蘭。這位心身俱疲的總統，摸著他的頭，對他說：「小夥子(My little man)，我替你許一個奇怪的願。那就是你千萬不要做美國的總統。」羅斯福後來不但做了總統，而且一連四任，比其他總統都長。

3. 4 年後再回來：1888 年大選，克利夫蘭敗於本嘉明‧哈利生。離開白宮之日的早晨，克利夫蘭夫人福蘭西絲(Frances)告訴白宮的僕人傑利(Jerry)說：「傑利，我要你好好照顧這棟房子的所有家具和裝飾品，不要讓任何一件遺失或損壞，因爲我們再回來時，我要看見每件東西和現在一樣。」傑利問她預期何時回來，以便把東西準備好。「從今天起剛好 4 年，我們就回來。」她自信地回答。果也，1892 年大選，克利夫蘭擊敗哈利生，4 年後再入白宮。

本嘉明・哈利生

1. 贏得印第安那就夠了：哈利生的沈著鎮定既令他的朋友驚奇，也使他們洩氣。1888 年大選，對手是現任總統，雙方勢均力敵，紐約是大州，關係勝敗。大選之日，紐約州的初步報告不利（紐約州最後歸於共和黨，民主黨指爲舞弊），他告訴友人「別灰心，這又不是生死攸關的大事。不當選，我仍將快快樂樂地住在家裏，家是個最好的地方。」到了晚間 11 時，印第安那的報告有了，他說：「我們贏得印第安那，這對我已經夠了。我自己的州支持我，我要睡了。」按哈利生多數時間在印第安那州服務，競選時任印第安那州聯邦參議員，故一直關心該州的選情。翌晨，一位夜半來訪向他道賀的朋友問他何以就寢得如此之早，他回答：「我知道如果失敗，我的等待不會改變結果；如果當選，前面有一天辛苦的日子等著我。所以我想無論如何，一夜的休息是最好的。」

2. 卑鄙的誘惑：1889 年，哈利生決定提名堪薩斯州大衛・J・布魯爾(David J. Brewer)出任最高法院大法官不久，堪薩斯州聯邦參議員普勒斯頓・B・普拉姆(Preston B. Plumb)來到白宮會晤哈利生提出布魯爾出任大法官事。他的態度十分惡劣，在地板上踱來踱去，惡言惡語，甚至威脅要在參議院報復。哈利生大爲生氣，最後把他請出辦公室，絲毫未透露他的計畫。普拉姆走後，他完成提名的最後手續，送請參議院同意。事後他說：「普拉姆走後，當我重新取出任命案，放回辦公桌上，並克服卑鄙的誘惑

(a despicable temptation)未把它撕掉，丟進廢紙簍時，我認爲這是我生平偉大的道義勝利之一。」

麥 金 利

1. 菲律賓群島：美西戰爭初起時，麥金利關於菲律賓群島的位置非常模糊，但很快就了解其地理情形，而熱烈支持戰後從西班牙取得菲律賓的主張。麥金利取得菲律賓，頗受反帝人士批評。菲律賓遠在西太平洋，未來成爲一州，難以令人置信。據麥金利自己的陳述，此項決定是否適當，曾使他煩惱了好幾夜；「我不止一夜雙膝跪下，祈禱上帝，明示指引。」最後決定取得菲律賓，是基於美國的道義責任——將文明及美國的理想帶給落後的人民。

2. 美式足球：麥金利和他的朋友克利夫蘭市的工業大亨馬克·漢那(Mark Hanna)——即資助麥金利當選俄亥俄州長及總統的人——一同去觀看普林斯頓及耶魯兩所大學足球比賽時，對於足球比賽一無所知，始終感到迷惑。麥金利不停地問漢那他們發生了甚麼事。漢那承認對足球比賽的了解不比麥金利多。麥金利最後想通了，對漢那說：「他們不是比賽；他們大概玩球的時候，發生了格鬥，一直打個不停。」

3. 半途而止：麥金利不願成爲第一位離開國界的在職總統——第一位出國旅行的現任總統爲狄奧多·羅斯福，1906 年乘艦前往巴拿馬視察運河工程。1901 年 9 月 6 日麥金利乘在布法羅（水牛城）主持汎美博覽會酒會之便，輕車簡從前往尼加拉大瀑布(Ni-agara)一行，當他步上瀑布旁連接美國與加拿大的橋上時，他注意不要越過中途界線，踏上加拿大的領土。下午回到布法羅後一小時，即遭暗殺。

4. 遇刺有預感：1901 年 9 月 6 日麥金利在布法羅汎美博覽

會遇刺，震驚世界，但對總統秘書喬治· B.·柯特尤(George B. Cortelyou)並非完全意外。柯特尤早已擔心布法羅之行的危險，他主張刪除總統行程中最危險的一個節目：舉行招待會，與前來參加的人握手致意，因爲這有太多遭遇暗算的機會。麥金利不肯，他說：「無人要傷害我。」總統旣不認爲有危險，柯特尤繼而辯稱招待會沒有甚麼好處。10 分鐘時間只能親自接待一小部分人，成千的人會失望。麥金利說：「不論如何，他們會知道我嘗試過。」柯特尤無奈，嘆息之後增加一名特勤人員。

麥金利喜歡握手，而且是箇中專家。客人伸出手來，他立即抓住，快速一握，左手抓其手肘，乘勢將他推向右方，讓他自去，準備下一個握手，始終笑容滿面。9 月 5 日麥金利在博覽會發表演說，接著一場事先未安排的 15 分鐘握手。刺客理昂· F.·卓爾戈茲(Leon F. Czolgosz)混在群眾中，未動手。第二天，禮拜五，上午麥金利去尼加拉大瀑布一行，午後回到布法羅。3 時半前往音樂殿堂(the Temple of Music)舉行招待會，這是柯特尤勸阻未果的。4 時正，大門開啓，民眾蜂擁而入，一個個趨前，伸出手來，接受快如機槍般的麥金利式握手(the machine-gun McKinley grip)，每分鐘 45 人。幾分鐘後，一直惴惴不安的柯特尤命令關門。一名美麗的少婦抱著嬰兒走近總統，後面跟著幾個另外的人，刺客夾在其中。他的右手縛的繃帶，藏著手槍。當他出現在總統之前，連發兩槍，一槍子彈遇到鈕扣，偏斜；另一槍擊中總統的腹部。事情發生正如柯特尤所預言。卓爾戈茲是一名無政府主義的瘋子，10 月 23 日電刑處死，麥金利已於 9 月 14 日因傷去世。

狄奧多·羅斯福

1. 愛麗絲：一日一位友人來白宮訪問羅斯福，他的半大不小的女兒愛麗絲(Alice)跑進跑出，打擾他們談話，友人頗感不耐，最後抱怨說：「狄奧多，你有沒有辦法約束愛麗絲？」羅斯福堅定地說：「我可以做兩件事情中任何一件；我可以做美國總統或約束愛麗絲。我不能兩者都做。」愛麗絲是羅斯福第一次婚姻所生的女兒，是 6 個子女中最頑皮、甚至可以說最無法無天者，報章戲稱為愛麗絲公主(Princess Alice)，從幼到老直言無諱和精力旺盛，一如乃父。1906 年，22 歲，嫁與共和黨籍眾議員、後任眾議院議長尼古拉斯・龍沃斯(Nicholas Longworth)為妻，婚禮在白宮東廳舉行，為當時華府社交一盛事。1931 年丈夫死後，繼續留在首都居住，一直是社交界名流，以銳利機智著稱，有「華盛頓另一個紀念碑」("Washington's other Monument")的稱謂。1980 年以 96 高齡去世。

2. 羅斯福的漫步：羅斯福熱愛運動，精力、體力均非常人所能及，英法兩國大使和他一同漫步的親身經歷，可以為證。英國新任大使摩狄美・杜朗德(Sir Mortimer Durand)回憶說：「我們疾馳出城，來到一個樹木茂盛的山谷，溪水潺潺流過，他叫我以幾乎不可能的速度奮力穿過樹叢，越過岩石，凡兩小時又半。靠樹根和突出的石頭拖住身體，使我的手臂和肩膀痠痛僵硬。我一度被困，動彈不得，直到他抓住我的衣領，把我拉上去，才越過山頂。」他這般辛苦，羅斯福還說他是個「不善步行，完全不能攀登的人」("bad walker and wholly unable to climb")。

法國大使強恩・居爾斯・裘賽朗(Jean-Jules Jusserand)的表現較佳。他寫道：「羅斯福總統約我下午三點鐘去散步，我準時到達白宮，穿著午後便裝，戴著絲帽，好像我們要去突伊雷瑞花園(Tuileries Garden)或香舍麗樹大道(Champs Elysées)遛躂一樣。出乎意外，總統卻穿著旅行裝、燈籠褲、長統靴、軟氈帽。另有兩、三位男士參加。我們以飛快的步伐出發，很快出了城。到了鄉下，總統任意在田野間奔馳，既不走大路，也不由小徑，永遠前進，一直領先。我呼吸急促，但不能放棄，也不能請他慢下來，因為我心中有著美麗的法蘭西(La belle France)的榮譽。我們終於來到一條溪流的岸邊，水寬而深，不能越過。我安下心，嘆一口氣，心想我們可到了目的地，轉回之前會休息片刻，鬆一口氣。但使我驚訝的，卻看見他解開鈕扣，說：『我們最好脫去衣服，以免給溪水弄濕了。』為了法國的榮譽，我也脫了。我們跳入水中，游過河去。」

3. 誘姦與強姦：1903 年羅斯福政府與哥倫比亞訂約，以一千萬美元代價，外加年租，取得橫過巴拿馬省的運河區，美國參議院迅速批准條約，哥倫比亞參議院為獲得更佳條件，一致拒絕之。羅斯福盛怒之下，鼓動巴拿馬人叛哥倫比亞而獨立，並派艦阻止哥倫比亞軍隊在巴拿馬地峽登陸。11 月 4 日巴拿馬宣布獨立，11 月 6 日美國即予承認，11 月 18 日巴拿馬與美國簽訂條約，授權開鑿運河。世人皆知巴拿馬運河是狄奧多‧羅斯福偷竊來的，但這位揮巨棒的總統卻試圖向世界為他的作為提出某種辯護。運河條約不久，在內閣會議中他說道義上他做的是對的；既然道義上可以辯解，法律上也可以辯解。他於是進而對美國在巴拿馬地峽的權利作詳細的法律分析。司法部長菲蘭德‧C‧諾克斯(Philander C. Knox)打斷他的話，說：「總統先生，不要讓如此偉大的成就蒙受合法與否的污點。」對羅斯福的法律見解提出他的看法。羅斯福繼續說下去，結束時，他問內閣他是否已解答了所有的指控並成功地為自己辯護。陸軍部長艾利虎‧路特(Elihu Root)說：「總統先生，你的確已辦到。你說明了你被控誘姦(seduction)，而你卻確切地證明了你犯的是強姦(rape)。」

4. 改革拼法：羅斯福很早就是簡化拼法、刪除默音字母運動的信徒，1906 年 8 月 27 日他命令政府印刷局(the Government Printing Office)今後所有政府出版品一律使用 300 個指定的簡體字。有些字簡化較小，如 "honor"，"parlor"，"rumor" 等，以後為字書所採用。但有些卻破壞了文字的莊嚴與優雅，如"kissed"改為"kist"，"blushed"改為"blusht"，"gypsy"改為"gipsy"之例。另外一些將"s"更換為"z"，如"artisan"成為"artizan"，"surprise"成為"surprize"，"compromise"成為"compromize"，或乾脆將"e"去掉，如"whisky"之類。奇怪的是，當時最引為不安的，卻是將"through"簡化為"thru"。

簡化運動得到教育家如巴特勒(Nicholas Murray Butler)、懷特(Andrew D.White)，及朱爾典(Daniel Starr Jordan)等支持，並經卡內基(Andrew Carnegie)資助推行，但一般大衆並不贊同，群起攻擊羅斯福竄改文字，新聞記者、《路易斯維爾快報》(the *Louisville Courier-Journal*)主編亨利‧瓦特生(Henry Watterson)用簡體字撰文，說「無事能逃脫羅斯福的掌握。沒有問題大得他不能處理，或小得他不去注意。他不經參議院同意締結條約。他執行他贊成的法律，而忽視不合他意的法律。現在他攻擊英國文字來了，將自己組成類似法蘭西翰林院(French Academy)，來改革文字，以適合自己的心意。」文中"Roosevelt"用"Rucevelt"，"treaties"用"tretis"，"Senate"用"Senit"，"suit"用"soot"，"language"用"langgwidg"等簡體字，以示諷刺。

羅斯福發布命令時，國會在休會。復會後引起一場激辯，羅斯福吃了癟。國會通過決議命令政府印刷局「遵照並堅持一般公認的英國語文字書所定拼字標準。」

5. 王家喪禮：1910年塔虎脫總統派狄奧多‧羅斯福為專使，參加英王愛德華七世的喪禮，他是送殯行列中唯一著普通晚禮服的人（其他顯要均盛裝），又不是現任，處於相當委屈的地位。所乘的是普通馬車，而不是駟馬大馬車；行走的順序在小國君主、王公之後。同車的法國外長史蒂芬‧潘祥(Stephen Pinchon)抱怨不已，羅斯福隨時予以安慰。行列中另一重量級人物為德皇威廉二世。喪禮完畢，德皇對羅斯福說：「下午 2 時來見我，我剛好有 45 分鐘給你。」羅斯福回答：「下午 2 時我準時來，陛下，但不幸我只有 20 分鐘給你。」

6. 演說稿救了命：政客撰寫冗長的演說稿，不一定都是壞事。1912 年狄奧多‧羅斯福以麋鹿黨(the Bull Moose Party)總統候選人競選時，為了便於發表，他用小開紙張撰寫演說稿，行與行間留有特大間隔。9 月 14 日在密爾瓦基(Milwaukee)發表演說，他的演說稿長達 50 頁重磅光面紙，摺疊放進上衣口袋，整整 100 頁。這個厚度救了他一命。他離開旅館，去參加群眾集會，刺客對準他的心臟射了一槍，子彈穿過外衣、背心、眼鏡盒及 100 頁演說稿，打斷一根肋骨，卡在那裏，並未傷到主要器官。如果不是演說稿改變了子彈的射程和速度，必然直接穿過心臟而致他於死。

這位義勇騎兵老將發現他的傷勢並不嚴重，抓住機會，作一次政治表演。過去幾天，他的身體一直不適，取消了幾場登臺亮相。密爾瓦基那天晚間，他本打算只對群眾簡單致詞，大部分演說稿讓助理代為宣讀。現在他改變了計畫。他對醫師說：「這是我的大好機會。我去發表演說，即使演說而死。」

走上講臺，他立即告訴聽眾他的創傷經歷，自誇：「這點傷殺不死一頭雄麋鹿！」當他從上衣口袋取出演說稿，清晰現出彈孔時，觀眾深深發出一聲嘆息。接著，當他解開背心鈕扣，顯示血污的襯衣時，又是一陣嘆息。儘管有些痛苦，他親自發表了所有長達 50 頁的演說稿。勇氣、耐力無與倫比。

不幸，他的英雄表現非但未贏得大選，甚至未贏得威斯康辛州。

塔 虎 脫

1. 一大夥人：塔虎脫年輕時，業律師，一次前往一個小市鎮出差，回程的下一班火車須等好幾小時，快車只須等一小時，但小站不停。他體重 300 磅以上，靈機一動，發電報給段長：「7號快車能否為一大夥人(a large party)在此停靠？」快車停下，塔虎脫登車，告訴愕然的列車長說：「請開車，我就是一大夥人(I am the large party)。」按 party 一字可作政黨解，亦可作宴會解（請參閱本章泰祿篇）；此處則作團體、一夥人解。

2. 裂開得不是時候：塔虎脫任菲律賓總督時，有機會晉見俄國沙皇尼古拉二世。當他和夫人在皇宮外下車時，褲子的接縫嘶的一聲裂開了，沒有時間回旅邸更換，他的夫人只得緊急處置：向一名侍女借得針線，將裂縫縫好。塔虎脫生怕急就章不經用，覲見時橫行走到沙皇前，離去時後退而出。

3. 健忘：塔虎脫根本不是一名好政客，原因之一他對姓名粗心大意。任陸軍部長時，8 位幾乎每日與他見面的採訪記者，無一記得他們的姓名及所代表的報紙。《堪薩斯市明星報》(the *Kansas City Star*)駐華府特派員狄克·林賽(Dick Lindsay)為此怒拍桌子一事，最為生動。一日《堪薩斯市明星報》老闆 W. R. 納爾遜上校(Colonel W. R. Nelson)來訪塔虎脫，談及林賽，塔虎脫茫然不知其為何許人。納爾遜大為吃驚，說，「他是我的華府特派員，他告訴我每日前來訪問你，你不認識他？」塔虎脫率直地說：「從未聞其名。」當納爾遜確知林賽並未玩忽職務時，對塔虎脫的愛好大減。而林賽則怒氣沖天跑到塔虎脫的辦公室，重擊他的辦公桌，大吼：「部長先生，仔細看看我，我要你記住我是甚麼樣子，下次和我的老闆談話時，能夠記得我。我是《堪薩斯市明星報》的林賽！」塔虎脫不以為忤，雙拳連擊椅子的扶手，大笑。其他 7 名記者他仍不知其姓名。

4.「天知道！」：塔虎脫有說錯話的天才（這點可與雷根媲美），1908 年當選不久，當一位記者提到 1907 年經濟恐慌後的苦難歲月，問他高失業的結果如何時，他順天由命地回答：「天知道！」(God knows!)這句話迅速傳播各地，顯示他對失業的人漠不關心。此後有很長一段時間，勞工一直稱他為「天知道塔虎脫」(God knows Taft)。

5. 貪睡：肥胖的人多有貪睡的習慣，塔虎脫尤有甚焉。開會、閣議、白宮晚宴以及其他公共場合，都常呼呼大睡，使他的朋友、助理人員大感困窘。一次在白宮宴請閣員，晚餐後塔虎脫要一些音樂娛樂，留聲機上第一張唱片尚未放完，他已睡熟。醒來時，他叫放華格納的歌劇《名歌者》(*Die Meistersinger*)中「得獎歌曲」(the "Prize Song")，唱盤尚未轉動，他又睡著了。他的司法部長喬治‧ W. ‧維克夏姆(George W. Wickersham)開玩笑似地建議放演義大利作曲家董尼才弟(Donizetti)的歌劇《露西亞‧拉梅摩爾》(*Lucia di Lammermoor*)中六重唱，因為「除死人外，它能吵醒任何人」。但它未能驚醒塔虎脫，維克夏姆嘆息說：「他一定是死了。」一次晚間觀賞歌劇，他的侍從武官阿奇‧巴特(Archie Butt)在整幕演出中急得熱鍋螞蟻似的，希望他會在休息時間燈光大亮以前醒來，免得觀眾看見總統在「御演」中睡著了。幸而他及時醒來。一次參加喪禮，他坐在第一排，也竟然睡著。另一次在紐約市競選旅行中，他居然在敞篷車內酣睡。

威 爾 遜

1. 學校第一：威爾遜任普林斯頓大學校長時，堅持高學術水準。一次他告訴一位因兒子入學考試失敗，為兒子求情的男子說：「我希望你了解，即使天使加百列(Gabriel)申請進入普林斯頓大學而不能通過入學考試，也不能獲准入學。」另一次對一位婦人其子因考試舞弊被開除，而她自己須動手術，如果她的兒子不能恢復學籍，她會死於手術，說：「女士……你逼我說出一件爲難的事，如果我必須在你的生命或我的生命或任何人的生命與學校的利益之間作一選擇，我應該選擇學校的利益。」

2. 演說：一位閣員稱讚威爾遜的簡短演說，問他需要多少時間準備。威爾遜回答：「這視演說的長短而定。如果我只能說 10 分鐘，我需要一個禮拜的準備；如果 15 分鐘，3 天；如果半小時，兩天；如果 1 小時，即時就可。」

3. 神的意志：威爾遜是一位虔誠的宿命論者。他的父親是長老會牧師和神學教授，自幼受其薰陶，及長深信命運。1912 年民主黨巴爾的摩全國代表大會第 46 次投票獲得提名，接受提名時，說：「是上帝在巴爾的摩完成了工作。」選舉後，他對民主黨全國委員會主席威廉・F・麥克康(William F. McCombs)說不欠他任何情。麥克康大爲驚訝，提醒他競選期間如何爲他效勞。威爾遜則謂：「上帝註定了我應該是美國的下任總統，你或任何他人都不能阻止。」他不僅深信自己的命運，也深信美國的和世界的命運。他從不懷疑他是命運註定要在世界上完成重要工作。對他而言，國際聯盟——他的最著名的事業——不單是人的設計，也代表神的意志。拒絕了它，就是抗拒神意，必然徒勞無功。

4. 蜜月：威爾遜的第一任妻子 1914 年去世，第二年他遇見愛迪絲・波林・高爾特夫人(Mrs. Edith Bolling Galt)，隨即墜入情網，1915 年 12 月二人結婚。蜜月期間，一天他們驅車下鄉，停車散步。回到停車的地方，威爾遜的鞋子滿是污泥。司機自動請他將腳放在車子的踏腳板上，爲他清理。新婚夫人看看自己的雙腳，說：「我的鞋子沒有沾污泥，我比較小心。只有一綆鞋帶沒有打結。」「我可以替你繫好麼？」白宮侍衛艾德蒙・W・斯塔林上校(Colonel Edmund W. Starling)問。威爾遜夫人點點頭，將腳放在他的腿上，提起她那剪裁合適套裝的裙子，露出勻稱的腳踝。當斯塔林上校將她的腳輕輕放回地上時，她對他微笑，說「你表演很俐落。」斯塔林回頭看見威爾遜站在一旁，氣呼呼地兩眼瞪著前方，冷冰冰地怒容滿面，他很快退回侍從車。此後兩週，威爾遜一直不理他。

5. 他們爲甚麼鼓掌：威爾遜生性愛好和平，厭惡戰爭，歐戰發生，他即時宣布中立。1915 年英船路西坦尼亞號(the *Lusitania*)被德國潛艇炸沈，128 名美國人喪生，他並未迫使攤牌。1916 年他以避開戰爭爲競選口號獲得連任。1917 年德國實行無限制潛艇，在無可選擇中他才決定參戰。參戰前夕，他有怪誕的感覺，一切後果湧上心頭。他對《紐約世界日報》(the *New York World*)記者佛蘭克·柯布(Frank Cobb)說：「一旦領導人民參加戰爭，他們會忘記世間還有寬容這類東西。打仗必須殘忍無情，殘忍無情的精神必將深入國民生活的根柢，感染國會、法院、巡邏的警察、市井的小民……憲法勢必遭受危難，自由言論及集會權利勢必消失。」第二天他親到國會發表宣戰咨文，議員起立鼓掌。他對私人秘書約瑟夫·塔馬爾提(Joseph Tumulty)說：「想一想他們爲甚麼鼓掌。我今天的咨文是你們年輕人的死亡咨文，真奇怪他們竟然對它鼓掌。」

6. 威爾遜要親自抓開快車的人：威爾遜一直喜歡開車，但中風後他對超速駕駛大感煩惱。他命令他的司機開車時速不得超過15 或 20 哩。他認爲凡開車速度超過他的車子，必定是鹵莽的駕駛，他決定想個辦法對付這類人。他命令特勤局追趕超越總統轎車的車輛，把開車的人抓來審問。特勤人員追趕違規的車輛，每次都空手而回，說追不上超速的駕駛人。這其間他也曾考慮過，抓到超速的駕駛人，怎麼辦他。他寫信問司法部長，總統是否有治安法官的權力。他告訴特勤局，如果司法部答覆是肯定的，他將親自逮捕超速的駕駛人，就地審訊。但從未有人被捕。最後特勤局勸告威爾遜，總統親自審訊超速案件，未免不妥，其事遂寢。

哈　定

1. 無情人也成眷屬：哈定宣布與福蘿倫絲・克林・戴沃夫 (Florence Kling DeWolfe)訂婚，並未使他的俄亥俄州家鄉馬里翁 (Marion)的人高興。福蘿倫絲的父親艾摩斯・克林(Amos Kling)獲悉後，警告哈定：「你這個該死的黑小子」(you God damned nigger)如果膽敢侵入克林氏家宅，要親自用槍打破他的腦袋。好像哈定不配娶他的千金小姐似的，事實上是女方窮追不捨，哈定才答應這椿婚事。

艾摩斯・克林是馬里翁最富有的人，粗暴頑固。福蘿倫絲是他的獨生女，尖鼻子，胖面孔，笨拙，絲毫不吸引人，卻任性高傲。她要做的事，無人能阻止，連她嚴厲的父親也沒轍。19 歲時，她追到一名叫亨利・戴沃夫(Henry DeWolfe)的年輕人，懷孕後與他私奔。不久他拋棄了她和他們所生的男嬰。她的父親原諒了她，收養了男孩。

1890 年，福蘿倫絲遇見了比她小 5 歲而英俊的哈定，他當時是《馬里翁明星報》(the *Marion Star*)的主編。優柔寡斷的哈定經不起她的無情糾纏，終於同意娶她。1891 年他們結了婚，這次她的老爸拒絕原諒她，並在遺囑中將她一筆勾消，8 年之間不與她交談。再過 7 年，哈定當了俄亥俄州副州長後，才承認這位新女婿。福蘿倫絲雖對哈定著迷，但哈定並不愛她。他們的關係名為夫妻，實同姊弟。這也許是哈定另有婚外情的原因之一。

2. 記者會：每位總統都設法與新聞界建立良好關係，擔任過報紙發行人 35 年之久的哈定自不例外。他的方法很簡單：記者會上即席問答。他以新聞記者出身，自認為能夠用他們的行話，坦率交談，記者會的氣氛應該輕鬆自然，記者可以提出任何問題，總統將無拘無束地回答。

最初幾次接觸，尚稱順利。不久，他發現政府的政策太複雜，尤其是一些特殊問題，事先沒有簡報，即席回答難以措辭。華盛頓會議期間，討論五國海軍條約限制主力艦的噸數及百分比問題，記者會上有人問就主力艦的比率而言，日本究是太平洋一海島，抑或亞洲大陸一部分，哈定不知，但又不願顯示對此當前重要問題無所識，他猜測以對。

不幸，他猜錯了。國務卿查爾斯‧艾凡斯‧休士(Charles Evans Hughes)盡力為總統所犯令人難堪的錯誤加以改正，哈定自己也承擔失言的責任。休士強烈建議放棄這種不拘形式的問答方式。從此所有問題必須事先書面提出，為柯立芝及胡佛以後所仿效。即令有此新規定，哈定與記者關係之佳，為其任內最成功的一面。

柯 立 芝

1. 無藥可救：婚後不久，柯立芝夫人被一名推銷員說動以 8 美元代價〔按柯立芝與格瑞絲‧安娜‧古德修(Grace Anna Goodhue)於 1905 年結婚，當時美金 8 元的幣值不低於今日 10 倍〕買了一本名叫《家庭醫師》(*Our Family Physician*)的醫學書籍。事後她懷疑花了太多的錢，順手把它放在客廳桌上，未向丈夫透露半句話。一天，她翻開一看，發現她的丈夫在蝴蝶頁上寫道：「本書對容易被騙的人未提供治療良方。」

2. 間聊：柯立芝以沈默寡言著稱。一天，他正在佛蒙特家鄉一間只有一個座位的小理髮店理髮，鎮上的醫師進來，坐下等，問柯立芝：「卡爾(Cal)〔柯立芝名字Calven的暱稱〕，我給你的丸藥吃了麼？」「沒！」(Nope!)〔美國俚語，等於no。〕等了一陣才回答。稍後，醫師再問：「你覺得好一點麼？」又是一陣緘默，然後「呀！」(yup!)理髮完畢，柯立芝準備離去時，理髮師猶豫一下，問：「柯立芝先生，你忘記甚麼沒有？」柯立芝有些難為情，回答：「抱歉，我忘記付你錢。我忙著和醫師閒聊，把它忘掉了。」其實他一共只對醫師說了兩個字。

3. 簡單演說：威爾遜說過，簡單演說需要長時間準備（參見本章威爾遜節），未必盡然。柯立芝在內布拉斯加州俄馬哈(Oma-ha)參加美國退位軍人大會歸來，火車開往聖·路易(St. Louis)途中在一個小站停下加煤加水。一大群人聚集在車站等著看他。白宮侍衛艾德蒙·W.·斯塔林上校走進總統私人車廂，發現他坐在安樂椅上酣睡。斯塔林輕拍他的肩膀，說：「總統先生，外面大約有 2,500 人等著見你。」柯立芝站起，一言不發，摸摸頭髮，整整衣服，隨著斯塔林來到觀景台，面對集結的人群現出職業性的微笑，群眾鼓掌。柯立芝夫人接著出現，獲得更大的掌聲。當地的司儀高聲喊道：「各位安靜些，我要求絕對肅靜。總統要對我們講話。」群眾鴉雀無聲。「很好，」司儀說著轉身向柯立芝，「總統先生，你現在可以講話了。」就在此時，火車的煞車放鬆了，發出嘶嘶的聲音，車子開始轉動，緩緩駛離車站，柯立芝仍然微笑著，向群眾揮手，說「再會」(Good-bye)。

4. 不刊之言：柯立芝不僅少言，也少勞心。幽默大師威爾·羅吉斯(Will Rogers)一次問他，總統的職務繁重，曾毀掉威爾遜的健康，他如何保重身體。柯立芝一本正經地回答：「避開重大的問題」（"by avoiding big problems"）。

柯立芝另有減輕職務負荷的妙方：每日工作限 4 小時，午後小睡一番。

5. 學術界：柯立芝是麻州安麥斯特學院(Amherst College) 1895 年班畢業。阿瑟·斯坦萊·皮斯(Arthur Stanley Pease)辭去安麥斯特學院校長不久，校友會會長到北安普頓(Northampton)訪問柯立芝，告訴他是提名接任校長的首要人選。柯立芝搖搖頭說：
「駕御國會要比教授會容易。」

6. 專欄作家：柯立芝離開白宮後，擔任一家日報的專欄作家，以每字一美元計酬，一年稿費收入約 20 萬美元，3 倍於總統年薪〔按當時總統年薪 75,000 美元〕。他對失業的著名解釋顯現出他作專欄作家的技巧：「當愈來愈多的人丟掉工作，便產生失業。」一時傳為笑談。

胡　佛

1. 即時付款：美國參加一次大戰前，胡佛在比利時主持救濟工作，曾多次橫渡英吉利海峽往來英國與比利時之間，每次需要一整天，因此三餐都在渡船上用。一次橫渡海峽用早餐時，他請侍者先記賬，等旅途終了再收錢。侍者躊躇至再，幾番思考後終於脫口而出：「很抱歉，先生，上次渡船被潛艇炸沈，旅客全部淹死。我們可能隨時被擊沈，因此我必須每餐後收錢。」

2. 胡佛的英文：胡佛任哈定總統的商務部長期間，1923 年 7 月曾為哈定的獨立紀念日演說稿寫了幾段強有力的文字，宣布工商業界自動廢止每日 12 小時、每週 84 小時的工作時數。他的文字與演說稿其餘的文字大不相同，哈定讀至此處結結巴巴，不大順口。當聽眾鼓掌歡迎這項宣布時，哈定悄悄地對坐在講台上的胡佛說：「該死，你為甚麼不寫和我同樣的英文？」按哈定的文字很差，甚至有人說他的英文是所有美國總統中最糟的。

3. 開球：1932 年大選前，胡佛總統專車去費城為職棒世界冠軍大賽(the World Series)開賽投第一個球。他希望他的出現顯示他對國家情勢的信心並藉以提升國民的精神。但攝影記者在開賽前就要拍總統的投球照片，於是一張又一張，胡佛擺姿勢，拍照片，結果球賽等不及他投球就已開始，他竟然失去表演開球儀式的大好機會。記者理查・L・史脫特(Richard L. Strout)說這件事充分證明胡佛心地善良而當總統則表現拙劣。

4. 名流的親屬：胡佛離開白宮後，他的姓名不再家喻戶曉。一次他到加拿大一個小地方去度假，當他住進旅館在旅客登記簿上簽名時，管理員顯然印象深刻。「與聯邦調查局的胡佛有親屬關係？」管理員問。胡佛答無。〔按約翰・艾德格・胡佛(John Edgar Hoover)為美國聯邦調查局首任局長，1924-72 年任職 48 年〕他再問：「與製造眞空吸塵器的胡佛呢？」胡佛再答無。〔按胡佛公司(the Hoover Co.)為美國生產吸塵器的大型家電用品製造商〕管理員說：「啊，沒事，沒事。我們仍然有幸接待鼎鼎大名之人的親屬。」

佛蘭克林・D・羅斯福

1. 亞當斯的預言：1913 年羅斯福任海軍部助理部長後，與其家人遷居華府，不時前往拜會年事已高的美國歷史學家亨利・亞當斯(Henry Adams)——約翰・亞當斯總統的重孫。一天，當羅斯福正在談論他在海軍部所遭遇的一些問題時，亞當斯突然止住他，大聲說：「年輕人，我住在這棟房子已有多年，曾經看見廣場對面白宮的主人來來去去，你們這批小官或白宮的主人所作所為，無一能長久影響世界的歷史。」事實上羅斯福當了總統後實行新政及二次大戰中領導民主國家，確對美國及世界有長久影響。

2. 成也蕭何，敗也蕭何：1920 年，第一次大戰後第一次大選，羅斯福曾為一位朋友活動民主黨總統候選人提名，這位朋友在威爾遜政府擔任要職，聲譽卓著，有相當好的當選機會。他本人家世烜赫，從政雖僅 10 年，而表現傑出，是民主黨後起之秀；惟 36 歲，競選總統，稍嫌年輕。因此展其長才，為比他大八、九歲的朋友效力。二人雖時常聚首，但不知其究屬民主黨抑或共和黨。當他獲知他的朋友隸屬共和黨時，爲他競選總統的努力也就終止。朋友的名字是赫伯特・胡佛。

那年大選，共和黨提名大會胡佛並未上榜。儘管年紀比較輕，羅斯福卻成爲民主黨副總統候選人。胡佛寫了一封熱情洋溢的信給他，稱他是一位偉大的公僕。

8 年後，胡佛經共和黨提名當選總統。再 4 年，擊敗胡佛使之不獲連任的，正是 12 年前爲他推轂的羅斯福。

3. 總統與法官：1933 年 3 月就職後一兩天，羅斯福獲悉前最高法院大法官奧立夫・文德爾・郝姆斯(Oliver Wendell Holmes, Jr.)92 歲誕辰，親往祝賀。他對郝姆斯說：「我們正面臨嚴重的時期，請問有何見教？」「把你的隊伍排列成行，戰鬥！」郝姆斯答。按郝姆斯爲美國著名法學家，1902-32 年任最高法院大法官，對最高法院許多重要判決常持異議，有「偉大的異議者」（"the Great Dissenter"）之稱。稍後，他評論羅斯福是「二流的智慧——但一流的氣質！」（"A second-class intellect——but a first-class temperament!"）

4. 正當的稱呼：羅斯福雖然了解、也喜愛英國人，但對英國官場有時表現的妄自尊大，卻無法忍受。一天財政部長亨利・摩根索(Henry Morgenthau)拿給他一封英國財政大臣的信，僅稱「亨利・摩根索先生」而無官銜。摩根索只關心信的內容，未注意其省略處；羅斯福立即注意到。當摩根索給他看他所準備的回信時，羅斯福說：「內容完全正確，但犯了一個錯誤。」摩根索有些緊張，急問：「我犯了甚麼錯誤？」羅斯福說：「應稱某某先生，無官銜，就像他給你的信那樣稱呼。」不用說，財政大臣下次的函件正確地稱財政部長。

5. 羅斯福與孟肯：〔亨利・路易・孟肯(Henry Louis Mencken)，美國名記者、作家、文學批評家，早年爲巴爾的摩《太陽報》(the Baltimore *Sun*)撰寫評論，後創辦並主編《美國水星雜誌》(*American Mercury*)。以攻擊美國生活的僞善、愚蠢、頑固著稱，20 年代對年輕的美國知識分子，尤其是大學生頗具影響力。退休後獻身政治及宗教，反對新政。〕1934 年 12 月 8 日華盛頓記者俱樂部(the Gridiron Club)集會，羅斯福及孟肯應邀對新聞記者發表演說。孟肯先到，發表一篇簡短、但徹頭徹尾反對新政的演說。輪到羅斯福時，他首先微微一笑稱一聲「我的老友亨利·孟肯」，接著猛烈大罵美國新聞界，使聽衆爲之震驚。他指責新聞記者「愚蠢」("stupidity")和「自大」("arrongance")；又說大多數編輯人員和採訪記者無知，連大學入學考試都不及格。他繼續痛罵，孟肯的臉愈來愈紅，而新聞記者的心愈來愈冷。漸漸地他們了解羅斯福的話只是引述孟肯的「美國新聞業」("Journalism in America")論文而已；他們開始注視脹紅了臉的巴爾的摩老報人，以爲消遣。羅斯福講完話，坐輪椅被推出宴會大廳時，他停下來，微笑和孟肯握手道別。

6. 斷然否認：政治人物有時難以信守承諾，如何解釋，才不內疚？1932 年競選期間，羅斯福事先也料到，削減聯邦預算一事，對選民不能有承諾。不錯，那年民主黨政綱的主要條款之一，就是減縮政府支出。但他在整個競選過程中閉口不談那一條。除了一次：10 月 19 日在匹茲堡演說，他保證當選後減縮政府預算。

1936 年大選轉眼又到。新政支出繼續增加，聯邦預算不平衡較之美國歷史上任何時代尤甚。共和黨屢次引證 1932 年匹茲堡演說，指責羅斯福欺騙人民。

羅斯福要設法解困。1936 年競選的第一個重要演說就定在匹茲堡上次講演同一個棒球場，他把他的好友兼顧問撒繆爾·羅生曼(Samuel Rosenman)請來，要他詳細檢查上次演說，另擬一篇演說稿，解釋他的承諾與作爲看來不要太不一致。羅生曼當天晚間回到白宮，說他已經有了解釋。羅斯福大喜：「好極了，你如何解釋？」羅生曼回答：「總統先生，關於 1932 年的演說你唯一可說的，是斷然否認曾發表過。」

7. 在獄中：第一夫人艾利娜(Eleanor)從事社會工作，忙個不停，白宮跑進跑出，永不疲勞。二次大戰期間她和主管監獄設備事業的摩利·馬維理克(Maury Maverick)去視察巴爾的摩監獄的救助工作。爲了配合她的時間表，那天她必須很早離開白宮，未及告知她的丈夫。當天早上羅斯福去辦公室途中，順便問他太太的秘書，艾利娜哪裏去了。秘書回答：「總統先生，她在獄中。」羅斯福說：「我不覺得意外，但是爲了甚麼？」

8. 無所隱瞞：邱吉爾有隨時放下工作，爬進熱水浴缸浸泡，然後赤裸裸繞著房間行走的習慣。二次大戰期間，一次在白宮作客，當他一絲不掛，在室內踱來踱去時，有人敲門，「請進，」他應聲而叫，羅斯福出現門外，看見邱吉爾未穿衣服，開始向後退。「請進，總統先生！」邱吉爾聲音低沈地說，伸出他的雙臂，「大不列顛的首相對合衆國的總統沒有甚麼隱瞞的。」二次大戰期間羅斯福的高級顧問哈利·霍布金斯(Harry Hopkins)喜歡敍述這個事件，邱吉爾自己卻極力否認其事。但羅斯福的私人秘書格瑞絲·塔利(Grace Tally)堅稱羅斯福曾告訴她這項遭遇，並補充說：「他全身紅裏透白。」

9. 竟然玩真的：1943 年 11 月 14 日羅斯福乘坐愛阿華號(the *Iowa*)主力艦正駛往開羅與邱吉爾及蔣委員長會議的途中，和他一同橫渡大西洋的高級將領有喬治·馬歇爾(George Marshall)將軍、「哈普」安諾德("Hap" Arnold)將軍，威廉·李海(William Leahy)海軍上將，及厄尼斯特·金恩(Ernest King)海軍上將，都是美國三軍領導階層的精華。另外還有一批高級文職幕僚。船至百慕達(Bermuda)以東 350 哩處，美國海軍威廉·D.·波特號(*William D. Porter*)驅逐艦正在進行訓練演習，對愛阿華號施放一枚認爲未裝雷管的魚雷。當發覺它是一枚實彈的魚雷時，愛阿華號上舵手趕緊將船轉出射線以外，魚雷在愛阿華號後方爆炸，被亂流所引發。那天總統的航海日誌有下列一段記載：「如果那枚魚雷正好擊中愛阿華號連同船上傑出的政治家、陸海空軍戰略家和設計家乘員，那對戰爭的結果及國家的命運將有說不盡的影響。」事件發生後，陸軍航空隊安諾德將軍問海軍上將金恩：「告訴我，厄尼斯特，這在你們海軍中時常發生麼？」

10. 地圖哪裏去了：1943 年羅、邱、史德黑蘭會議之前不久，羅斯福在愛阿華號主力艦上與三軍參謀首長有一次會議，討論的題目是英國提議戰後德國分為三個占領區：西北區，由英國統治；西南區，由美國管轄；東區，包括共同占領的柏林，由蘇聯控制。會議一開始，羅斯福便指責英國提議，說美國應該占有西北區而非西南區。西北區有不來梅及漢堡兩個國際港口，並接近挪威及丹麥。西南區除相鄰的法國、比利時和盧森堡內部不安引起的麻煩外，無一是處。此外，他還告訴參謀首長們美國在西北區，還應擴及柏林。他堅定地說：「美國應占有柏林。」

參謀首長們回答羅斯福的計畫行不通，他忽略了一個簡單的事實：自戰爭開始以來，美國作戰即以北愛爾蘭及英國南部和西南部為基地，而英國的兵力則部署在英國北部。因此，後勤補給需要英國從北進攻德國，美國從南進攻。

羅斯福不聽勸告。他辯稱美軍一旦進入德國，很容易移師西北。無論如何，美軍必須到達柏林。盟國之間將會爭相奪取柏林，大家都知道控制柏林，在戰後外交談判上會占優勢。美國須首先到達。他取出一張美國地理學會印製的德國地圖，開始在圖上劃線條，有垂直線、水平線、直線和彎彎曲曲的線。劃完後，他指著地圖說，這是德國應該如何分區的地圖。圖上顯示美國占領西北一個巨大的區，包括柏林，英國在西南得到一個稍小的區，而蘇聯在東部得到一個更小的區。

三軍參謀首長驚訝地相對而視，未再多說，美國總統已宣示了政策，他們還有甚麼可說。美國將占有西北區及柏林。

未來 4 個月期間，美國與英、俄兩國談判戰後德國分區管制問題，談判完全由國務院主持——參謀首長聯席會議未將總統關於戰後占領的決定告訴國務院，國務院因而在渾然不知中進行談判。英國知道了羅斯福的意見，因為他在德黑蘭曾無意間提到。如此重大問題，國務卿應該請問總統的看法，但國務卿在臥病中，國務院由一名不勝任的助理國務卿掌管。

那張正確顯示羅斯福意願的地圖哪裏去了？愛阿華號會議後羅斯福交給陸軍參謀長喬治・馬歇爾將軍，馬歇爾轉交陸軍部作戰司長湯瑪斯・T・漢迪(Thomas T. Handy)少將，而漢迪則鄭重地放入五角大廈的機密檔案庫——在那迅即被人遺忘。據漢迪事後回憶說：「據我所知，我們從未接到命令將它送交國務院任何人。」

這期間英、俄兩國關於英國計畫達成了協議，當國務院將此事告訴總統時，他勃然大怒，「英、俄兩國草案如何分區，我們提議如何分區？」他問。「我要知道這點，以便了解它與我幾個月前所決定的是否一致。」

總統幾個月前決定了何事，國務院的官員一頭霧水。一位陸軍軍官曾嘰嘰咕咕說過總統不喜歡英國計畫一類的話，但此外甚麼也未聽見。白宮與國務院之間便條、短箋飛來飛去，國務院終於獲悉愛阿華號會議的事，也見到地圖，一切都已理清，但為時已晚。英國計畫已進展到無法扭轉的地步。幾個月以前美國或許有辦法強使盟國接受美國的計畫，但現在則無能為力。羅斯福徒呼負負。由於幾個愚蠢的錯誤，美國遭遇一個重大的外交失敗。最重要的一點，美國的顢頇導致將柏林劃入俄國占領區。我們當然不敢確定地說，如果國務院要求，盟國會同意將柏林交給美國占領，但有此可能。1943 年如果少犯一些錯誤，世界可免於 1948

年及 1961 年的柏林危機。

11. 第四任期有其必要：白宮的女管家聶斯畢特夫人(Mrs. Nesbitt)深信「清淡食物，清淡調理」("plain food, plainly prepared")有益健康，羅斯福夫人服膺其說。惟不久羅斯福便對白宮的膳食感到厭煩，抱怨說：「我已經到了胃部積極反抗的地步。」他雖屢次建議一些膾炙人口的菜單，卻無一被採納。1944 年仲夏某天他和女兒安娜(Anna)及秘書格瑞絲‧塔利閒談時，突然大聲說：「你們可知道，我眞的要當選第四任期了。」二人屏息以待他的重大聲明。接著：「我要當選第四任期，以便能開除聶斯畢特夫人！」11 月大選，羅斯福當選了，而聶斯畢特夫人仍繼續供職。

12. 原子彈：1945 年 1 月羅斯福安排讓他的長子詹姆斯(James)從南太平洋服役回來參加他的第四任就職典禮。談話中詹姆斯告訴他的父親，太平洋戰爭美國雖正在獲勝，但仍面臨很多戰事，特別是進攻日本必定是一場血戰，他不確知能否生還再見到他的父親。「詹姆斯，」羅斯福輕聲地道，「不會有進攻日本。我們會有一種東西在進攻之前就終止了我們與日本的戰爭。」詹姆斯問是甚麼東西，他的父親說：「抱歉，即使你是我的兒子，我也不能告訴你。只有需要知道的人，才知道它是甚麼。它的確在那裏，它是我們可以使用，必要時，我們必將使用的東西，在你或任何我們的子弟死於進攻日本之前，我們一定會使用的東西。」他於是微笑地說：「孩子，你會回到我的身邊。」

杜魯門

1. 兩位元帥："Marshal"爲元帥，在美國亦作聯邦法院執行官或高級警官解。1945 年 7 月杜魯門去參加波茨坦會議，帶著一位密蘇里老朋友佛瑞德‧康菲爾(Fred Canfil)一同前往。一天會議過後，杜魯門把康菲爾叫來，介紹給史達林，說「Marshal Stal-in（史達林元帥），我希望你會見 Marshal Canfil。」他未說明他最近任命康菲爾爲密蘇里州一名聯邦法院執行官，但自此以後所有俄國代表團上上下下的人對康菲爾莫不敬禮有加，蓋以爲他也是元帥也。這個故事見於杜魯門女兒瑪格麗特(Margaret)所著《杜魯門傳》(*Truman*)。

2. 第四點計畫：對第三世界國家提供技術援助的第四點計畫(the Point Four Program)，是杜魯門當選總統就職時宣布的，其起源奇特而又可笑。

1948 年一個晚間，一天工作完畢，國務院一名叫作路易・哈勒(Louis Halle)的低級職員，和他的上司拉丁美洲事務司副司長閒聊中，提到他有一個想法──美國技術援助未開發國家──這個想法以後就成爲杜魯門的第四點計畫。這個想法並非全屬創見，若干年來美國一直給予拉丁美洲國家技術援助。但哈勒的想法是一個全球性的計畫。他的上司認爲值得考慮。

11 月國務院公共事務司長召集一次會議，爲即將來臨的總統就職演說提供意見。大家很快同意總統演說應包括 3 點：充分支持創立不久的聯合國；向盟邦保證繼續實施歐洲復興計畫；宣布美國贊同成立西歐防禦組織。

有無其他意見？主席環顧四周，與會諸人回顧茫然。突然哈勒的上司想起他與哈勒的談話。美國承諾對全球未開發國家給予技術援助，如何？公共事務司長想了一下，叫秘書將這個想法記下。湊成 4 點，是一個吉利的數字。會議結論分送國務院各有關司室徵詢意見，第 1，2，3 點都順利通關，第 4 點被刪掉。「技術援助」是何意義？哪些國家應給予？花費多少？無人知道。

第 1，2，3 點送到白宮。幾天後總統演說撰稿人與公共事務司長通電話，說這 3 點很好，但不夠動人，有無可以引人注意的其他想法？公共事務司長思索一下，說有一個第 4 點，被刪掉了。

向對方說明後，回答正好用。第 4 點於是復活了。

　　1949 年 1 月 20 日杜魯門發表就職演說，列有上述 4 點施政計畫。新聞記者立刻抓住最後 1 點，其他各點無甚稀奇。第 4 點成為頭條新聞，但其意義為何？詳細計畫如何？美國盟邦的反應如何？是它們提出的意見？

　　國務院、白宮及總統都瞠目不知所對。它只是引人注意的東西，一位專業撰稿人的驚人之筆。說正格的，它只是一個想法，自從復活後，無人對這個想法再思考一番，它仍停留在哈勒對他的上司偶爾提到的階段而未進一步發展。就職演說 6 天後，杜魯門被問到第 4 點的起源。他回答說：「自從馬歇爾計畫實施以來，過去兩三年第 4 點一直在我的思考中，在政府的思考中。它隨著對希臘與土耳其的事業而開始。從那時起，我一直在研究它，花了大部分時間，理解出締造世界和平的方法。」

　　援助希臘、土耳其的杜魯門主義 1947 年 3 月提出，果如所說從那時起「一直在研究它」，何以需要 22 個月才付諸實施。

　　3. 口無遮攔：以總統而言，杜魯門的言詞未免太粗俗，特別是引起他的惡感時，罵人的話如 hell, damn, s.o.b.（滾蛋、該死、狗雜種）等脫口而出，甚至不時出現在公開談話中。他的夫人常勸之。據傳一位民主黨著名的女士一次懇求杜魯門夫人要她的丈夫說話乾淨一些，因為她剛才聽見他提到某位政治人物的言論是「一堆馬屎」（“a bunch of horse manure”）。杜魯門夫人平靜地說：「你不知道我費了好多年才使它緩和到這個地步。」

　　4. 為女兒辯護：瑪格麗特是杜魯門夫婦的獨生女，也是他們的掌上明珠，誰敢說她不是，他必大張撻伐。瑪格麗特獲有喬治・華盛頓大學歷史及國際關係學位，並習聲樂。1947 年 3 月以花腔女高音在電台首次演唱，此後便開始其旅行演唱事業，多在南方、西南方城市。1948 年幫助其父競選，暫停，1949 年重返歌壇。1950 年首次在電視演唱，該年在華府憲法大會堂(Constitution

Hall)舉行年終最後一次演唱會,第二天《華盛頓郵報》音樂評論家保羅‧休姆(Paul Hume)評論說:「絕大部分時間她的聲調毫無變化,她不能唱任何接近職業完美的東西。⋯⋯她對所唱的音樂幾乎一無表達。」激怒了杜魯門,親筆寫了一封痛罵休姆的信,親自投郵:「我剛讀過你那篇卑鄙的評論,刊在報端微不足道的地方。你好像是一名落魄的老傢伙,從未有過成就,一名生 8 個爛瘡的人幹 4 個爛瘡的工作(an eight-ulcer man on a four-ulcer job),而所有 4 個爛瘡都在潰爛。我從未遇見你,如果我果真遇到你,你將需要一個新鼻子和一個下巴繃帶。」信被休姆公諸報端,引起一陣喧囂,杜魯門吃了啞巴虧。不過寫信給白宮的人,大都贊成杜魯門勇敢為其女兒辯護。

5. 刈草:杜魯門勤儉自持,據白人僕人說,當了總統,他還自己洗內衣褲。退休回到獨立城後,他每天花一部分時間做家中雜務,但有一事他的太太要他做而他避免做:庭院除草。他等到禮拜天上午鄰居開始上教堂經過他的住宅時,他搬出除草機,開始除草。他的太太看見,問他:「禮拜天你在做甚麼?」「我在做你叫我做的事。」他回答。從此她不再要他除草。

6. 尼克森贈鋼琴:杜魯門喜歡彈鋼琴,年輕時經過名師指導,而且彈得很不錯,在白宮期間不時彈奏自娛。但他不喜歡尼克森,1960 年以卸任總統為甘迺迪競選,在德州聖安東尼(San Antoni)演說,謂凡選舉尼克森的德州人,都應下地獄。曾引起共和黨全國委員會主席及尼克森的強烈抗議。1969 年 3 月尼克森在獨立城中途下車,親將杜魯門在白宮彈奏的舊鋼琴贈送給杜魯門圖書館。杜魯門在圖書館接見,寒暄後,尼克森為討好杜魯門,坐下彈奏密蘇里州歌「密蘇里華爾滋曲」("the Missouri Waltz"),殊不知杜魯門並不喜歡這支樂曲。杜魯門已 82 歲高齡,健康衰退,且患重聽。尼克森彈奏完畢,杜魯門轉身問他的太太:「他彈的甚麼?」

艾森豪

1. 無一字洩漏：1942 年 11 月艾克指揮英美聯軍在法屬北非登陸，次年 5 月北非戰事結束，7 月再統率聯軍進攻西西里島，為登陸義大利的前奏。北非戰役後，大家都在推測聯軍下一個進攻的目標，記者會上艾克對滿屋的新聞記者說：「諸位先生，我知道你們都在猜我們下一次進攻哪裏。好吧！我讓諸位知道這項秘密。我們下一次作戰將是義大利〔西西里島〕，7 月初。巴頓將軍(General Patton)將進攻南部海灘，蒙哥馬利將軍(General Montgomery)東部海灘。」當大家屏息聆聽這一意外宣示時，一位記者問：「將軍，如果我們之中有人洩漏了這項計畫，會不會造成重大傷害？」艾克點點頭說：「你們的報導任何些微暗示，會將消息洩漏給德國情報機關，但我不打算檢查你們，我把事情交給你們每個人的責任心。」「哇！」一位記者喊道：「好壞的詭計！」結果作戰計畫無一字洩漏出去。

2. 為朱可夫找一份工作：二次大戰歐洲戰場戰事結束後，史達林邀請艾克訪問蘇聯。乘坐火車赴莫斯科的途中，他看見納粹在俄國所造成的破壞，大為吃驚。在莫斯科，他發現史達林毫無幽默感，而蘇聯的戰時英雄朱可夫元帥(Marshal Zhukov)卻親切友善。訪問期間史達林給他一項殊榮——第一個被允許踏上列寧陵寢的外國人。在墓頂上他與史達林並肩站了 5 個小時，檢閱紅場上的盛大體育表演。「這可以發展戰爭精神，」史達林告訴艾克，「貴國應多做些這類的事，但德國不應！」當晚觀看朱可夫攻占柏林的影片，艾克逗笑地對朱可夫道：「你如果在蘇聯失掉工作，你一定能在好萊塢找到一份！」朱可夫笑了，史達林卻嚴肅地說：「朱可夫元帥在蘇聯絕不會沒工作。」

3. 最受歡迎的演說：1948 至 1950 年艾克任哥倫比亞大學校

長，作爲校長他得參加許多宴會，發表許多演說。一次晚宴，他是幾位演說者最後一人。其他人個個都說得很長，輪到他的時候，時間已經很晚，他決定拋棄準備好的演說稿，主席介紹後，他站起來，提醒聽衆每篇演說都得有標點。「今晚，我是這個標點——完結。("Tonight, I am the punctuation——the period.")」說畢，坐下。稍後，他說這是他的最受歡迎的演說之一。

4. 另一項選擇：艾克任總統期間，一次內閣會議中財政部長喬治·M.·韓福瑞(George M. Humphrey)告訴他說國債可能超過法定限度。「那如果發生，誰應該去坐牢？」艾克問。「我們應該去國會。」韓福瑞提醒他。「啊，那更糟！」艾克大聲說。

5. 高爾夫：艾克喜愛打高爾夫，任總統期間且不時在白宮南草坪練習打球。批評者說他在球場上浪費太多的時間，一位民主黨參議員甚至提議籌募基金保護白宮的松鼠免受艾克的飛球傷害。他聽說此事，謂「我看不出有任何成立另一個壓力團體的理由」。

另一則有關艾克喜愛打高爾夫的故事：一天一位白宮訪客注意到艾克的左腕關節縛著繃帶，艾克解釋他的左腕患有輕微關節炎。訪客說還好並不嚴重。艾克憤然說：「我必須說這是嚴重，它表示我不能打高爾夫！」

6. 大衛營：大衛營(Camp David)原名香格里拉(Shangri-La)——人間理想樂園，位於馬里蘭州卡多克亭山(the Catoctin Mts.)中，環境幽靜，樹木茂盛，景色宜人，與華府近在咫尺，自佛蘭克林·D.·羅斯福以來，即爲總統度假、休息、招待賓客或重大決策之所。到了艾森豪，將其改名爲大衛營，表面上謂香格里拉之名對一個堪薩斯農家子弟（艾克長在堪薩斯）「有點太花俏」("just a little too fancy")，實際上則取自其一脈單傳的愛孫大衛·艾森豪二世(David Eisenhower Ⅱ)之名。大衛後娶尼克森之次女茱麗(Julie)爲妻。

7. 發脾氣：艾森豪的微笑是有名的。不少人試圖描寫他的微笑，說他的微笑有孩子氣(boyish)、是熾熱的(glowing)、活潑的(vivid)、親切的(warm)、可愛的(winning)、迷人的(charming)、易傳染的(infectious)、不費力的(effortless)。儘管如此，但不一定永遠鎮定，全無火氣。在軍中，每當事情搞砸了，他常會金剛怒目。當了總統，也不時因為政敵的不當批評或部屬的工作草率而大發雷霆。他的交際秘書湯姆‧史蒂芬茲(Tom Stephens)長期觀察，發現艾克心情不佳時，通常穿著褐色的衣服；因而養成習慣從窗口留意觀看總統上辦公室所穿的衣服。如果事情不妙，便向其他秘書人等發出警告信號：「今天褐色衣服！」大家心裏有數，提高警覺。一天早上，當艾克穿著藍色的衣服出現時，史蒂芬茲向他說出顏色的理論；自此以後，艾克便較少穿著褐色的衣服。陸海軍不和尤其是令艾克生氣。一次當一位陸軍高級將領對海軍的先鋒火箭(Vanguard rocket)失敗而幸災樂禍時，他大發一次脾氣，憤然地對一位助理說：「你知道這名該死的三星將軍說甚麼？他說這是陸軍的偉大日子，因為海軍跌得狗趴屎。」目擊這場盛怒的助理說：「天啊，你簡直無法估計那 30 秒鐘消耗的腎上腺素有多少。我不知何以此後許久他竟未發作心臟病。」1955 年9 月艾克確曾發作一次心臟病，住院三週。此後他極力設法控制他的脾氣。

8. 論領導：艾克處理政務的方式與其前任佛蘭克林‧ D.‧羅斯福及杜魯門之事必躬親大不相同，他賦予閣員以相當大的活動餘地。有人批評他未施展強力領導，對此他說：「要知道所有智慧都集中總統一人，集中我個人，這種想法是荒謬的。……我不認為這個政府是為任何人獨自操作而創立的；無人對影響國家的真理與事實享有獨占專斷之權。……我們必須合力工作。」他又說領導包括「說服與和解、與教育、與容忍(persuasion, and conciliation, and education, and patience)。它是長久、緩慢、費力的工作。這是我所知道、相信或實行的唯一的一種領導」。不過也有人不以爲然，共和黨聯邦參議員肯尼斯·基廷(Kenneth Keating)說：「羅斯福證明一個人可以終身當總統，杜魯門證明任何人可以當總統，艾森豪證明可以不需要總統。」

甘 迺 迪

1. 不談副座：1956 年民主黨全國代表大會，副總統候選人提名甘迺迪獲得驚人的票數，聲名大噪，兩年後，再度當選麻州聯邦參議員，使他 1960 年競選總統的信心大增。有人告訴他 1960 年獲得副總統候選人提名，毫無問題。他微笑回答：「我們不要多談 vice，我反對任何形式的 vice。」按 vice 一字可作副貳解，亦可作罪惡解。甘迺迪一語雙關；前者指副總統，後者指邪惡。他方有志於爭取總統的寶座，自不願多談副座也。

2. 夢：1958 年甘迺迪（時任麻州聯邦參議員）、詹森（德州聯邦參議員），及斯圖亞特·薛明頓(Stuart Symington)（密蘇里州聯邦參議員）都野心勃勃自認爲 1960 年民主黨總統候選人提名的合格人選；甘迺迪喜歡講下面一則有關他們 3 人的故事，和詹森開玩笑。他說：「幾天前一個夜間，我夢見仁慈的上帝輕拍我的肩膀，說『不要煩惱，你將是 1960 年民主黨的總統提名人，而且你會當選。』我把夢中的事告訴了薛明頓。薛明頓說：『有趣，我自己也有完全相同的夢。』我們 2 人把夢中的事告訴詹森，詹森說：『有趣，打死我也不記得爲這件事輕拍過你們兩個小子中任何一個。』」

3. 誰是老大？1961 年甘迺迪就職後任命其三弟羅伯爲司法部長，引起批評。當他在記者會宣布時，有人指出羅伯長司法太年輕，太無經驗，而且從未在法院審理過一件案子。甘迺迪說：「在他出去當律師之前，給他一點法律經驗，我看沒有甚麼不對。」實則他有培植羅伯為未來接班人之意。羅伯任職期間為甘迺迪的最親信顧問，炙手可熱，紅極一時。一日客人來訪，談及媒體稱羅伯為自由世界第二號最有權力的人。甘迺迪拿起桌上電話，接通後與對方交談，搗住發話器，對客人說：「我正在和自由世界第二號最有權力的人講話，請問有甚麼事要告訴他？」再與對方交談幾句，掛斷電話後笑著說：「羅伯想知道誰是第一號？」

4. **不足為外人道**：1961 年 6 月維也納高峰會議，甘迺迪與蘇聯總理赫魯雪夫見面之初，似乎很友善。赫魯雪夫宣稱他對上年美國大選甘迺迪擊敗尼克森，有若干功勞。他說如果他在大選之前釋放了蓋瑞·鮑維爾(Gary Powers)（1960 年 5 月在蘇聯上空被擊落的美國U-2偵察機飛行員），甘迺迪至少要失掉20 萬票。「請不要將這個故事傳播出去，」甘迺迪央求他，「如果你告訴大家你喜歡我勝於尼克森，那我在國內就完蛋了。」按 1960 年大選，甘迺迪所得選民票只多尼克森 11 萬 8 千。過後，赫魯雪夫問甘迺迪與葛羅米柯(Andrei A. Gromyko)（蘇聯外長）相處如何。「不錯，」甘迺迪說，「我的太太認為他笑得親切。為甚麼要問？」葛羅米柯坐在一旁有些侷促不安，赫魯雪夫說：「許多人認為葛羅米柯看來像是尼克森。」當二人談及正事時，玩笑立即停止，爭辯激烈，毫不相讓。

5. **賈姬的丈夫**：1962 年 5 月甘迺迪偕同賈桂琳(Jacqueline)訪問巴黎，賈桂琳能操法語，她的容貌、氣質風靡了法國，尤為戴高樂所鍾愛。離開巴黎前一天的記者會上甘迺迪對記者說：「我不認為向諸位自我介紹，有甚麼不安。我是陪伴賈桂琳·甘迺迪來巴黎的，我很高興。」不說他是美國的總統，而說是賈桂琳的丈夫，這與同年其么弟愛德華(Edward)當選麻州聯邦參議員後，在賓州哈利斯堡(Harrisburg)的民主黨會議上自我介紹說，「我是泰德·甘迺迪的兄長」，如出一轍。

6. 小號字體：一次甘迺迪乘坐空軍一號總統專機飛行時，一名隨行的記者問如果飛機不幸失事墜毀，將會發生甚麼事，他回答：「有一事我敢確定，第二天報上會有你的大名，不過印的是很小號字體。」

詹　森

1. 肯定的結果：詹森任聯邦眾議員時，為了選區選民的一項請求，告訴他的一名新近到職的助理打電話給政府有關機關。助理打了電話，幾小時後，詹森回到辦公室，詢問結果。助理說：「事情已經定局，他們說不能照你所要求的辦。」詹森勃然大怒，「我沒有叫你給我一個否定的答覆。告訴他們這件事一定要辦，給我一個肯定的答覆！」助理立刻再打電話，這次用詹森命令式的語氣：「這項要求，詹森眾議員只有肯定的行動才滿意。」官員立即同意照辦。「自此以後，我傾全力要得到肯定而非否定的結果。」助理說。

2. 「壓倒勝利的林敦」：1948 年詹森以 87 票之多贏得德州民主黨初選而獲得「壓倒勝利的林敦」("Landslide Lyndon")的綽號及聯邦參議院的席位。選舉投票將近一百萬，區區 87 票的差額，實在不怎麼樣，而真實情況比統計數字更差勁。

詹森在德州南部吉姆・威爾斯郡(Jim Wells County)以 1,000 餘票獲勝，經過選舉官員覆查，詹森實得 1,200 餘票。原先計算錯誤，覆查突然出現的 202 票，均出自同一筆跡，使用同一墨水，排列次序亦同。所有此 202 個名字都寫在詹森的選票上。他的競選對手前州長科克・R.・史蒂文生(Coke R. Stevenson)指控舞弊。調查仍支持選舉結果，宣布詹森以 494,191 票對 494,104 票獲勝。

選舉舞弊這不是第一遭，也不自詹森始。1941 年，詹森第一次競選參議院席位。選舉之夜，他就寢時，自認為領先 5,000 票，次晨醒來時，卻落後 10,000 票。1941 至 1948，他學會了一些竅門。

1948 年選舉，據傳有一名叫做威廉·F·巴克利(William F. Buckley)的德州佬登記投詹森的票，儘管他已於 1904 年死亡，顯然認為詹森當選十分重要，一瞑不視 44 年之後，九泉復出，投下神聖的一票。他的孫子小巴克利談到他祖父的投票紀錄，深以他的公民責任感為傲。

3. 詹森處事之法：詹森處事有其一套方法。競選時，他盡量和群眾握手。他握手，不是輕輕接觸了事，而是「緊迫壓肉」(press the flesh)。這樣緊壓的結果，一天下來，雙手疲痛，起泡，有時甚至流血。當參議院多數黨領袖時，為了尋求同僚支持他的戰略，他另有兩套技巧，絕不以單單握手為已足：一套「半詹森」(the Half-Johnson)，一隻手放在你的肩膀上，輕輕撫拍，他的頭伸到你的臉部；一套「全詹森」(the Full-Johnson)，他的手臂整個圍住你，上下撫摸，臉靠緊你的臉。有時還加上一點小動作：在他甜言蜜語、阿諛奉承的時候踢你的小腿。他對明尼蘇達州聯邦參議員休伯特·韓福瑞(Hubert Humphrey)尤其糾纏不休。韓福瑞和詹森一次遭遇後，提起褲腿，向友人展示詹森在他的小腿部留下的傷痕——踢時還喊叫：「現在就行動！」

4. 粗俗的俏皮話：詹森是近代美國史上最粗俗的總統。1950年代尼克森是副總統，詹森是參議院多數黨領袖時，新聞記者意識到詹森不把尼克森某一特別演說當作一回事，問他為甚麼，他笑著說：「我知道的可能不多，但我知道雞糞便和雞沙拉的區別。」當了總統後，詹森有一次想去掉聯邦調查局長 J·艾德格·胡佛(J. Edgar Hoover)，繼而一想太困難，喟然而嘆，說出一句頗有哲理的話：「讓他留在帳篷從內向外撒尿，總比從外向內撒尿好。」一次他與哥倫比亞電視廣播公司電視攝影隊駕車在他的農場奔馳，停車下來，在矮樹叢內小便。「你不怕響尾蛇會咬它？」一名攝影師問。「去你的，」詹森噴著鼻息說，「它有幾分是響尾蛇。」

5. 他是誰？1961 年春，《紐約時報》名記者羅素‧貝克(Russell Baker)採訪國會山莊，正從參議院走出時，不期而遇副總統詹森。詹森一把抓住他，「喂，我正在找你。」把他拉進辦公室，開始他的長篇高談闊論，說他對甘迺迪政府如何重要，他如何是真正熟知內幕的人。在他大吹法螺的時候，順手拿起便條紙，潦草寫了幾個字，按鈴，秘書進來，拿去字條，離開辦公室，幾分鐘後回來，將字條交給詹森。詹森仍在滔滔不絕，匆匆瞟了一眼，把它撕碎，丟掉。最後終於結束了他的長篇獨白。稍後，貝克獲悉詹森在便條上寫的是：「我談話的這人是誰？」熱情延納，嘮叨半天，竟然不知對方是何許人。

6. 送禮：詹森喜歡送禮，當總統第一年他送禮花的錢 3 倍於他的前任。他送禮有一套哲學：其一當一個人得意時，絕不要送給他禮；當他消沈時，正需要一份禮物。哲學之二，送朋友，最好送電動牙刷。理由是：從現在起終其一生，他每天早晨首先想到的是你，每天夜晚最後想到的也是你。為了加倍確定朋友不會忘記他，詹森對某些特殊朋友還不止一次送牙刷，哈佛教授、幫助他寫自傳的陶莉絲‧凱恩斯(Doris Kearns)10 年間曾收到詹森送的 12 把牙刷。

7. 打破種族隔離：為了打破種族隔離，艾森豪 1957 年派遣傘兵及國民兵協助 9 名黑人兒童進入小岩城中央中學；甘迺迪 1962 年親自坐鎮白宮，指揮軍隊及法警保護 1 名黑人學生完成密西西比大學的註冊入學。相形之下，詹森處理種族隔離事件便輕鬆得多。1963 年，詹森繼任總統不久，隨從中帶一名漂亮的黑人女子昂然走進奧斯丁德克薩斯大學 40 英畝俱樂部(the Forty Acres Club)——教授俱樂部——的餐廳。進入餐廳前，這名黑人女子神經緊張地問：「總統先生，你知道你在做甚麼嗎？」詹森安慰她說：「我當然知道。他們多半會認爲你是我的太太，那對我正好。」詹森出現後，教授俱樂部放棄了行之已久的種族隔離政策。

8. 限時專送：1965年詹森任命勞倫斯‧F‧歐伯令(Lawrence F. O'Brien)爲郵政總局長(Postmaster General)，堅持他在德州海伊(Hye)地方一個小郵局宣誓就職，理由是他在4歲時曾在那投寄他生平第一封信。典禮中詹森說：「53年前我曾從這個郵局投寄我的第一封信，剛才拉瑞(Larry)（Lawrence 勞倫斯的暱稱）‧歐伯令告訴我他將要去找出那封信，遞送出去。」

9. 出生地：詹森自謂出身寒微，可與林肯比擬，甚至主張和林肯一樣，也出生在小木屋(log cabin)。一次引導友人參觀他的德州農場，指一處東倒西歪的小屋，說那是他的出生地。他的母親聽說，告訴他：「怎麼搞的，林敦，你知道你出生在一棟靠近市鎮比那好得多的房屋，現在已經拆掉。」詹森說：「我知道，媽，但每個人總得有個出生地。」又一次當西德總理魯德維希‧艾哈特(Ludwig Erhart)訪問詹森農場時，對詹森說：「總統先生，我聽說你出生在小木屋。」「不，總理先生，我出生在馬槽裏。」詹森答。按《新約全書》，耶穌降生後，躺在小客棧後院馬槽裏。是自謙比小木屋更不如，抑或自比救世主？

10. 不准再聽：詹森講起話來，令人無插嘴餘地，引人參觀詹森農場，每每變成他個人的獨白。但當他領導《達拉斯新聞社》(Dallas News)專欄作家艾倫‧達克沃斯(Allen Duckworth)與百萬富豪木材商艾德‧克拉克(Ed Clark)一同乘車參觀他的農場時，事情發展遠非他所預期。詹森的車子剛發動，克拉克就開始講話。車子越過幾座山頭，克拉克仍喋喋不休，詹森顯得不耐煩，命令他停止講話，但克拉克繼續不停。「克拉克，請你住嘴！」詹森終於爆發了，「我有事要告訴達克沃斯！」克拉克不予理睬。詹森無法可想，最後只得抓緊達克沃斯的大腿，大聲說：「克拉克如不停止講話，不准你聽他！」

11. 自卑情結：詹森當副總統時，對甘迺迪的白宮幕僚和內閣閣員出身東北部常春藤的人既畏懼，又厭惡。他自己是德州西南教育學院(Southwest State Teachers College)畢業，他的上司及其智囊團不是哈佛畢業，就是 Ph. D.，有些二者兼備，相形之下，有些自卑感。當了總統，仍不免覺得常春藤的人以他為無知、粗野，瞧他不起。一次歡迎加拿大總理勒斯特·皮爾遜(Lester Pearson)的小型餐會上，在座有國務卿狄恩·魯斯克(Dean Rusk)、國防部長羅伯·麥納馬拉(Robert McNamara)、司法部長尼古拉·卡曾巴哈(Nicholas Katsenbach)，及國家安全顧問麥喬治·彭岱(McGeorge Bundy)〔除司法部長外，均為甘迺迪政府留任的人〕。詹森舉杯敬酒，說：「看見今晚在座諸位都是世界上受過極優秀教育的人，真是高興，因為這裏有 3 位羅茲學人〔獲得羅茲獎學金在牛津大學進修的人〕，4 位哈佛畢業，3 位耶魯畢業，和 1 位西南州立教育學院畢業。」西南教育學院與牛津、哈佛、耶魯並列，誰曰不同是世界上「受過極優秀教育的人」（"the most superbly educated"）。

12. 圖書館：設立總統圖書館保存任內文獻，蔚為風氣。林敦·詹森圖書館的計畫定妥後，命令白宮僚屬將所有有關詹森任內的片紙隻字，包括備忘錄、節略、摘要、隨意亂塗的便箋，都須保存起來，以備傳諸後世。新聞秘書畢爾·摩雅爾斯(Bill Moyers)仍我行我素，將不要的文件丟進廢紙簍，遭到詹森的私人秘書申斥。幾天後，摩雅爾斯把一堆雞骨頭傾倒在這位私人秘書的桌上，鄭重其事地道：「這裏另有一些東西留給圖書館，是總統今天午餐吃剩的。」

尼克森

1. 你唾我，我踢你：1958 年 5 月副總統尼克森訪問委內瑞拉卡拉卡斯時，遭遇敵對的群眾，被一名示威者吐口水，特勤人員抓住他，尼克森對他的脛骨重重踢一腳。在《六大危機》(*Six Crises*)中尼克森回憶：「全天所做的事無一比此使我感覺好一點(feel better)。」

2. 中途退學：1960 年大選，以電視辯論表現不佳敗於甘迺迪後，尼克森自稱：「因辯論不及格而由 the Electoral College 中途退學。」(" dropout from the Electoral College because I flunked debating.")College 一字通作大學學院或獨立學院解，考試不及格，中途退學，爲常有之事。惟此處則係比喻之辭。按美國總統選舉制度，先由各州選出總統選舉人(Presidential Electors)，其人數與各該州國會參眾兩院議員之和相等；再由總統選舉人投票選舉總統，以得票過半者爲當選。集體言之，各州總統選舉人美國通稱爲「選舉團」(" the Electoral College")。「選舉團」只是由憲法關於總統選舉規定而演繹出的名稱，憲法上並無此名詞，實際上亦無此機關。「由選舉團中途退學」，係假借用法，意謂未得選舉團過半數票而落敗，猶之乎考試不及格而退學也。

3. 嫉妒乎，羨慕乎：聽完甘迺迪的就職演說後，尼克森不期而遇甘迺迪的講演稿撰寫人狄奧多·C·索倫生(Theodore C. Sorenson)，二人開始談論這篇演說。「但願其中有些話是我說的，」尼克森說。「哪一部分？是『不要問國家能爲你做甚麼──要問你能爲國家做甚麼』那一部分？」索倫生問〔按此兩句是索倫生的得意之作，傳誦一時〕。「不，是『余謹宣誓』開始的那部分。」尼克森答。

4. 嬉皮：看來很年輕的約翰·狄恩(John Dean)一日被召至橢圓形辦公室，尼克森告訴他「有一群留著長髮的大學新聞編輯馬上要來參觀，屆時你和我要正在討論預算。」狄恩新近參加總統的幕僚，對預算一無所知。尼克森的助理們忙著將文件陳列在總統的辦公桌上，狄恩惴惴不安地坐在那裏，而尼克森則不斷地注視著他的手錶。新聞編輯們被引進時，「啊，嗨」尼克森故作驚訝狀打招呼，說：「約翰・狄恩，我的法律顧問，和我剛才正在討論預算。」接著他談論一陣預算問題及政府事務的複雜。談完之後，來賓被領導出去，狄恩當然也被請出。其後狄恩問白宮幕僚長哈利・R・赫德曼(Harry R. Haldeman)，爲甚麼要他參加那次會談。赫德曼說：「因爲總統認爲你看來像嬉皮。」方以類聚，所以投嬉皮般的大學新聞編輯之所好也。

5. 加薪：副總統史拜羅・T・安格紐(Spiro T. Agnew)因案辭職，尼克森爲自己未來退路打算，選擇福特繼任。1973 年 10 月 12 日晚白宮東廳特別安排的電視轉播典禮上，尼克森宣布提名國會議員吉拉德・福特爲副總統。宣布後，舉行香檳酒會，尼克森挽著福特夫人貝蒂(Betty)，說：「我敬你。」貝蒂說：「總統先生，我不知道你是祝賀或是慰問？」尼克森答：「啊，薪水多一些。」按副總統的年薪高於國會議員。

6. 留下腳印：1968 年尼克森東山再起，競選總統時，有所謂「新尼克森」(the "new Nixon")之說。所謂新尼克森，據他自己說，年事漸長，他學得一些東西。甚麼東西？主要地，世界上共產國家並不是一個獨石的陣營，有可能和它們發展較佳關係。當了總統，他突然訪問北京，和中共領導人大搞關係正常化；他也參加莫斯科高峰會議，簽訂限武條約，緩和美蘇緊張關係。他的大目標是建立一個世界和平的新結構(a new structure of peace in the world)。在他意氣奮發之際，一天晚間與他的特別助理、也是他的講演稿主要撰寫人威廉・沙費爾(William Safire)談論前任總統時，他沈思地說：「你認爲杜魯門——鬥士(a fighter)，艾森豪——好人(a good man)，甘迺迪——魅力(charisma)，詹森——工作(work)，那我呢？」沙費爾大聲說：「能力(competence)。」看見尼克森失望的情形，他立即加一句「對不起」。「該死，」

尼克森說，「如果我們所作所為不是處理事務比較好一成，那我們永遠不會被記得做過甚麼事。」

尼克森要和威爾遜同樣被人永記不忘，威爾遜因為努力建立世界公正而持久的和平，為人不忘。威爾遜是他最喜愛的總統，他的辦公室牆壁上掛著威爾遜的像。他就職不久，即將威爾遜曾使用過的大辦公桌搬進橢圓形辦公室以為己用，其欽佩威爾遜之深可見一斑。他工作時，喜歡把雙腳蹺在辦公桌上，不久他的鞋跟開始在桌面上留下鞋跟印。他出國旅行期間，有人注意到桃花心木辦公桌面的痕跡，把它送出去重新磨光。他回來後，看見他的鞋跟印不見了，大聲叫道：「該死，我沒有叫那樣做。我要和其他總統一樣在此留下我的腳印。」

尼克森在總統職位上確曾留下腳印，但不是他所希望留下的腳印。首先是他的副總統安格紐因受賄及逃稅被迫辭職。接著他自己捲入水門醜聞，在彈劾迫在眉睫、定罪無法倖免的情形下黯然下台。再有，他任命福特為副總統，福特繼他為總統，赦免他的罪行。凡此都是他在美國歷史上留下的腳印。

福　特

1. **相見不相識**：福特任副總統時，一次去俄勒岡旅行，中途在猶他州立大學作短暫停留，探視他的兒子傑克(Jack)。到達校園時，聚集了一大群學生，他開始一一握手。最後他抓住一個有鬍子人的手，握個不停，那人笑了。他是傑克，留著滿頰絡腮鬍，他的父親竟然不認識他了。

2. **墨西哥菜肴**：美麗動人的墨西哥裔女歌手葳姬・卡爾(Vicki Carr)，一次在白宮晚餐會上獻唱，娛樂嘉賓，晚會結束，福特陪她到前廊，她問：「你最喜歡的墨西哥菜肴是甚麼？」福特笑著回答：「是你。」第一夫人伊麗莎伯(Elizabeth)無意中聽見，大聲說：「那個女人絕不准再進白宮！」

3. 福特與布里茲涅夫：「解衣衣我」，是劉邦禮遇韓信的盛事，不意兩千多年後一位美國總統與蘇聯領導人高峰會議臨別時，在冰天雪地中脫下皮大衣送給對手，不僅媲美漢王，且猶過之，因為這位俄國人並非為他效命疆場的大將。他是誰？「好好先生」（"Mr. Nice Guy"）福特。

1974 年 11 月福特冒著西伯利亞的嚴寒，飛往海參崴，與蘇共總書記布里茲涅夫(Leonid Brezhnev)進行第二階段限武談判(SALT-II)，23 及 24 兩天高峰會議，據說二人相談甚歡。離開海參崴臨行時，福特注意到布里茲涅夫羨慕地注視著他所穿厚重的阿拉斯加狼皮大衣（一位皮貨商友人送給他的禮物），在登機前一刹那，他突然感情衝動，脫下送給布里茲涅夫。

4. 在白宮迷了路：福特夫婦有一隻金黃色小獵犬，名叫自由(Liberty)，平時豢養在白宮一樓的狗舍裏，因為快要生仔，為了便於照顧，把牠遷到三樓。一天照顧的人外出，福特將狗留在自己的臥室。清晨 3 時左右，酣睡中福特被小狗舔醒，知道牠要上廁所。匆忙披上睡袍，穿著拖鞋，帶著狗乘電梯下樓，等牠到外面去辦事。小狗辦完事回來，福特按電鈕準備乘電梯回到三樓，不料電源被關掉。「自由，」福特對小狗說，「我們走上樓去。」他打開樓梯門，帶著狗爬樓梯，到了三樓，三樓的門上了鎖，進不去，又將狗帶下樓。左思右想，無計可施，只得重擊牆壁。霎時間燈火通明，特勤人員紛紛出現。當他們知道怎麼回事時，不免有些懊惱。福特安慰他們，說他只損失了幾分鐘的睡眠而已。

卡　特

1. 進軍喬治亞：從卡特到亞那波里(Annapolis)進入海軍官校

那一刹那起，一開口便說明了他是南方人，所以很快獲得「蠻子丘八」（"Johnny Reb"）的諢名。一天，一群高年級學生要他唱「進軍喬治亞」（"Marching Through Georgia"）的軍歌，他堅決不肯；他是喬治亞人，根本不喜歡這首南北戰爭時北方佬焦土出征喬治亞的軍歌——威廉・T・雪曼將軍(Gen. William T. Sherman)率領的軍隊攻進喬治亞，焚燒亞特蘭大，一路破壞到海濱。低年級學生一直忍受高年級學生的無情戲弄，但他從不唱那首軍歌。歲月易逝，轉瞬 30 多年，在他競選總統期間，當他到達亞利桑那鳳凰城時，當地一所高中樂隊演奏「進軍喬治亞」歡迎他，他不能忍受地說：「難道無人知道那不是一首南方歌曲？」

2. 學拳擊：1964 年詹森競選總統時，卡特的次子契布(Chip)一天佩戴著 LBJ〔林敦・B・詹森的英文姓名縮寫〕競選徽章上學，被一些敵視詹森的同班同學撕掉。第二天他再將徽章別在襯衫上，再被撕掉。於是別了撕，撕了別，持續了好幾天；最後他被一群年長體壯的孩子痛打一頓，淚流滿面回家。「再戴上徽章，」他的父親命令他。「如果他們再把它撕掉，怎麼辦？」契布問。「再把它戴上，」卡特說。「那他們再把它撕掉呢？」契布再問。「如果你要佩戴的話，那就乾脆再把它戴上。做你所要做的事——去學習拳擊。」卡特說。

3. 不撒謊：政治人物爾虞我詐，矯揉造作，是常事，卡特以誠實無欺自許，並以此著稱。1976 年競選時，自我介紹：「哈囉，我是吉米・卡特，我在競選總統」，「我不是律師，我不是國會議員」，而且「我從未在華府服過公職」，「我絕不對你們撒謊」或「我絕不說謊話」。不撒謊，在水門事件後是一個很能打動人心的競選諾言，他當選了。1980 年競選連任失敗，發表演說坦承傷心失望：「4 年前我承諾絕不對你們撒謊，所以我站在此地不能說失敗不傷心。……最後讓我說今晚我很失望。」

4. 性與慾：卡特關於男女私情也不隱瞞。1976 年 9 月大選緊要關頭，《花花公子》(*Playboy*)雜誌刊出卡特的訪問記，涉及問題很廣，唯獨「性」與「慾」("sex" and "lust")最為突出。他說他曾竭力設法不犯罪，但因為他是人，禁不住誘惑而仍然犯了罪。他招認「我曾滿懷情慾注視很多女人。在心中我曾多次犯過通姦(I've committed adultery in my heart many times.)。這是上帝認為我會做的事……為此上帝寬恕我。」他繼續說他不認為自己比「不但滿懷情慾注視女人，而且丟下妻子在婚外與人鬼混的男子」好多少。卡特的訪問震驚不少人，他使用一些粗俗的俚語也觸怒一些人，大眾傳播更大肆宣傳，但很多美國人覺得他坦白發人深省，甚至可使人安心，短暫期間民意測驗他跌了 10 個百分點，仍與競爭對手相若，無礙於他的當選。

5. 俏皮話：卡特為人拘謹，批評者說他缺乏幽默感，但偶爾他也講一些俏皮話。1975 年一位記者問他，如果獲悉他的女兒有了曖昧之事，他感覺如何。他說他會「震驚而困窘」("shocked and overwhelmed")；不過，他接著說，他的女兒「只有 7 歲」。1976 年大選之日，當他從家鄉投票所走出時，有人問他投哪位候選人的票，他回答：「我投了華爾特・孟岱爾(Walter Mondale)和他的競選夥伴的票。」按孟岱爾是他的副總統候選人。大選之夜，有人問卡特的弟弟比爾(Bill)：「如果你哥哥獲勝，對你有何改變？」比爾回答：「有一項改變。如果吉米今夜真成為總統，我會叫每個人在最初 24 小時內稱我為卡特先生(*Mister* Carter)。其他一切照舊；此後我仍是比爾。」勝利的消息來到，吉米步上講臺，轉身對他的弟弟說：「卡特**先生**，我要謝謝你通宵等候向我致賀。」此語一出，聚集臺下慶祝卡特勝利的群眾歡聲雷動。1979 年 3 月卡特訪問埃及，到基撒(El Giza)遊覽大金字塔(the Great Pyramid)，嚮導告訴他這座雄偉的建築物只費了 20 年就建造完成。他回答：「一個政府組織能那麼快完成其事，令我驚訝。」俏皮話有時無以自解。1979 年 9 月卡特在康乃狄格州哈特福特對一群退休的人講話，說：「儘管我很欽佩各位退休的人員，但我必須承認我還不打算盡早參加你們的行列。」第二年他競選連任失敗，加入他們的行列遠比預期的早。

6. 卡特雨：1980 年 7 月當卡特總統的直升機剛要在德州達拉斯／沃斯堡(Dallas-Ft. Worth)一帶久旱地區東北約 40 哩的佳斯丁(Justin)降落前，突然一陣大雨，延續 10 分鐘之久。卡特下機踏上滑溜溜的泥土，1 小時前還是堅硬粗糙的土壤。他笑著對聚集那裏的農人說：「啊，你們不要錢，就要雨。我弄不到錢，所以帶來雨。」

雷　根

1. 求職：在高中及大學時代，雷根都喜愛美式足球，他希望成為一名體育播報員。30 年代初，在大蕭條的嚴重期間，他離開了伊利諾州狄克森(Dixon)家鄉，前往芝加哥。芝加哥國家廣播公司裏一位「仁慈」的婦女告訴他到偏僻小鎮去碰運氣。「你挨家挨戶去敲門，你可能要敲幾百家的門。……你走進去告訴他們，你願意接受任何工作，包括打掃清潔，只求投效。」雷根接受了她的忠告，在中西部一個接一個拜訪各電台，說明他希望從事無線電播報，但開始時，他願意接受任何工作。最後他來到愛阿華州達文波特(Davenport)的 WOC 電台，向節目主任彼得·麥克阿瑟(Peter MacArthur)自我推薦。麥克阿瑟是一位蘇格蘭老人，患有關節炎，靠兩隻手杖支撐蹣跚而行。他告訴雷根不巧得很，剛好僱了另一人。雷根失望之餘，忍不住自言自語：「不能進電台，你該死怎麼當得成體育播報員？」一面說，一面走向電梯。「等一等，大個子，」麥克阿瑟邊叫，邊一拐一拐地在後追趕，「你認為可以播報足球比賽，讓我如同親眼觀看一般？」雷根保證可以。麥克阿瑟把他單獨安置在播音室內，雷根決定描述當年在尤瑞卡學院(Eureka College)求學時，代表學校親自參加的一場足球賽最後一節比賽實況。燈光亮時，雷根現身說法，開始播報，球場上飛奔、猛衝、擒抱、截接、堆壓、捲陣，有聲有色，亦莊亦諧，將一場緊張刺激的球賽播報出來，使聽者如身歷其境。播報完畢，麥克阿瑟走進播音室，告訴他下週六來播報愛阿華對明尼蘇達的一場比賽。就這樣雷根開始了他的無線電體育播報員生涯。

2. 有前途的演員：求學時代雷根就喜歡演戲，二次大戰前進入演藝圈，成為演員。二次大戰期間他服務陸軍航空隊，解說訓練影片之餘，並在華納影片公司(Warner Brothers)《金戈鐵馬》(*This is the Army*)一片中擔任主角，作曲家歐文・柏林(Irving Berlin)編劇兼製片。柏林是一位頗負盛名的作曲家，寫過將近千首流行及愛國歌曲。開拍的第一週，雷根 5 度被引見給柏林，每次他都說幸會。一天，他把雷根找來，「年輕人，」他說，「我剛才看過你的作業，有幾件事你得改正——譬如聲音沙啞——但戰事結束時，你應該對進入演藝界認真考慮一下，很可能你在這一行有發展前途。」雷根感謝他的期許，但不曉得柏林是否未曾看過任何電影，或者戰爭是否拖得太久把他戰前所演的電影全給忘了。

3. 年輕力壯：雷根任加州州長期間，一位主張得不經其父母同意為十幾歲少女作避孕裝置的州議員指控：「自從雷根到職以來，十幾歲未婚媽媽的人數已驚人增加。」有人把引有這項批評的剪報送給雷根，雷根回信說：「我從未覺得如此年輕力壯(young and virile)。」

4. 經濟復甦：1980 年競選期間，雷根公開指責美國正面臨經濟蕭條(depression)。當天下午卡特在記者會上宣稱：「現在是經濟衰退(recession)，這表示他〔指雷根〕所知者如何之少。」雷根反駁：「總統〔指卡特〕如果需要定義，我可以給他一個。衰退，是你的鄰居失業的時候；蕭條，是你自己失業的時候；而復甦(recovery)，」——他停頓一下——「則是吉米・卡特失業的時候。」引起哄堂大笑。

5. 麻煩才開始：1980 年大選之日，雷根與妻子南西(Nancy)從太平洋岸時髦住宅區他們的住處到達附近投票所時，有人問他感覺如何，他笑著說：「在我就位預備起跑之前，不能回答。」再問他的夫人將投誰的票，他說，「她會投某一前演員的票。」那夜參加洛杉磯的勝利慶祝會，他告訴支持他的人說：「你們知道，亞伯・林肯當選總統之日，對聚集在他的事務所的新聞記者說：『諸位，你們的麻煩現在已經過去，我的則剛剛開始。』我想我了解他的意思。林肯可能擔心他任總統後所面臨的麻煩歲月，但我不認為他畏懼。我不駭怕前面存在的麻煩，也不信美國人民駭怕前面存在的麻煩。同心協力，我們去做應做的事。」

6. 領聖餐：雷根雖常表示深信上帝，但很少參加主日禮拜。據他的侍從秘書邁克爾・狄佛(Michael Deaver)的回憶錄《幕後》(*Behind the Scenes*，1988 年版)所載，雷根夫婦不熟悉禮拜儀式，1980 年至少產生一次小危機。狄佛說，1980 年競選期間，當他們在維吉尼亞時，他安排雷根夫婦星期日上午參加監督派教會禮拜。「我們未被告知，我也未預料到，11 時禮拜也是聖餐式，領聖餐的儀式對雷根夫婦很陌生。」禮拜做過後，雷根夫婦開始走向祭壇去領聖餐時，雷根夫人突然抓住狄佛的手臂，「邁克！」她發出嘁嘁的聲：「那些人都從同一杯中飲聖餐酒？」「不錯，」狄佛低聲說，「他們先拿聖餅，然後，當聖餐杯到達你面前時，將餅浸入杯中。這完全正確。你不必把嘴唇碰到杯。」「甚麼，甚麼？」雷根有點重聽，他問。雷根夫人很快指示他，「隆，」她說，「完全照我做。」他們到達祭壇時，雷根夫人拿起一塊聖餅，把它浸入聖餐酒，正要放入口中嚥下時，突然從手指滑落，砰地掉進聖餐酒中。接著，一直注視他的太太如何動作的雷根，拿起一塊聖餅，把它浸入聖餐杯，然後噗地一聲投入聖餐酒，與他太太的那塊聖餅比鄰漂浮在酒中。狄佛驚得緘口結舌；教堂牧師瞪著眼注視聖餐酒中兩塊聖餅，不知所以地搖搖頭，儀式繼續進行。離開教堂時，南西如釋重負（因為大家未共飲一杯），雷根踏進陽光時輕鬆愉快（因為儀式進行順利）。

7. 膠狀糖果豆：自從戒煙發覺膠狀糖果豆(jelly beans)很有助益之時起，雷根便愛上了這種糖果，餐後總是大口吃上幾顆。就任加州州長的第一天，糖果製造商亨利‧羅蘭(Henry Rowland)送給他一大瓶膠狀糖果豆，他放在會議室裏，開會時供大家分享，習以為常。他告訴羅蘭說：「不傳遞糖果豆瓶，我們幾乎不能開始會議或作成決議。」觀人於微，不久他悟出一番道理：「從只挑一種顏色或老老實實抓一把，你可以看出一個人的一些性格。」不過他也有非難之辭：「政治人物以命世之才或干城之選或同等卓越事蹟名垂青史，如果加州歷史記載我們蔑如膠狀糖果豆，未免有點令人驚奇。」

雷根當選總統後，亨利‧羅蘭告訴記者：「我可以說膠狀糖果豆將出現於白宮。」他說對了，雷根就職酒會、晚會共消耗掉4,000萬顆糖果豆，幾等於大選中他所得的選民票〔按1980年他得的選民票4,390萬〕。獲得1976年諾貝爾經濟學獎、白宮經濟政策顧問彌爾頓‧佛里得曼(Milton Friedman)嘆息說：「我所到之處，無不見膠狀糖果豆。」儘管牙科醫師和營養專家表示憂慮，膠狀糖果豆在雷根主政期間還是成為第一糖果(the First Candy)。與州長、市長、國會議員、工商業者、工會領袖、少數種族團體領導人的會議中，雷根免費提供他心愛的糖果，分享與會諸人。他另保留一種水晶瓶裝的貝利牌膠狀糖果豆(Jelly Belly's)（他最喜愛的品牌）供內閣會議之用，並鼓勵部會首長「需要精力時」，任便取用。

8. 俏皮話：雷根以說俏皮話著稱，即使在緊急關頭亦妙語如珠，使左右的人安心。就職不久，暗殺未遂，鎮靜一如多年前狄奧多‧羅斯福遭遇類似槍擊，而幽默則過之。1981 年 3 月 30 日當他走出華盛頓希爾頓大飯店(the Washington-Hilton Hotel)時，一名精神失常的年輕人砰砰一陣連發子彈擊中雷根、白宮新聞秘書及兩名執法人員，雷根的左肺嚴重受傷。他立即被送到醫院，推進手術室時，他笑著對醫師說：「請你們確實告訴我，你們都是共和黨人。」一名醫師說：「總統先生，我們今天都是善良的共和黨人。」手術後，他看見第一夫人南西的第一句話：「寶貝，我忘記閃避了(I forgot to duck.)。」稍後，他從加護病房遞給在外等候的白宮助理一張便條：「溫斯敦‧邱吉爾說：『任何感覺沒有比遭槍擊而無結果更令人快樂。』」兩小時後，又一張便條：「在好萊塢如果受到如此多的關照，我會留在那裏。」醫師稱讚他是一位好病人，他說：「我必須。我的岳父是醫師。」按南西的繼父是神經外科醫師。手術第二天早晨，他向白宮的助理們打招呼：「嗨，夥計們，好不容易我們逃掉一次幕僚會議。」被告知政府在他住院的時候順利進行，他假裝憤憤不平，說：「甚麼事使你們以為我會對此高興？」當他獲悉同時受傷的其他人有進步時，他大聲說：「這是個大好消息。我們需要 4 個便盆，並來一次劫後重聚。」

9. 叫錯名字：叫錯名字，是美國許多總統常犯的過失，粗心大意的雷根尤有甚焉。他歡迎職業拳擊手蘇格‧雷‧倫納德(Sugar Ray Leonard)及倫納德夫人，稱之為「蘇格‧雷」（"Sugar Ray"）及「雷夫人」（"Mrs. Ray"）；稱賴比瑞亞總統撒繆爾‧杜伊(Samuel Doe)為「莫伊主席」（"Chairman Moe"）〔雷根主政期間肯亞的總統叫 Daniel Moi，但他是總統而不是主席。有一個國家的領導人叫 Chairman Mao，讀音相近，但他在 1976 年已經去世。不知他如何聯想到〕；稱他的限武談判代表保祿‧H‧尼茲(Paul H. Nitze)為「艾德‧尼茲」（"Ed Nitze"）；更妙的，在一次集會中歡迎他的住宅及都市發展部長撒繆爾・R・皮爾斯(Samuel R. Pierce)為「市長先生」("Mr. Mayor")。妙事不只一端：英國王儲威爾斯親王及王妃黛安娜(Princess Diana)訪美，參加白宮晚宴，雷根致辭介紹貴賓時，稱他們為威爾斯親王及「他的可愛夫人，大衛王妃」("his lovely lady, Princess David")。一位參與晚宴的芭蕾女舞蹈家聽得喘不過氣來，「怎麼？」她低聲問坐在身旁的英國影星兼製片人彼得・A・猶斯蒂諾夫(Peter A. Ustinov)，「他真的說大衛王妃？」猶斯蒂諾夫低聲回答：「別煩惱，他正在想下週在黛安娜營(Camp Diana)度週末。」——故意以「黛安娜營」代替大衛營(Camp David)來嘲笑他的出醜。

10. 危機：1984 年 4 月雷根在喬治城大學(Georgetown University)講演時，談到「外交的錯綜複雜」(the "intricacies of diplomacy")，說出他新近如何幾乎引發一場國際危機的故事。此事見於他的自傳，當非虛構。白宮舉行國宴歡迎法國總統密特朗(François Mitterand)，密特朗夫婦及雷根夫婦結束迎賓行列後，從東廳走進國宴大廳，全體來賓都站在那裏，等待雷根夫人領導法國總統到她的餐桌，雷根領導密特朗夫人到另一面他的餐桌。雷根夫人及密特朗立即走向他們的餐桌，但是密特朗夫人卻冷冰冰地站在雷根身旁，即使司膳向她示意走向總統的餐桌，她也兀立不動。「我們應該走向另一面，」雷根低聲對她說。密特朗夫人仍然不動，但低聲用法語說些甚麼，雷根聽不懂。每個人都站著靜候他們就座，鴉雀無聲令人不安。突然一名通譯跑到雷根身旁，大聲說：「她在告訴你你踩住了她的晚禮服！」雷根立即向前移動，密特朗夫人也跟著行動。

布　希

1. 希臘哲學家：布希初任副總統，一次發表演說，其中引用古希臘歷史學家修西狄底斯(Thucydides)的話，但他對讀這位歷史大家的名字有困難，他的演說稿撰寫人之一聽了這篇演說後，嘆息著說，這是「我一生中最長的 5 秒鐘。他一直設法改正，但每次弄得更糟」。他的幕僚人員建議另換一個，布希立即接受。下一次發表同一篇演說，引用同一文句時，他是這樣表達的：「例如古希臘哲學家柏拉圖曾說……。」

2. 愛上了：布希任副總統時，一天在華府俄國大使館晚餐，坐在戈巴契夫夫人旁邊。晚餐時間很長，餐後演唱歌劇娛樂嘉賓。演唱者是一位身材碩大並不怎麼動人的女性，但確實有一副很美的嗓子。將近午夜時分，客人 1 個小時前已經應該離去，布希轉身玩笑似地對戈巴契夫夫人說：「啊，這樣可愛的聲音，我想我愛上了。」戈巴契夫夫人四周看一下，非常嚴肅地低聲說：「你最好不要。記得蓋瑞・哈特(Gary Hart)麼？」〔按蓋瑞・哈特為科羅拉多州聯邦參議員，1984 年參加民主黨總統初選，最後雖失敗，起初曾掀起旋風。1988 年再度角逐民主黨總統候選人提名，原被看好，後因與一名 29 歲女模特兒的緋聞案，被迫退出，媒體喧騰，轟動一時。〕布希後來把這個故事說給作家喬治・普林頓(George Plimpton)聽。普林頓問：「她很嚴肅麼？」「絕對嚴肅，臉上無一絲笑容。」布希回答。為免普林頓懷疑他乘機貶損哈特，布希提到他認識哈特，也喜歡他。「他是一名很容易相處的人。」

3. 傑佛瑞：1991 年 7 月世界領袖倫敦高峰會議期間，布希努力不讓蘇聯總統戈巴契夫獲得太多注意，掩蓋了他的聲望。一天晚間一件怪事使他的自尊受到重大打擊。英國女王在白金漢宮設晚宴款待各國領袖時，某一外長的妻子乘間來到布希面前，熱烈地向他致候，溫言細語地說：「啊，傑佛瑞(Geoffrey)，看見你真高興。」布希硬綁綁地回答：「我是喬治・布希，美國總統。」這個莫名其妙的女人不屑似地，「唷，你看來很像傑佛瑞。」說罷飄然而去。布希的兩名閣員——國務卿詹姆斯・貝克(James Baker)及財政部長尼古拉・布萊迪(Nicholas Brady)——從旁聽到這項談話，那天晚間忍不住稱布希為「傑佛瑞」。

4. 前，前，前，前：1993 年 1 月布希離開白宮前一兩天，懷俄明州共和黨聯邦參議員阿蘭・辛普森(Alan Simpson)來向他道別，據辛普森說，布希最後所說的話是：「過時下臺了！」("Over and out!")就職日，布希與總統當選人柯林頓乘車前往國會山莊途中，心情並不輕鬆。當柯林頓看見群眾中一塊牌子上寫「謝謝你，布希總統」，指給他看，並隨同他向這位孤獨的布希人揮手時，他感到一些快樂。柯林頓的就職演說提到布希「半世紀服務美國」，代表全國向他致敬，他也深為感動，一直緊繃的臉綻開笑容。離開華府時，他表示得很清楚，作為前總統，他目前不批評後任，因為「我承認他接受一份十分困難的工作」。

退休後，布希定居在休斯頓一棟紅磚房屋，開始撰寫回憶錄，籌劃在德州農工大學(Texas A & M University)建立他的總統圖書館，並在國外旅行演講。有些卸任總統不甘寂寞，再度跳進政治圈，布希對此了無興趣。接受訪問時，他說：「不再談政治，我已經搞夠了。」又說他離開政府後，生活很快活。經常幫助家務，「喬治是德州最佳的可愛洗盤子的人(the best little dishwasher in Texas)。」他的夫人芭芭拉(Barbara)說。布希不同意，他說：「芭芭拉鋪床疊被，我煮咖啡，而咪莉(Millie)〔他們的寵物小狗〕清理盤子。」

1994 年 1 月接受《紐約時報》訪問，他說：「不再是總統先生，只是德州一好人(Just a Texas nice guy)。」同年 9 月他與卡特應柯林頓之邀前往白宮為推動北美自由貿易協定造勢，聽了柯林頓的談話後，稱為是一篇很動人的聲明。他告訴人他要「貶低前總統的威嚴」("de-imperialize the ex-Presidency")。北美自由貿易協定會議之後幾天，在一次典禮中，當一位白宮幕僚人員稱他爲「總統」時，他大聲說：「前，前，前，前」（"Ex, ex, ex, ex"），意謂他是前總統，而不是「總統」。

1995年5月前總統布希辭去全國來福槍協會(the National Rifle Association)主席，再度成爲大標題新聞人物。他因爲該會募款函件將聯邦執法人員比之納粹黨的突擊隊，憤而提出辭職。他認爲這項比擬不但詆毀了全體執法人員，也傷害了他的榮譽心和對國家服務的觀念。全國對他行動的熱烈回響，顯示他和卡特一樣，離開白宮後繼續產生相當大的道義影響力。

柯　林　頓

1. 比爾與希拉蕊的奇遇記：柯林頓與希拉蕊・羅德漢(Hillary Rodham)同時在耶魯大學法學院學習法律，二人原不相識，一天希拉蕊經過學生休息室時，無意中聽見有人帶著濃厚的南方口音侃侃而談：「不僅此也，我們還有世界上最大的西瓜！」她問那是誰，朋友告訴她：「啊，那是比爾・柯林頓，他談的都是有關阿肯色州的事。」她大感興趣。

幾天後，希拉蕊遇見了比爾。比爾正與同班同學傑佛瑞・格雷凱(Geoffrey Gleckel)在法學圖書館討論爭取參加《耶魯法學季刊》(the *Yale Law Journal*)的事，當他發現希拉蕊在附近桌子上用功時，現在輪到他大感興趣了。格雷凱回憶說：「漸漸地比爾的注意力開始鬆懈，他的興趣開始減弱。我看得很清楚，比爾的焦點已由《法學季刊》移轉到其他地方。儘管我繼續談，比爾的雙眼似乎離開本題，四處遊蕩；我們雖然繼續討論他應否參與《法學季刊》的活動，他的眼光以漸增的頻率越過我的肩膀匆匆地向前望去。」希拉蕊突然站起，走過來，笑著對比爾說：「瞧，如果你一直瞪著眼看我，我一直瞪著眼回看，我們至少應該自我介紹一番。」一向能言善道的比爾一時間緘口結舌，無言以對，但很快便和希拉蕊熱烈地談起來，格雷凱決定離去。他事後說：「我知道爲《法學季刊》我吃了一次敗仗，所以我決定告退。但我一點不懷疑那天晚間比爾找到了遠比《法學季刊》更有價值的東西。」

希拉蕊出生中西部，但最後卻成爲阿肯色州人。1974 年秋和她的朋友瑟拉‧艾爾曼(Sarah Ehrman)開車去阿肯色法埃脫維爾市(Fayetteville)（柯林頓在該地阿肯色大學法學院執教），途中瑟拉不止一次問：「希拉蕊，你是不是瘋了，你眞的要去法埃脫維爾？」她們到達目的地時，正是德克薩斯／阿肯色橄欖球賽的日子，城內到處都是大學生學阿肯色野豬嘷嘷叫個不停。瑟拉再問：「看上帝的面子，希拉蕊，你瘋了麼？你千萬不要留在這個城內。你爲什麼這樣做？」希拉蕊解釋說：「我愛他。」不久她也加入阿肯色大學法學院教師行列，1975 年 10 月他們結婚了，她仍保留婚前的姓。

比爾以他的根爲榮，在耶魯他不煩訪問東部各大律師事務所求職，因爲他立意畢業後回到阿肯色投入政治。他回憶說：「我所要做的只是回去。我想在溫泉市(Hot Springs)掛牌當律師，看看有無機會選公職。」1974 年他競選國會議員，失敗，1976 年當選阿肯色州檢察長，1978 年當選州長，除 1980 年一度受挫外，在競選總統之前，接著一連 4 度贏得州長選舉。《阿肯色時報》(the *Arkansas Times*)主編約翰‧布魯梅特(John Brummett)認爲柯林頓「與其說他是阿肯色州人，不如說他是耶魯人和牛津人」。但柯林頓始終認同他的本州。他喜歡帶領東部來的朋友觀光阿肯色的風景名勝，招待他們品嚐阿肯色的特產。

希拉蕊成長爲高華德式的共和黨，轉變爲柯林頓式的民主黨；柯林頓當選阿肯色州檢察長後，她辭去教職，加入小岩城羅斯法律事務所(the Rose Law Firm)執業律師，1988 年及 1991 年兩度當選爲「美國 100 名最有影響力的律師」(the "100 Most Influential Lawyers in America"）之一，年收入爲 6 位數字，數倍於柯林頓。作爲主要負擔家庭生計者，她掌管她丈夫的和她自己的投資事業：在事業方面他們是合夥——有人稱爲「比拉蕊」合夥（"Billary" partnership)，比爾與希拉蕊的複合字縮寫。柯林頓少不了她，她對柯林頓有相當影響力。

1992 年大選期間柯林頓被指涉及緋聞事件後，夫妻 2 人接受 CBS「60 分鐘」訪問，要求全國尊重他們婚姻的隱私。希拉蕊在丈夫旁觀下，以後天學得的阿肯色口音宣稱：「我坐在此地不是因爲我是個站在丈夫身旁的小婦人，我坐在此地因爲我愛他，我尊重他，我敬重他所經歷的事物和我們共同所經歷的事物。如果你們認爲這不夠，那就不選他。」乾脆俐落。在政權過渡期間她參與重要人事物色。作爲第一夫人，她打破向例在白宮西廂擁有辦公室並受任主持國民健保改革總統特設委員會(the President's Task Force on National Health Reform)。總統授予第一夫人以公職，受到批評。他辯稱：「如果我未與希拉蕊結婚，她也會是任何此類職位盡先錄用的人。」別人也會反駁：「如果你未與希拉蕊結婚，你不會設立任何這類職位。」健保改革方案大吹大擂一陣，1994 年爲國會斷然拒絕，柯林頓遭遇挫折，希拉蕊受到更大的指責，加以她也涉及柯林頓州長任內及總統初期一些醜聞，此後立身行事採擇低姿態，並將辦公室移到東廂，離開權力中心。

2. 站在雨中：1978 年柯林頓當選阿肯色州長時，年 32，爲當時美國最年輕的州長。1980 年他競選連任，失敗了。1982 年他東山再起時，爲求勝利，幾乎全天候競選。一個寒冷、下雨的早晨，他 3 點半起床，匆忙趕往康寶濃湯工廠(Campbell Soup Plant)向前來輪接 4 點鐘早班的工人拉票。進廠換班的工人看見一位年輕的候選人站在雨中，握手時冷得發抖，大爲驚訝。不一會兒一名婦人從工廠出來，走到他的面前，大聲說：「柯林頓先生，我從前投你的票，但我想現在我不投你的票了。任何人非必須這樣做而冒著雨在寒冷黑暗中站在此地顯眼的，不夠精明當州長！」她飄然而去之後，柯林頓開始大笑，低聲對助理人員說：「我和你打賭她投我的票！」果然他贏了這次選舉。

3. 改變主意：柯林頓任州長時，阿肯色州議會以他的建議通過法案，對捐款給本州大學及獨立學院的，均給予 100 %租稅減免。議會會期結束時，法案送到他的辦公桌等他簽署。在這個節骨眼財政廳的人提出警告，說這個辦法鼓勵納稅人將「大把大把的鈔票」捐給高等教育以逃避繳納本州極需辦理其他事項的稅款。聽完他們的意見後，柯林頓決定否決這個法案，因此，他蓋了「不准」（"disapproved"）的戳記，簽了他的名字，命令州警察在 20 天內必須採取行動的限期快要屆滿前，將法案投入州下議院大門投信口。接著他打電話告訴州議員喬·貝爾(Joe Bell)他的決定。貝爾忠告說：「比爾，你不能這樣做，還記得四五個月前我帶了幾位大學校長到你的辦公室？我們談論這件事，你說如果我們通過，你會簽署。」柯林頓驚呼：「我說過麼？」貝爾說：「是的，你說過如果我們通過，你會簽署。」

掛斷電話後，柯林頓重加考慮。他提醒自己：「我告訴過這些校長，我必須守信。」因此，他叫州警察回到州下議院，用衣架從門底設法把他否決的法案鈎出來。州警察尋回了法案，帶回州長官邸，柯林頓拿起筆塗掉「不准」的戳記，簽了名，再送還州下議院。他的改變主意，引起財政廳一陣騷動。他們抗議說：「州長，這是個大災難。幾個月內人們會紛紛將支票開給大學及獨立學院，而稅收將直線下降。」他們終於說服了柯林頓再考慮一次，在適當期內召開州議會特別會議廢止這個法案。事後一位採訪柯林頓多年的記者觀察說：「柯林頓要從每個人類已知的角度研究後才作決定。」是慎思熟慮，還是優柔寡斷，視每次事件決定的次數而定。

4. 汽車牌照費：柯林頓因提高汽車牌照費未能贏得州長連

任，深爲失望，一時間不知道應否再試一次。1980 年失敗之後不久，一天，他前去探視他母親的途中，在一處加油站停下加油。加油站的人看見他，問：「你是比爾·柯林頓，是不是？」「是的，」柯林頓回答。加油站的人說：「啊，我使你損失了 11 張票，那是我自己、我的兩個兒子和他們的妻子以及我的 6 個夥伴。我們就是對著你而來。」柯林頓喊道：「你爲甚麼這樣做？」那個人回答：「我不得不——你提高了我的汽車牌照費。」柯林頓試圖加以解釋，他說：「讓我問你一件事。請看對面那條路，記得那條路曾是本州最大報紙的頭條新聞，因爲不少車子陷下去，我必須派拖曳機來把它們拖起來？」那個人搖搖頭，說：「我不在乎。我仍不願爲它付錢。」柯林頓重複申說：「讓我問你另外一件事，你還會考慮再投我的票麼？」那個人向下看看他的鞋子，然後向上看看柯林頓，和善地說：「你知道我會。我們現在扯平了。」柯林頓立即打電話告訴他的太太：「我們再選！」

投入選戰後，柯林頓仍不確定選民是否原諒了他提高汽車牌照費，另一次遭遇使他有了信心。一天，他走進一間鄉下小店鋪，店鋪內一個男子大聲問：「你是比爾·柯林頓麼？」「是的，」柯林頓回答。那個人繼續說：「啊，上次我投反對你的票，這次我投你的票。」柯林頓很高興，「好極了，」他笑著說。接著問：「上次你爲什麼投反對我的票？」那個人回答：「我不得不。你提高了我的汽車牌照費。」柯林頓繼續問：「這次你爲什麼投我的票？」那個人回答使柯林頓大爲驚奇：「因爲你提高了我的汽車牌照費。」困惑之下，柯林頓說：「瞧，先生，接近選舉的時候，我拚命想得到每張能得到的票。我搞不懂你這次投我的票和上次你投反對我的票，理由完全相同。」那個人解釋說：「啊，比爾，這很有道理。你可能想到許多事物，但你不笨。你是最沒有可能再提高汽車牌照費的人，所以我支持你！」

柯林頓以 54.7 ％選票贏得 1982 年選舉，成為阿肯色州唯一連任失敗爾後再當選的州長，其情形一如克利夫蘭之非連續兩任總統。

5. 降溫：柯林頓在公開場合一團和氣，如果事情搞砸了，私下裏也會大發雷霆，這是他的助理人員知之甚稔的事。不過他們也熟知他氣湧如山之後，通常不久就平靜下來。1992 年 9 月 1 日競選活動在喬治亞州美肯市(Macon)停下，柯林頓在市區廣場對一群老年人發表演說，當他發現成千上萬前來聽他演說的市民被繩子隔開不得躬逢其盛，大為驚訝。一位當地官員解釋說：「你們的人告訴我們不要美肯人參加。」柯林頓勃然大怒，他親自走到繩子邊，在炎熱之下費了幾個小時與前來聽演說的人握手。稍後，他憤怒地面對助理人員，問甚麼人決定不要美肯人參加老年人演講會。助理人員都聲稱不知情，他命令一位高級幕僚回到小岩城競選總部追蹤犯過的人。「我要他死，死，我要他被殺，我要他受鞭笞。」他感情衝動地說。助理人員從未見過他這般憤怒的樣子。高級幕僚從小岩城回來，柯林頓把他請到一邊，說：「我要知道誰做的這件事，我要開除他。」處分已經降低。調查發現犯錯的是競選組織一名勤勞下級人員，柯林頓本人也認識他。「該死！」柯林頓說，已經冷靜下來，「我希望該把他老老實實罵一頓。」

6. 王冠上珠寶：美國總統自就職之時起就已放棄了他們生活中的「隱私地帶」("a zone of privacy")，媒體每天，甚至每小時採訪他們的活動，嚴格的時間表和緊密的安全措施支配著他們的來來去去。白宮也者對許多居住過的人似乎是一座「白色大監獄」(a "Great White Jail")，但和一般監獄不同，不少人怦怦心嚮往之。柯林頓喜歡當總統，也和他的一些前任一樣，有時難免感覺受到與崇高地位以俱來的體制所縛束。柯林頓就職不久，邀請他的朋友、政治評論家保羅‧貝迦拉(Paul Begala)來白宮訪問，引導他作一次生動的歷史文物之旅，最後帶他到橢圓形辦公室。貝迦拉看見總統辦公室的堂皇，想到這裏所作決定的重大，有不勝負荷之感，他的雙膝幾乎曲不能直。柯林頓看見，低聲對他說：「不要讓它嚇倒你。」然後又冷淡地加一句：「這是聯邦刑事制度的王冠上珠寶！」（"the crown jewel of the Federal penal system!"）

7. 考驗：1993 年 9 月 22 日柯林頓出席國會兩院聯席會議談論國民健康保險改革事宜，他趁鼓掌歡迎的當兒，看一看講辭提示器(TelePrompter)，駭然發現他即將發表的演說辭不在螢幕上。他低聲對副總統亞伯特・高爾(Albert Gore)說：「亞爾(Al)〔亞伯特的暱稱〕，這篇演說不對！它是 2 月的那篇。」高爾傾身看出錯誤，立即叫白宮通訊主任喬治・斯特法諾波拉斯(George Stephanopolous)將正確的演說辭從主電腦傳送到終端機。斯特法諾波拉斯快速向前倒帶，文字飛馳而過的時候，柯林頓不能再等，他決定邊說邊等。斯特法諾波拉斯辛苦工作改正錯誤之際，柯林頓面對全國討論健保問題有七、八分鐘之久，而且說得滿懷信心，毫不費力，除他的妻子和女兒外無人知道他沒有稿子，即席而作。斯特法諾波拉斯終於在講辭提示器上將正文轉到一處，與柯林頓的講話正好銜接，天衣無縫，好像他一直照著原文一樣。事後，一位助理人員問他在危機期間他的腦海中想些什麼，他笑著說：「啊，我只想『上帝，你在考驗我』！」

8. 柯林頓、杜爾與格拉姆：1994 年 9 月國會拒絕柯林頓的國民健保改革計畫，對他是一項挫折；11 月共和黨控制國會兩院，對他是一項更嚴重的打擊。國會期中選舉不久，即使共和黨挑戰者已著手積極爭取黨內提名，柯林頓仍決心尋求連任。堪薩斯州聯邦參議員鮑伯・杜爾(Bob Dole)（參議院多數黨領袖）及德克薩斯州聯邦參議員菲爾・格拉姆(Phil Gramm)是爭取共和黨提名的主要對手，不久二人互相指責——格拉姆（53 歲）暗示杜爾（72歲）做總統年齡太大〔按美國年齡最大的總統雷根，1981年就職時68歲〕。杜爾因此發表一份體檢報告，證明他的健康極為良好。

　　1995年4月杜爾宣布將爭取1996年共和黨提名，開始他在總統路上第4次競賽。8月，當柯林頓（48歲）與杜爾出席在佛蒙特州柏林頓市(Burlington)舉行的全國州長協會(the National Governors Association)會議討論福利改革時，他們也趁機辯論另一話題：個人健康。杜爾宣稱：「我的膽固醇比柯林頓的低，我的血壓比柯林頓的低，我的體重比柯林頓的輕。」然後振臂猛力對著格拉姆一揮，再加一句：「但我不打算使健康成為1996年〔大選〕一個爭議事項。」輪到柯林頓時，他說杜爾參議員傷害了他的感情，但他無論如何確知他的靜脈壓「遠比杜爾參議員的低」，不過「那並不眞正是他的錯。我不必每天對付菲爾‧格拉姆」。差不多就在此時，好像證實柯林頓的說法似的，格拉姆發表談話，抨擊杜爾的福利計畫「充滿瑕疵」。

　　1996年5月杜爾戲劇性地辭去任職將近30年的參議員，以便集中全力從事競選。從總統初選到大會提名，一路上與格拉姆、派特‧布坎南(Pat Buchanan)等搏鬥，並不順利。至於柯林頓，期中選舉後他的連任景色雖然幽暗，到了大選之年卻時來運轉，提名未遭遇眞正對手，民意測驗一直領先杜爾。杜爾最後96小時馬拉松式衝刺，未能挽回頹勢，敗下陣來。

數字遊戲

一

1. 美國總統任期一任 4 年，即使在職死亡，任職最短的總統如威廉・亨利・哈利生，也有一個月。事實上卻有一日，甚至一小時的總統。

一日總統：密蘇里州的大衛・萊斯・艾奇遜(David Rice Atchison)，他的墓碑上寫道：「大衛・萊斯・艾奇遜，1807-1880，美國總統一日」("David Rice Atchison, 1807-1886, President of the U.S. one day")。他可能當了一天的美國總統，其事經過如此：1849 年 3 月 4 日詹姆斯・K.・波克的任期正午屆滿，那天適逢星期日，新當選的總統撒迦利・泰勒不肯在該日宣誓就職，而波克的副總統喬治・M.・戴拉斯(George M. Dallas)也和波克同時任滿，艾奇遜以聯邦參議院臨時議長的身分技術上是唯一法定執行總統職權之人。依當時有效的 1792 年總統繼任法(the Presidential Succession Act)，總統及副總統均缺位時，參議院臨時議長應代行總統職權。所幸艾奇遜在職的那天未發生任何重大事件。事後，他告訴《聖路易地球報》(the St. Louis *Globe-Democrat*)說：「那個星期日我大部分時間蒙頭大睡。」

一小時總統：湯瑪斯・R.・馬歇爾(Thomas R. Marshall)，他是伍佐・威爾遜的副總統。1919 年 11 月 23 日馬歇爾正在喬治亞州亞特蘭大市政大廳演說，一名警察突然衝上講台，對當地官員悄悄耳語。馬歇爾的演說被打斷，告訴他一個可怕的消息：接到電話，中風臥病的總統已經去世。馬歇爾一陣驚愕，旋而強自鎮靜。他向聽衆宣布：「我不能繼續演說了，我必須立即離去接替這個偉大國家的總統職位。」他要求大家祈禱，在警察護衛下匆匆回到下榻的旅館。當他獲悉威爾遜還健在時，尷尬之餘，形容這個事件是「一個極其殘忍的惡作劇」。馬歇爾只做了一小時的總統，又回到他習以爲常的無聲無臭的地位。稍後，他乘坐火車離開亞特蘭大，沒有護衛，只有汽笛聲相伴。

2. 自 1788 年聯邦憲法批准生效以來，迄今 210 年，53 次總統大選中只有一次在奇數之年舉行：1789 年第一次總統大選，係大陸會議所指定。

3. 總統卸任後再受命擔任美軍統帥者，一人：華盛頓。美法關係因 xyz 事件陷於緊張之際，1798 年 7 月 4 日受命擔任此職。

4. 總統與副總統分屬於兩個不同政黨，自來只有過一次：約翰‧亞當斯（聯邦黨）與哲斐遜（民主共和黨），1797-1801 年。

5. 總統卸任後創辦大學者，一人：哲斐遜，創辦維吉尼亞大學並親自規劃，擔任首任校長。

6. 總統卸任後選入聯邦眾議院者，一人：約翰‧昆西‧亞當斯，1830 年，連續任職 17 年，死於國會大廈。

7. 當選總統前曾任聯邦眾議院議長者，一人：波克，1835-39 年。

8. 只有一位總統曾當過戰俘：傑克遜，參加革命戰爭，1780 年，13 歲，爲英軍所俘，頗受虐待。

9. 終身未娶的總統，一人：布坎南。

10. 裁縫出身的總統，一人：安德魯‧約翰生。

11. 總統被彈劾而審判宣告無罪者，一人：約翰生，1868 年。

12. 總統卸任後再選入聯邦參議院者，一人：約翰生，1875 年。

13. 非連續兩任的總統，一人：克利夫蘭，第 22 及 24 任。

14. 卸任總統再投入選戰，遇刺受傷者，一人：狄奧多‧羅斯福，1912 年 10 月 14 日在密爾瓦基(Milwaukee)以進步黨總統候選人競選時。

15. 總統卸任後受任最高法院院長者，一人：塔虎脫，1921-30 年。

16. 獲得哲學博士(Ph. D.)的總統，一人：威爾遜。

17. 新聞記者出身的總統，一人：哈定。

18. 工程師出身的總統，一人：胡佛。

19. 總統卸任後再擔任公職者，一人：胡佛，1947 年及 1953 年兩度擔任政府組織委員會主席。

20. 7 月 4 日逝世的總統有三人，而 7 月 4 日出生的總統，只有一人：柯立芝，1872 年 7 月 4 日。

21. 感染過小兒麻痺症，下肢萎縮，不良於行的總統，一人：佛蘭克林‧D.‧羅斯福。

22. 總統當選人遇刺者，一人：佛蘭克林‧ D.‧羅斯福，1933 年 2 月 15 日在邁阿密(Miami)，未受傷。

23. 超過兩任的總統，一人：佛蘭克林‧D.‧羅斯福，四度當選，1932，1936，1940 及 1944。

24. 世界大戰中曾擔任歐洲戰區盟軍統帥的總統，一人：艾森豪，二次大戰，1943-45 年。

25. 曾任北約組織歐洲盟軍統帥的總統，一人：艾森豪，1950-52 年。

26. 天主教徒當選總統者，一人：甘迺迪。

27. 曾擔任聯邦參議院少數黨及多數黨領袖的總統，一人：詹森，少數黨領袖，1953-54 年；多數黨領袖，1955-60 年。

28. 副總統任滿未立即當選總統，嗣後東山再起而當選者，一人：尼克森，1953-61 年為艾森豪的副總統，1960 年大選敗於甘迺迪，1968 年當選總統。

    29. 因案避免彈劾而辭職的總統，一人：尼克森，1974 年。

    30. 未經選舉而產生的總統，一人：福特，1973 年由尼克森依憲法修正案第 25 條提名、經國會認可，任副總統；1974 年尼克森辭職，繼任總統；1976 年競選連任，失敗。其副總統與總統兩職均未經過選舉。

    31. 總統而赦免另一總統在職期間所犯罪行，使其免於被彈劾定罪者，一人：福特，1974 年赦免尼克森。

    32. 海軍官校出身的總統，一人：卡特。

    33. 電影演員出身的總統，一人：雷根。

    34. 離過婚的人當選總統者，一人：雷根。1948 年與第一任妻子珍‧惠曼(Jane Wyman)離婚。

    35. 總統在職期間遇刺身亡者，不止一人，遇刺未受傷者，亦不止一人，而受傷未死者，只有一人：雷根。1981 年 3 月 30 日在華府希爾頓大飯店門前遇刺。

    36. 迄今爲止，女性總統候選人只有過一人：1872 年全國婦女參政會(National Woman's Suffrage Association)提名維多利亞‧C.‧伍德赫爾(Victoria C. Woodhull)爲總統候選人。惟其時婦女尚無選舉權，根本未能參加大選。

    37. 迄今爲止，女性副總統候選人只有過一人：吉拉汀‧A.‧費拉蘿(Geraldine A. Ferraro)，1984 年民主黨提名。

二

    1. 自 1789 年迄 1996 年 53 次總統大選中候選人無競爭對手，只有兩次：1789 年及 1792 年，無人與華盛頓競選。

    2. 自來只有兩次大選各候選人均未標明政黨隸屬：1789 年及 1824 年。前者政黨尚未萌芽，後者雖已有聯邦黨及民主共和黨，但各候選人均未標明其隸屬。

3. 樹立總統兩任制的傳統者，華盛頓，兩任無競爭當選總統，拒絕第三任。哲斐遜步其後塵，亦謝絕第三任，總統連任一次，遂成傳統。

4. 華盛頓兩任分別在兩地宣誓就職：1789 年第一任在紐約市，1793 年第二任在費城。

5. 選自聯邦黨的總統，二人：華盛頓及約翰・亞當斯。

6. 兩位總統在費城宣誓就職：華盛頓（第二任期）及約翰・亞當斯。

7. 兩位總統曾簽署聯邦憲法：華盛頓及麥迪遜。

8. 唯一以兩位總統命名的大學：華盛頓及哲斐遜學院(Washington and Jefferson College)，在賓州。

9. 兩位總統的誕辰爲法定假日：華盛頓及林肯。華盛頓誕辰，2 月 22 日，各州及哥倫比亞特區均爲法定假日；林肯誕辰，2 月 12 日，許多州及哥倫比亞特區爲法定假日。二人的誕辰又稱「總統節」（"Presidents Day"）或「華盛頓／林肯節」（"Washington-Lincoln Day"），定在 2 月第 3 個禮拜一。

10. 兩位總統在紐約市宣誓就職：華盛頓（1789 年）及亞瑟（賈飛德在職遇刺死亡，1881 年在紐約住所宣誓繼任總統）。

11. 父子先後當選總統者，二人：約翰・亞當斯及約翰・昆西・亞當斯。

12. 兩位總統曾簽署〈獨立宣言〉：約翰・亞當斯及哲斐遜。二人同爲〈宣言〉起草委員會委員，哲斐遜並爲宣言主稿人。

13. 兩位總統最爲高壽，都活過 90 歲：約翰・亞當斯，死時 90 又 8 個月零 4 日；胡佛，90 又兩個月 20 日。

14. 總統卸任後任大學校長者，二人：哲斐遜及麥迪遜，維吉尼亞大學校長(rector)，哲斐遜並爲創辦人。

15. 兩位總統元旦結婚：哲斐遜及波克。

16. 兩位總統在英國倫敦結婚：約翰・昆西・亞當斯及狄奧多・羅斯福（第二次婚姻）。

17. 總統出身議員者多矣，卸任後再選入國會者，只有二人：約翰・昆西・亞當斯，再選入衆議院；安德魯・約翰生，再選入參議院。

18. 兩位總統續留前任的副總統爲副總統：麥迪遜留哲斐遜的副總統喬治・柯林頓(George Clinton)，傑克遜留約翰・昆西・亞當斯的副總統約翰・C.・卡爾洪(John C. Calhoun)。

19. 一年之內兩位總統死亡，只有過 3 次：1826：約翰・亞當斯及哲斐遜；1862：范布倫及泰祿；1901：本嘉明・哈利生及麥金利。

20. 雖有 8 位總統死於任內，只有兩位死在白宮：威廉・H.・哈利生，1841；及泰勒，1850。

21. 兩位總統在其誕辰結婚：泰祿及狄奧多・羅斯福，均爲其第一次婚姻。

22. 祖孫同爲總統者，二人：威廉・H.・哈利生及本嘉明・哈利生。

23. 兩位總統曾擔任過軍事長官(Military governors)：傑克遜，佛羅里達 1819 年西班牙售與美國，1821 年孟羅總統任命爲佛羅里達軍事長官；約翰生，內戰期間田納西 1861 年脫離聯邦，1862 年林肯總統任命爲田納西軍事長官。

24. 兩位總統未向國會提送國情咨文：威廉・亨利・哈利生及賈飛德，均因爲任職期間太短，在職死亡或遇刺死亡。

25. 兩位總統曾是契約僕人(indentured servants)：約翰生及費爾摩。契約僕人爲與他人立約服勞務（美其名曰學徒）5 年至 7 年的僕人。這種早期契約勞工在約定期間，僕人實際上是主人的奴隸。約翰生契約未滿逃走，他的裁縫主人刊登廣告，懸賞捉拿，約翰生未被捉。費爾摩與織布商立約爲奴，7年約滿，花了30元贖回自由。

26. 兩位總統大選中所得選舉人票及選民票均少於競選對手，且均未過半數，由聯邦眾議院選舉而當選：約翰・昆西・亞當斯，1824年大選；及海斯，1876年大選。

27. 兩位總統曾參加1832年黑鷹戰爭(the Black Hawk War)：泰勒，陸軍上校；林肯，陸軍上尉。黑鷹爲印第安掃克(Sauk)及福克斯(Fox)兩部落的酋長，是役將兩部落印第安人驅至密西西比河以西。

28. 兩位總統當選時是單身漢：布坎南，終身未娶；克利夫蘭，在職期間（第一任內）結婚。

29. 兩位總統曾任郵政局長：林肯及杜魯門。

30. 兩位總統在職期間曾經被捕：皮爾斯，因爲他的馬撞倒一位老婦人；格蘭特，因爲在街上騎馬跑得太快。

31. 西點軍校出身的總統二人：格蘭特，1843年畢業；艾森豪，1915年畢業。

32. 佛蘭克林・D.・羅斯福以前有兩位總統企圖打破兩任傳統，均未如願：格蘭特，1868年及1872年兩度當選，1880年以保守派支持尋求本黨提名，敗於賈飛德；狄奧多・羅斯福，1901年繼任總統，1904年連任，1912年爭取本黨提名失敗，改以進步黨候選人競選，敗於威爾遜。只有佛蘭克林・D.・羅斯福打破傳統，連任再三再四。惟憲法修正案第22條限制總統任期不得超過兩任，今後不會再有翻案的事例矣。

33. 兩位總統卸任後成爲法學教授：本嘉明・哈利生，在史丹福大學發表一系列憲法專題講演；及塔虎脫，接受耶魯大學肯特法學講座教授(Kent professor of law)，擔任政治學專題講演並教國際法。

34. 兩位總統曾得諾貝爾和平獎：狄奧多・羅斯福，爲斡旋日俄議和，1905 年，獎 1906 年；威爾遜，爲一次大戰後促成國際聯盟，1919 年，獎 1919 年。

35. 兩位總統耶魯大學畢業：塔虎脫，1878 年；布希，1948 年。另有兩位總統畢業於耶魯法學院：福特，1941 年；柯林頓，1973 年。

36. 迄今爲止，兩位總統死後葬於阿靈頓國家公墓：塔虎脫，1930 年；甘迺迪，1963 年。

37. 兩位總統由參議院直接進入白宮：哈定及甘迺迪（賈飛德 1880 年當選總統及參議員，就總統而辭去議席，不算在由參議院直接進入白宮之列）。哈定及甘迺迪也是先其父而死的兩位總統。

38. 兩位總統宣誓就職，由一前任總統監誓：柯立芝及胡佛就職由最高法院院長塔虎脫監誓，塔虎脫爲前任總統。

39. 兩位富有的總統將其薪俸捐助慈善之用：胡佛及甘迺迪。

40. 兩位總統爲瑞士／日耳曼血統(Swiss-German heritage)：胡佛及艾森豪。其他均係英、愛、荷後裔(English-Irish-Dutch background)。

41. 兩位總統的寵物犬成爲演說的題目：佛蘭克林・D・羅斯福的「法拉」（"Fala"），1944 年 9 月 23 日；及尼克森的「格子花」(Checkers)，1951 年 9 月 23 日。1944 年羅斯福第四度競選，共和黨指責他派軍艦去阿留申群島尋回他視察時失落該地的愛犬法拉。他利用在運輸工會演說反駁這項指控，說共和黨人不以攻擊他本人和他的家人爲滿足，連他的小狗法拉也不能倖免。「我不怨恨攻擊，我的家人也不怨恨攻擊，但法拉卻怨恨攻擊。」他的演說獲得選民回響。1952 年尼克森攀附艾森豪競選副總統，報端披露他任參議員時曾將捐款挪作私用，艾森豪要他限期答覆指控；如不能證明清白，將撤銷他的搭檔。尼克森上電視堅稱捐款只用於政治開支，私人未挪用分文。他承認有人送給他的女兒一隻小狗，黑白相間類似棋盤，他的女兒因而稱牠爲格子花。「不管他們說甚麼，我們要保留牠。」小狗的故事救了他。

42. **兩位總統曾在一次大戰中服役**：杜魯門在法國戰場服役；艾森豪，西點畢業後，在國內任軍職，未參加戰鬥行列。

43. **兩位總統的兩本著作改編成電視連載故事**：艾森豪的《歐洲十字軍》(*Crusade in Europe*)及甘迺迪的《勇者畫像》(*Profiles in Courage*)。

44. **兩位總統大選中獲得 49 州**：尼克森（1972 年）及雷根（1984 年），均爲其連任大選。

45. **兩位總統不以出生的姓名爲姓名**：福特及柯林頓。福特出生時因其父取名小勒斯利・金恩(Leslie King, Jr.)，吉拉德・R・福特乃養父所取之名。柯林頓出生時依其父之名命名威廉・J・布萊斯四世(William J. Blythe 4th)，柯林頓經其繼父收養，取自其繼父羅吉爾・柯林頓(Roger Clinton)之姓。

46. **左撇子總統不止兩位，但能左右開弓者，二人**：福特及布希。福特運動用右手，寫字、吃飯用左手，布希打棒球左打右投。

47. **迄今爲止，只有兩位總統在醫院出生**：卡特，在平原鎮(Plains)懷茲醫院(Wise Hospital)；柯林頓，在霍浦鎮(Hope)裘莉亞・柴斯特醫院(Julia Chester Hospital)。

48. **美國史上有過兩位總統同時在職，造成民有二王**：新當選的總統依例應於大選第二年 3 月 4 日宣誓就職，1877 年 3 月 4 日適爲星期日，海斯不願在主日到任，乃提前於 3 月 3 日不公開宣誓。而於 3 月 5 日公開舉行就職典禮，致 3 月 3 日出現了兩位總統，因爲他的前任格蘭特的任期到 3 月 4 日才屆滿。

49. **只有兩位副總統兩度當選總統**：哲斐遜（直接當選）及尼克森（間隔了 8 年才當選）。

50. **副總統辭職者，二人**：約翰・C・卡爾洪，約翰・昆西・

亞當斯及哲斐遜的副總統，1832 年 12 月 28 日辭職就任參議員；斯派羅・T・安格紐(Spiro T. Agnew)尼克森的副總統，1973 年 10 月 10 日因逃稅案辭職。

51. 未經選舉，依《憲法》修正案第 25 條任命的副總統，二人：福特，1973 年 10 月 12 日由尼克森提名，經國會認可，12 月 6 日就職；納爾遜・A・洛克斐勒(Nelson A. Rockeffer)，1974 年 8 月 20 日由福特提名，經國會認可，12 月 19 日就職。

52. 副總統死亡，停靈國會圓形大廳靈臺供人瞻仰者，二人：亨利・威爾遜(Henry Wilson)，格蘭特的副總統，在職死亡，1875 年；及休伯特・H・韓福瑞(Hubert H. Humphrey)，詹森的副總統，1978 年死於參議員任內。

53. 兩位總統的遺孀再醮：克利夫蘭的遺孀福蘭西絲(Frances)及甘迺迪的遺孀賈桂琳(Jacqueline)。她們都是丈夫死後 5 年再醮，死後都葬在第一任丈夫的墓旁。

三

1. 三位總統曾在革命戰爭中服役：華盛頓，大陸軍總司令，1775-83 年；孟羅，大陸軍，陸軍中尉升至少校，1776-78 年；傑克遜，大陸軍傳令兵，1780-81 年。

2. 只有三位總統美國硬幣、紙幣、儲蓄債券及國庫債券上都刻繪有他們的肖像：華盛頓、哲斐遜及林肯。

3. 三位總統就讀過威廉及瑪利學院(The College of William and Mary)：哲斐遜、孟羅及泰祿。哲斐遜及泰祿先後於 1762 年及 1807 年畢業，孟羅因參加獨立戰爭中途輟學。

4. 三位總統死於獨立紀念日：約翰・亞當斯、哲斐遜及孟羅。亞當斯及哲斐遜死於同年，1826 年，〈獨立宣言〉50 週年紀念；孟羅死於 1831 年，〈獨立宣言〉55 週年紀念。

5. 國會圖書館三座大樓，各以一位總統命名：湯瑪斯・哲斐遜大樓(The Thomas Jefferson Building)（圖書館的主建築）、約翰・亞當斯大樓(The John Adams Building)、及詹姆斯・孟羅大樓(The James Monroe Building)。

6. 三位總統未參加其繼任者的就職典禮：約翰・亞當斯未參加哲斐遜的就職典禮，約翰・昆西・亞當斯未參加傑克遜的就職典禮，約翰生未參加格蘭特的就職典禮。前二人因爲大選失敗，餘怒未消，拒不參加；後者則因爲未被邀請參加。

7. 三位總統及其副總統均擔任過州長：哲斐遜及其第二任副總統喬治・柯林頓，孟羅及丹尼爾・D.・湯浦金茲(Daniel D. Tompkins)，威爾遜及湯瑪斯・R.・馬歇爾。

8. 三位總統無宗教隸屬：哲斐遜、林肯及約翰生。

9. 三位總統未獲選舉人票過半數而當選：哲斐遜、約翰・昆西・亞當斯及海斯。 1800 年大選，哲斐遜與艾倫・柏爾(Aaron Burr)各得 73 張選舉人票，眾議院選舉時，以亞歷山大・漢彌頓(Alexander Hamilton)之助，擊敗柏爾而當選。1824 年大選，亞當斯所得選舉人票原少於傑克遜（ 84 對 99 ），眾議院選舉時，以亨利・克雷(Henry Clay)之助，擊敗傑克遜而當選。1876 年大選，因三州所報選舉結果牽涉到 19 張選舉人票有爭議。不算此 19 票，撒繆爾・J.・狄爾登(Samuel J. Tilden)以 184 對 166 票領先海斯，只差 1 票未過半數。國會組織選舉委員會，委員會將所有有爭議的選舉人票判給海斯，海斯乃以 185 對 184 票而當選。

10. 三位總統曾參加過決鬥：麥迪遜（ 1797 年）、傑克遜（百次以上）及林肯（ 1842 年）。

11. 三位總統作戰受傷：孟羅，革命戰爭，1776 年特稜頓(Trenton)之役；海斯，內戰，1864 年棲得河(Cedor Creek)之役；及甘迺迪，二次大戰，太平洋戰場所羅門群島。

12. 三位總統是遺腹子：傑克遜、海斯及柯林頓。

13. 三位總統曾參加 1812 年之戰：傑克遜，少將；威廉・亨利・哈利生，少將；及泰勒，少校。

14. 三位總統娶離婚的女子為妻：傑克遜娶雷恰爾(Rachel)，哈定娶福蘿倫絲(Florence)，及福特娶伊麗莎白(Elizabeth)。

15. 三位總統遇刺未受傷：傑克遜，1835 年 1 月 30 日；杜魯門，1950 年 11 月 1 日；及福特，1975 年 9 月 5 日及 9 月 22 日。

16. 美國歷史上同一年內三位總統在職，迄今只出現過兩次。1841 年：范布倫 3 月 4 日卸任，威廉・亨利・哈利生同日就職，4 月 4 日在職死亡，泰祿同日繼任。1881 年：海斯 3 月 4 日卸任，賈飛德同日就職，遇刺，9 月 19 日死亡，亞瑟同日繼任。

17. 三位總統各以小黨總統候選人再投入選戰，均未當選：范布倫，1848 年以自由土地黨(the Free Soil Party)候選人競選；費爾摩，1854 年以美國黨(the American Party)候選人競選；狄奧多・羅斯福，1912 年以進步黨(the Progressive Party)候選人競選；不僅未能重振聲威，還連帶原屬政黨候選人受累。

18. 三位總統為荷蘭移民後裔：范布倫、狄奧多・羅斯福，及佛蘭克林・D.・羅斯福。

19. 三位總統的父親曾任州長：威廉・亨利・哈利生之父本嘉明・哈利生五世(Benjamin Harrison V)，維吉尼亞州；泰祿之父約翰・泰祿(John Tyler)，維吉尼亞州；及皮爾斯之父本嘉明・皮爾斯(Benjamin Pierce)，新罕布夏州。

20. 三位總統在職期間喪偶：泰祿、本嘉明・哈利生及威爾遜。

21. 三位總統在職期間結婚：泰祿、克利夫蘭及威爾遜，其中克利夫蘭在白宮，其餘二人係第二次婚姻，分別在紐約市及華府。

22. 三位總統先其母而死：波克、賈飛德及甘迺迪。

23. 三位總統曾在美墨戰爭中服役：泰勒，少將；皮爾斯，准將；及格蘭特，上尉。

24. 陸軍官校出身的總統，有三：格蘭特，西點，1843 年；艾森豪，西點，1915 年；及卡特，海軍官校，1946 年。

25. 三位總統是牧師之子：亞瑟、克利夫蘭及威爾遜。

26. 三位總統同於 1886 年結婚：克利夫蘭、狄奧多·羅斯福（第二次婚姻）及塔虎脫。

27. 三位總統以其姓名的三個首字母著稱：FDR（佛蘭克林·D.·羅斯福）、JFK（約翰·F.·甘迺迪）、及 LBJ（林敦·B.·詹森）。

28. 1981 年 10 月美國三位前總統尼克森、福特及卡特乘坐總統座機飛往埃及開羅參加埃及總統沙達特(Anwan Sadat)的喪禮，何人住在總統套房？國務卿亞歷山大· M.·海格(Alexander M. Haig)，他代表雷根總統。

29. 三位副總統曾簽署獨立宣言：約翰·亞當斯、哲斐遜（以上二人任總統前分別是華盛頓及約翰·亞當斯的副總統）及艾爾布里奇·蓋瑞（Elbridge Gerry，麥迪遜的副總統）。

30. 三位第一夫人生於紐約市：伊麗莎白·孟羅(Elizebeth Monroe)、艾利娜·羅斯福(Eleanor Roosevelt)、及南西·雷根(Nancy Reagan)。

31. 三位第一夫人死於白宮：莉蒂霞·泰祿(Letitia Tyler)、凱洛琳·哈利生（Caroline Harrison 本嘉明·哈利生之妻）、及愛倫·威爾遜(Ellen Wilson)。

32. 林肯之子羅伯、托德·林肯(Robert Todd Lincoln)因爲林肯、賈飛德、及麥金利等三位總統遇刺，他都在附近，自認爲是「掃把星」(a jinx)。幸而他未活到見證甘迺迪遇刺，否則眞是不祥之人矣。

四

1. 雕刻家古聰‧波格拉姆(Gutzon Borglum)在南達克達州羅希摩爾(Mt. Rushmore)花崗岩上雕刻了四位總統 60 呎高的面部石像：華盛頓、哲斐遜、林肯及狄奧多‧羅斯福。

2. 首名為約翰(John)的總統，有四：約翰‧亞當斯、約翰‧昆西‧亞當斯、約翰‧泰祿，及約翰‧F.‧甘迺迪。

3. 四個姓氏各為兩位總統所共有：亞當斯(Adams)、哈利生(Harrison)、約翰生(Johnson)及羅斯福(Roosevelt)，其中只有兩位 Johnsons 無任何親屬關係——安德魯‧約翰生(Andrew Johnson)及林敦‧B.‧詹森(Lyndon B. Johnson)。

4. 在憲法修正案第 20 條生效前，自華盛頓第二任期（1793年）迄佛蘭克林‧D.‧羅斯福第一任期（1933年），新當選的總統例於大選的次年 3 月 4 日（第一屆國會開幕紀念日，第一屆國會於 1789 年 3 月 4 日集會）宣誓就職，唯有四位例外：孟羅、泰勒、海斯及威爾遜；孟羅及威爾遜發生在第二任期，泰勒及海斯係新任，均在避免星期日宣誓就職。泰勒依例應於 1849 年 3 月 4 日宣職就職，惟該日適為星期日，他選在 3 月 5 日宣誓就職，致總統職位虛懸一日；因為他的前任波克的任期已於前一日屆滿。海斯依例應於 1877 年 3 月 4 日宣誓就職，為避免星期日，他提前於 3 月 3 日不公開宣誓就職，而於 3 月 5 日舉行公開儀式，致 3 月 3 日出現了兩位總統；因為他的前任格蘭特的任期尚未屆滿。孟羅及威爾遜均係連任，分別選在 1821 年 3 月 5 日及 1917 年 3 月 5 日宣誓就職，不發生新舊交替，總統職位虛懸或重疊問題。

5. 四位總統的五官四肢稍顯異常：約翰‧昆西‧亞當斯，左臂小於右臂；布坎南，歪脖子，左眼球高於右眼球，一隻眼近視，另一隻遠視；林肯，左眼高於右眼；甘迺迪，右腿比左腿長

3/4 吋。

6. 四位總統的學業成績優異，得 Phi Beta Kapa 會員章：約翰・昆西・亞當斯，哈佛大學；亞瑟，聯合學院(Union College)；狄奧多・羅斯福，哈佛大學；及布希，耶魯大學。

7. 四個州的首府以四位總統之姓為名：湯瑪斯・哲斐遜——密蘇里州哲斐遜市(Jefferson City)，詹姆斯・麥迪遜——威斯康辛州麥迪遜(Madison)，安德魯・傑克遜——密西西比州傑克遜(Jackson)，亞伯拉罕・林肯——內布拉斯加州林肯(Lincoln)。

8. 四位總統的首名為威廉(William)：威廉・H.・哈利生、威廉・麥金利、威廉・H.・塔虎脫，及威廉・J.・柯林頓。

9. 職業軍人出身的總統，四人：威廉・H.・哈利生、泰勒、格蘭特及艾森豪。

10. 輝格黨共有四位總統：威廉・H.・哈利生、泰祿、泰勒及費爾摩。

11. 四位總統在職期間病故：威廉・H.・哈利生、泰勒、哈定、及佛蘭克林・D.・羅斯福。

12. 「黑馬候選人」("dark horse candidates")當選總統者，有四：波克，1844 年民主黨全國代表大會第 9 次投票獲得提名；皮爾斯，1852 年民主黨全國代表大會第 49 次投票；賈飛德，1880 年共和黨全國代表大會第 36 次投票；及哈定，1920 年共和黨全國代表大會第 10 次投票。

13. 四位總統在職期間遇刺身亡：林肯、賈飛德、麥金利及甘迺迪。

14. 四位總統姓名的首字母相同：伍佐・威爾遜(Woodrow Wilson)、卡爾文・柯立芝(Calvin Coolidge)，赫伯特・胡佛(Herbert Hoover)，及隆拉德・雷根(Ronald Reagan)。

15. 佛蘭克林・D.・羅斯福四度競選總統，諾曼・湯瑪斯（Norman Thomas，社會主義黨）四度與之抗衡。

16. 四大自由——言論自由、信仰自由、不虞匱乏的自由，及免於恐懼的自由——是哪位總統首先提出的？佛蘭克林・D・羅斯福，1941 年 1 月 6 日對全國演說，作爲世界和平的基礎。

17. 第四點計畫(Point Four Program)是哪位總統提出的？杜魯門，1949 年 1 月 20 日就職演說所發表對低度開發國家的技術援助方案。稱爲第四點者，以其列在對外政策的第四項故也。

18. 副總統任滿，直接當選總統者，四人：約翰・亞當斯、哲斐遜、范布倫及布希。

19. 總統在職病故或遇刺身亡，副總統繼任，繼任期滿，靠自己條件贏得大選者，四人：狄奧多・羅斯福、柯立芝、杜魯門及詹森。

20. 總統之子當過總統者，雖只有一人（約翰・昆西・亞當斯），有志於白宮者，卻不在少數。下列四人可以爲證：約翰・范布倫(John Van Buren)，范布倫之子；羅伯・托德・林肯(Robert Todd Lincoln)，林肯之子；羅伯・A；塔虎特(Robert A. Taft)，塔虎特之子；詹姆斯・羅斯福(James Rooseuelt)，佛蘭克林・D・羅斯福之子。

21. 四位總統之子任過內閣職位：林肯之子羅伯・杜德・林肯，任賈飛德及亞瑟的陸軍部長；賈飛德之子詹姆斯・R・賈飛德(James R. Garfield)，任狄奧多・羅斯福的內政部長；胡佛之子小赫伯特・胡佛(Herbert Hoover, Jr.)，任艾森豪的副國務卿；佛蘭克林・D・羅斯福之子小佛蘭克林・D・羅斯福(Franklin D. Roosevelt, Jr.)，任甘迺迪及詹森的商務部副部長。

五

1. 一年 12 個月中只有一個月尚無總統死亡：5 月。

2. 五位總統娶年齡長於自己的女子爲妻：華盛頓、費爾摩、本嘉明‧哈利生、哈定及尼克森。

3. 五位總統在職期間有喪明之痛：約翰‧亞當斯、哲斐遜、林肯、柯立芝及甘迺迪。

4. 五位總統曾出使英國：約翰‧亞當斯，1785-88 年；孟羅，1803-07 年；約翰‧昆西‧亞當斯，1815-17 年；范布倫，1831-32 年（惟參議院由於政治原因拒絕同意）；及布坎南，1853-56 年。布坎南爲駐大不列顛大使，其餘爲駐英公使。

5. 五位總統哈佛大學畢業：約翰‧亞當斯，1755 年；約翰‧昆西‧亞當斯，1787 年；狄奧多‧羅斯福，1880 年；佛蘭克林‧D‧羅斯福，1904 年；及甘迺迪，1940 年。又海斯曾畢業於哈佛法學院。

6. 五位總統用金錢取得土地：哲斐遜，路易西安那購買案(the Louisiana Purchase)，15,000,000 美元，1803 年，購自法國；孟羅，佛羅里達，5,000,000 美元，1819 年，購自西班牙；皮爾斯，加茲敦購買案(the Gadsden Purchase)，10,000,000 美元，1853 年，購自墨西哥；約翰生，阿拉斯加，72,000,000 美元，1867 年，購自俄國；威爾遜，維爾京群島(Virgin Islands)，25,000,000 美元，1917 年，購自丹麥。

7. 未受或幾乎未受正規教育而自我學習的總統，五人：傑克遜、泰勒、費爾摩、林肯及約翰生。

8. 五位總統未發表就職演說：泰祿、費爾摩、約翰生、亞瑟及福特，均爲副總統繼任總統，未再當選，一任而止。

9. 林肯蓋茨堡演說的親筆手稿今天尚存有五份：這證明了當年他在從華府開往賓州火車旅途中在一個信封背面寫下這篇偉大演說稿的傳說，是虛構的。1863 年 11 月 19 日林肯在蓋茨堡軍人國家公墓(the Soldiers' National Cemetery)獻禮上所發表的一篇演說稿，現懸掛在白宮林肯室。

10. 五位總統未爲其政黨提名競選連任：泰祿、費爾摩、皮爾斯、約翰生及亞瑟。皮爾斯係自行當選，其餘均因總統在職病故或遇刺死亡而繼任總統職位。

11. 新總統就職時，前任總統仍健在者，多達五人，其事只有過兩次：1861 年 3 月 4 日林肯就職時，范布倫、泰祿、費爾摩、皮爾斯及布坎南等五人均健在；1993 年 1 月 20 日柯林頓就職時，尼克森、福特、卡特、雷根及布希等五人亦仍健在。

12. 總統的姓氏以 H 開始者，為最多，五人：哈利生（二人）、海斯、哈定及胡佛。

13. 五位總統曾改名：格蘭特原名海拉姆‧尤里西斯(Hiram Ulysses)，改為尤里西斯‧辛普森(Ulysses Simpson)；克利夫蘭原名史蒂芬‧格羅佛(Stephen Grover)，省去史蒂芬(Stephen)；威爾遜原名湯瑪斯‧伍佐(Thomas Woodrow)，省去湯瑪斯(Thomas)；柯立芝原名約翰‧卡爾文(John Calvin)，省去約翰(John)；艾森豪原名大衛‧德懷特(David Dwight)，將首名與中名對調。

14. 五位總統是左撇子：賈飛德、杜魯門、福特、布希及柯林頓。雷根一度是左撇子。

15. 十六位做過州長的總統中五位緊接州長而當選總統：海斯、克利夫蘭、威爾遜、佛蘭克林‧D.‧羅斯福及柯林頓。

16. 五位留鬍鬚的總統：林肯、格蘭特、海斯、賈飛德及本嘉明‧哈利生，都是共和黨籍總統。共和黨籍的塔虎脫及民主黨籍的克利夫蘭只上唇留髭(moustache)。

17. 二次大戰期間在海軍服役而任期銜接的總統，有五：甘迺迪、詹森、尼克森、福特及卡特。布希亦在海軍服役，惟其任期不相連。

18. 五位總統同時同地出現者，迄今只有過一次：1991 年 11 月 4 日隆拉德‧雷根總統圖書館在加州西米谷(Simi-Valley)落成典禮，尼克森、福特、卡特、雷根及布希一同參加，前四人為卸任總統。

美國總統趣譚

六

1. 六位總統娶寡婦爲妻: 華盛頓娶兩個孩子母親瑪莎・丹德理奇・寇蒂斯(Martha Dandridge Curtis), 哲斐遜娶瑪莎・韋勒斯・雪爾頓(Martha Wayles Shelton), 麥迪遜娶一個孩子母親桃莉・佩恩・托德(Dolley Payne Todd), 費爾摩第二次結婚（總統卸任後）娶凱洛琳・卡邁克・麥金托希(Caroline Carmichael McIntosh), 本嘉明・哈利生第二次結婚（總統卸任後）娶瑪麗・史考特・羅德・狄米克(Mary Scott Lord Dimmick), 威爾遜第二次結婚（在職期間）娶愛迪絲・波林・高爾特(Edith Bolling Galt)。

2. 六位總統硬幣上刻有他們的肖像: 華盛頓（二角五分銀幣）、哲斐遜（5分鎳幣）、林肯（1分銅幣）、佛蘭克林・D.・羅斯福（1角硬幣）、艾森豪（1元銀幣）、甘迺迪（半圓銀幣）。獨立150週年紀念半圓銀幣刻有柯立芝的肖像。

3. 六位總統未生育子女: 華盛頓、麥迪遜、傑克遜、波克、布坎南（終生未娶）及哈定（哈定育有一名非婚生女兒）。

4. 六位總統曾任國務卿: 哲斐遜（總統華盛頓）、麥迪遜（總統哲斐遜）、孟羅（總統麥迪遜）、約翰・昆西・亞當斯（總統孟羅）、范布倫（總統傑克遜）及布坎南（總統波克），均爲早期，19世中葉後已無此情形。

5. 名叫詹姆斯(James)的總統， 有六:詹姆斯・麥迪遜、詹姆斯・孟羅、詹姆斯・布坎南、詹姆斯・A.・賈飛德、詹姆斯・K.・波克及詹姆斯（吉米）・卡特。

6. 出生於小木屋(log cabin)的總統， 有六:傑克遜、費爾摩、皮爾斯、布坎南、林肯及賈飛德。

7. 六位總統結過兩次婚: 泰祿、費爾摩、本嘉明・哈利生、狄奧多・羅斯福、威爾遜及雷根。

七

1. 七位總統與其父同名：約翰・亞當斯、詹姆斯・麥迪遜、安德魯・傑克遜、約翰・泰祿、詹姆斯・布坎南、威廉・麥金利及狄奧多・羅斯福。第2、5、6、7四位總統父親姓名後加"Sr."（老），以區別父子。

2. 任過大學校長的總統，七人：哲斐遜、麥迪遜、泰祿（以上三人總統卸任後）、費爾摩、賈飛德、威爾遜及艾森豪（以上四人任總統前）。

3. 七位總統以其母姓爲中名：詹姆斯・諾克斯・波克(James *Knox* Polk)、湯瑪斯・伍佐・威爾遜(Thomas *Woodrow* Wilson)、佛蘭克林・狄拉諾・羅斯福(Franklin *Delano* Roosevelt)、約翰・費茲吉拉德・甘迺迪(John *Fitzerald* Kennedy)、林敦・鮑納斯・詹森(Lyndon *Baines* Johnson)、理查・米霍斯・尼克森(Richard *Milhous* Nixon)及隆拉德・威爾遜・雷根(Ronald *Wilson* Reagan)。

4. 七位總統曾在內戰期間服役：約翰生，田納西軍事長官，官階准將；格蘭特，由准將升至上將，總司令；海斯，官至少將；賈飛德，官至少將；亞瑟，紐約兵站總監，少將；本嘉明・哈利生，官至准將；及麥金利，官至少校。

5. 七位總統出生在俄亥俄州：格蘭特、海斯、賈飛德、本嘉明・哈利生、麥金利、塔虎脫及哈定。

6. 七位總統曾在二次大戰期間服役：艾森豪，盟國北非遠征軍總司令及歐洲盟軍統帥；甘迺迪，海軍；詹森，海軍；尼克森，海軍；福特，海軍；雷根，陸軍航空隊；及布希，海軍飛行軍官。其中雷根未參加戰鬥。

7. 七位副總統在職死亡：喬治・柯林頓（總統哲斐遜及麥迪遜）、艾爾布里奇・蓋瑞（總統麥迪遜）、威廉・R.・金恩（總統皮爾斯）、亨利‧威爾遜（總統格蘭特）、湯瑪斯‧A．亨德里克斯(Thomas A. Hendricks)（總統克利夫蘭）、蓋瑞特‧A．霍巴特(Garrett A. Hobart)（總統麥金利）及詹姆斯‧S．雪曼(James S. Sherman)（總統塔虎脫）。

八

1. 八位總統生而為英國臣民，惟在聯邦憲法採行時均成為美國公民：華盛頓、約翰‧亞當斯、哲斐遜、麥迪遜、孟羅、約翰‧昆西‧亞當斯、傑克遜及威廉‧H．哈利生。

2. 維吉尼亞有「總統之母」(the "Mother of the Presidents")之稱，因為出生在那的總統比任何其他州為多——八人：華盛頓、哲斐遜、麥迪遜、孟羅、威廉‧H．哈利生、泰祿、泰勒及威爾遜。

3. 八位總統曾出任使節：約翰‧亞當斯，駐法特派員、駐荷及駐英公使；哲斐遜，駐法公使；孟羅，駐法及駐英公使；約翰‧昆西‧亞當斯，駐荷、駐普、駐俄及駐英公使；范布倫，駐英公使；威廉‧H‧哈利生，駐哥倫比亞公使；布坎南，駐俄公使及駐大不列顛大使；布希，駐聯合國大使及駐北京聯絡處主任。

4. 八位總統死於任內，其中在職病死者，四人：威廉‧H．哈利生、泰勒、哈定及佛蘭克林‧D．羅斯福；遇刺身亡者，四人：林肯、賈飛德、麥金利及甘迺迪。

5. 八位總統的妻子不是第一夫人——丈夫任總統時，已經去世或已經仳離或尚未與之結婚，或結婚時丈夫已不是總統：瑪莎‧哲斐遜(Martha Jefferson)、雷恰爾‧傑克遜(Rachel Jackson)、漢娜‧范布倫(Hannah Van Buren)、凱洛琳‧費爾摩(Caroline Fillmore)、愛倫‧亞瑟(Ellen Arthur)、瑪麗‧哈利生(Mary Harrison)、愛麗絲‧羅斯福(Alice Roosevelt)、及珍‧惠曼（雷根第一任妻子）。

6. 副總統出生紐約的最多——八人：喬治・柯林頓、丹尼爾・D.・湯浦金茲、馬丁・范布倫、米拉德・費爾摩、斯凱勒・柯法斯(Schuyler Colfax)、威廉・A.・惠勒(William A. Wheeler)、狄奧多・羅斯福，及詹姆斯・雪曼(James Sherman)。

7. 總統與副總統的任次並不一致，因為有些總統並無副總統，有些總統卻不止一位副總統，另有些總統共同一位副總統。**有一位第八任副總統而又當選第八任總統：范布倫。**

九

1. 九位總統蓄有奴隸：華盛頓、哲斐遜、麥迪遜、孟羅、傑克遜、泰祿、波克、泰勒及約翰生。

2. 九位總統紙幣正面印有其肖像：華盛頓（1 元紙幣）、哲斐遜（2 元紙幣，舊版，背面蒙地舍盧，1966 年停止發行；新版，背面〈獨立宣言〉簽字，1976 年發行）、林肯（5 元紙幣）、傑克遜（20 元紙幣，新版 1998 年發行）、格蘭特（50 元紙幣，新版 1997 年發行）、麥金利（500 元紙幣，面值 500 及其以上的紙幣 1969 年停止發行）、克利夫蘭（1,000 紙幣）、麥迪遜（5,000 元紙幣）及威爾遜（100,000 元紙幣，限於聯邦體系與財政部的交易）。另有三位非總統紙幣正面印有其肖像：第一任財政部長亞歷山大・漢彌頓(Alexander Hamilton)（10 元紙幣）、建國先賢、發明家本嘉明・佛蘭克林（100 元紙幣，新版 1996 年發行），及內戰期間財政部長賽爾蒙・F.・蔡司(Salmon F. Chase)（10,000 元紙幣）。

3. 未上過大學的總統，九人：華盛頓、傑克遜、范布倫、泰勒、費爾摩、林肯、約翰生、克利夫蘭及杜魯門。孟羅上過威廉及瑪利學院，未畢業。

4. 閣員而當選總統者，九人：哲斐遜，1789-94 年華盛頓的國務卿；麥迪遜，1801-09 年哲斐遜的國務卿；孟羅，1811-17 年麥迪遜的國務卿；約翰・昆西・亞當斯，1817-25 年孟羅的國務卿；范布倫，1829-31 年傑克遜的國務卿；布坎南，1845-49 年波克的國務卿；格蘭特，1867-68 年約翰生的陸軍部長；塔虎脫，1904-08 年狄奧多・羅斯福的陸軍部長；及胡佛，1925-28 年哈定的商務部長。

5. 自從 1865 年國會圓形大廳建造靈臺以來，總統死後停靈該處供人瞻仰者，九人：林肯（1865 年）、賈飛德（1881 年）、麥金利（1901 年）、甘迺迪（1963 年）（以上四人在職遇刺身亡）、哈定（1923 年）、塔虎脫（1930 年）、胡佛（1964 年）、艾森豪（1969 年）及詹森（1973 年）（以上五人病故，哈定在職病故）。

6. 副總統遇總統缺位而繼任總統者，九人：泰祿、費爾摩、柯立芝、杜魯門（以上四人因總統在職病故而繼任）、約翰生、亞瑟、狄奧多・羅斯福、詹森（以上四人因總統在職遇刺身亡而繼任）及福特（因總統辭職而繼任）。

十

1. 以華盛頓命名的大學十所：George Washington University（哥倫比亞特區）、Washington College（馬里蘭州）、Washington University in Saint Louis（密蘇里州）、Washington and Jefferson College（賓州）、Washington and Lee University（維吉尼亞州）、Central Washington University、Eastern Washington University、University of Washington、Washington State University 和 Western Washington University（以上五所在華盛頓州）。

2. 十位總統競選連任失敗：約翰・亞當斯，1800 年大選；

約翰・昆西・亞當斯，1828 年；范布倫，1840 年；克利夫蘭，1888 年；本嘉明・哈利生，1892 年；塔虎脫，1912 年；胡佛，1932 年；福特，1976 年；卡特，1980 年；布希，1992 年。

3. 總統就職時年逾 60 者，十人：約翰・亞當斯、傑克遜、威廉・H.・哈利生、泰勒、布坎南、杜魯門、艾森豪、福特、雷根及布希。

4. 任職未滿一任的總統十人：威兼・ H.・哈利生，在職病死；泰祿，任完哈利生的任期；泰勒，在職病死；費爾摩，任完泰勒的任期；約翰生，任完林肯的任期；賈飛德，遇刺身亡；亞瑟，任完賈飛德的任期；哈定，在職病死；甘迺迪，遇刺身亡；福特，任完尼克森的任期。

5. 泰祿原是第 10 任副總統，總統（威廉・H.・哈利生）在職死亡，繼任為第 10 任總統，是僅有的巧合。

6. 十位副總統當選第二任期：約翰・亞當斯、喬治・柯林頓（在職死亡）、丹尼爾・D.・湯浦金茲、約翰・C.・卡爾洪（辭職）、湯瑪斯・R.・馬歇爾、約翰・N.・伽納(John N. Garner)、理查・M.・尼克森、斯派羅・T.・安格紐（因案辭職）、喬治・布希及亞伯特・高爾(Albeert Gore, Jr.)。

7. 美國有不少大山以總統之姓命名，下列十座為大家所熟知：Mount Washington，Mount Adams，Mount Jefferson，Mount Madison and Mount Lincoln，都在新罕布夏州；Mount Jefferson，在俄勒岡州；Mount Lincoln, 在科羅拉多州；Grant Mountain Range，在內華達州；Mount McKinley and Mount Kennedy，都在阿拉斯加州。

十一

1. 1789 年華盛頓當選總統時，美利堅合眾國只有十一州，而非十三州，原因是北卡羅來納及羅德島，尚未批准聯邦憲法。北卡羅來納 6 個月後批准憲法，而羅德島 1 年後才加入聯邦。

2. 總統所屬教派以聖公會(Episcopalian Church)為最多，十一人：華盛頓、麥迪遜、孟羅、威廉・H・哈利生、泰祿、泰勒、皮爾斯、亞瑟、佛蘭克林・D・羅斯福、福特及布希。

3. 系譜學者發現佛蘭克林・D・羅斯福與華盛頓、約翰・亞當斯、麥迪遜、約翰・昆西・亞當斯、范布倫、威廉・H・哈利生、泰勒、格蘭特、本嘉明・哈利生、狄奧多・羅斯福，及塔虎脫等十一位前總統有親屬關係，其中 5 人為血親，6 人為姻親。

4. 自 1940 年 7 月 4 日佛蘭克林・D・羅斯福總統圖書館及博物館開放，迄 1997 年 11 月 6 日喬治・布希總統圖書館及博物館開幕，先後有 11 座總統圖書館成立，其設立地點及落成年份依總統任職順序為：赫伯特・胡佛總統圖書館，愛阿華州西布倫區(West Branch)，1962 年；佛蘭克林・D・羅斯福總統圖書館及博物館，紐約州海德公園(Hyde Park)，1940 年；哈利・S・杜魯門總統圖書館及博物館，密蘇里州獨立城(Independence)，1957 年；德懷特・D・艾森豪總統圖書館，堪薩斯州亞比倫(Abilene)，1962 年；約翰・F・甘迺迪總統圖書館，麻州波士頓，1979 年；林敦・B・詹森總統圖書館，德州奧斯汀(Austin)，1971 年；理查・M・尼克森總統圖書館，加州約巴林達(Yorba Linda)，1990 年；吉拉德・R・福特總統圖書館，密西根州安阿堡(Ann Arbor)；1981 年；吉米・卡特總統圖書館，喬治亞州亞特蘭大(Atlanta)，1986 年；隆拉德・雷根總統圖書館，加州西米谷(Semi-Valley)，1991 年；喬治・布希總統圖書館及博物館，德州大學城(College Station)，1997 年。以上各圖書館除尼克森總統圖書館外，依 1955 年〈總統圖書館法〉(the Presidential Libraries Act)均由國家檔案處管理並維持其運作。尼克森總統圖書館由私人機構管理，只收藏尼克森的私人文件及資料，其白宮文件及資料均存放國家檔案處內。

十二

1. 任滿兩任或兩任以上的總統十二人：華盛頓、哲斐遜、麥迪遜、孟羅、傑克遜、格蘭特、克利夫蘭、威爾遜、佛蘭克林・D.・羅斯福、艾森豪、雷根及柯林頓。

2. 軍人出身的總統雖只有 4 人，而服兵役至將官者，則有十二人：華盛頓（革命戰爭大陸軍總司令，陸軍上將，1978 年 3 月 15 日國會追贈合衆國三軍元帥〔General of the Armies of the United States〕）、傑克遜（1812 年戰爭任少將，第一次塞美奴戰爭〔the First Semiloe War〕美軍司令官）、威廉・ H.・哈利生（1811-12 年西北地方美軍司令官，1812 年戰爭任少將）、泰勒（第二次塞美奴戰爭任准將，墨西哥戰爭任少將）、皮爾斯（墨西哥戰爭任准將）、約翰生（內戰期間田納西州軍事長官，官階准將）、格蘭特（內戰由上校升至中將，北美總司令，內戰結束後 1866 年升上將）、海斯（內戰期間任少將）、賈飛德（內戰期間任少將）、亞瑟（內戰期間紐約州兵站總監，准將）、本嘉明・哈利生（內戰期間准將）、艾森豪（二次大戰由少將而中將而上將，北非英美聯軍總司令、歐洲聯軍統帥，1944 年晉五星上將）。

十三

1. 星條旗(the Stars and Strippes)上的星代表州，隨州數的增加而增加；條紋代表獨立時原有 13 州，數目固定，但非一直未變。當佛蒙特及肯塔基於 1791 年及 1792 年相繼成爲第 14 及第 15 州、加入聯邦時，國會於 1794 年 1 月 13 日決定從次年 5 月 1

日起，國旗上各增加一顆星及一條條紋，以代表該二州。華盛頓時代另有田納西建州，加入聯邦，華盛頓做過 13 州、14 州、15 州、16 州合衆國的總統。哲斐遜及麥迪遜時代分別另有一州及兩州加入，到了 1818 年又有五州相繼加入，國會不願條紋過於擁擠，乃於 4 月 4 日決議每一新州加入，但增加一顆星，而不增加條紋，並恢復原有 13 條條紋。

2. 自傑克遜於 1828 年競選勝利以來，民主黨提名當選的總統十三人：傑克遜、范布倫、波克、皮爾斯、布坎南、克利夫蘭、威爾遜、佛蘭克林·D.·羅斯福、杜魯門、甘迺迪、詹森、卡特及柯林頓。

3. 威爾遜常於月之 13 日發布文告，視 13 為吉祥、幸運的數字。

十四

1. 聯邦憲法明定在合衆國境內居住未滿十四年者，不得當選為總統。

2. 當選而普選票(popular votes)未過半數的總統，稱為「少數總統」("minority presidents")，迄今十四人：約翰·亞當斯(1824，31.9 ％)、波克(1844，49.6 ％)、泰勒(1848，47.4 ％)、布坎南(1856，45.0 ％)、林肯(1860，39.9 ％)、海斯(1876，48.5 ％)、賈飛德(1880，48.4 ％)、克利夫蘭(1884，48.7 ％;1892，46.1 ％)、本嘉明·哈利生(1888，47.8 ％)、威爾遜(1912，42.5 ％；1916，49.3 ％)、杜魯門(1948，49.7 ％)、甘迺迪(1960，49.7 ％)、尼克森(1968，43.4 ％)、及柯林頓(1992，43.2 ％；1996，49.9 ％)。

3. 45 位副總統繼任或當選總統者，十四人：約翰·亞當斯（當選）、哲斐遜（當選）、范布倫（當選）、泰祿（繼任）、費爾摩（繼任）、約翰生（繼任）、亞瑟（繼任）、狄奧多·羅斯福（繼任並當選）、柯立芝（繼任並當選）、杜魯門（繼任並當選）、詹森（繼任並當選）、尼克森（當選）、福特（繼任）及布希（當選）。

4. 美國參加一次大戰後，威爾遜於 1918 年 1 月 8 日發表十四條(the Fourteen Points)，作為戰後建立世界和平的基礎。

十六

總統做過州長者，十六人：哲斐遜，維吉尼亞州；孟羅，維吉尼亞州；范布倫，紐約州；泰祿，維吉尼亞州；波克，田納西州；約翰生，田納西州；海斯，俄亥俄州；克利夫蘭，紐約州；麥金利，俄亥俄州；狄奧多‧羅斯福，紐約州；威爾遜，新澤西州；柯立芝，麻薩諸塞州；佛蘭克林‧D‧羅斯福，紐約州；卡特，喬治亞州；雷根，加利福尼亞州；柯林頓，阿肯色州。

十八

共和黨自 1854 年成立，林肯於 1860 年當選以來，迄今共推出十八位總統：林肯、約翰生、格蘭特、海斯、賈飛德、亞瑟、本嘉明‧哈利生、麥金利、狄奧多‧羅斯福、塔虎脫、哈定、柯立芝、胡佛、艾森豪、尼克森、福特、雷根及布希。約翰生原屬民主黨，1864 年與林肯搭檔競選，1865 年繼林肯為總統，常列為共和黨副總統及總統，惟他自認聯合黨(the Union Party)。聯合黨分裂後，又回到民主黨。

二十

威爾遜就職後，1913 年 4 月 8 日出席國會兩院聯席會議致詞，不僅爲1825年約翰・昆西・亞當斯以來總統親自向國會發表演說的第一次，其任內20次出席國會致詞的紀錄迄今亦尚未被打破。

二十三

一任而止或一任未滿的總統二十三人：約翰・亞當斯、約翰・昆西・亞當斯、范布倫、威廉・ H.・哈利生（在職病故）、泰祿、波克、泰勒（在職病故）、費爾摩、皮爾斯、布坎南、約翰生、海斯、賈飛德（遇刺身亡）、亞瑟、本嘉明・哈利生、麥金利（遇刺身亡）、塔虎脫、哈定（在職病故）、胡佛、甘迺迪（遇刺身亡）、福特、卡特及布希。

二十四

1. 曾任或再任國會議員的總統二十四人，任總統前選入國會者二十二人，卸任後選入者二人（約翰・昆西・亞當斯選入眾議院，約翰生再選入參議院）：麥迪遜，眾，1789-97。孟羅，參，1790-94。約翰・昆西・亞當斯，參，1803-08；眾，1831-48。傑克遜，眾，1796-97；參，1797-98、1823-25。范布倫，參，1821-29。威廉・ H.・哈利生，眾，1816-19；參，1825-28。泰祿，眾，1816-21；參，1827-36；邦聯國會，1861-62。波克，眾，1825-39（議長，1835-39）。費爾摩，眾，1833-35、1837-45、皮爾斯，眾，1833-37；參，1837-42。布坎南，眾，1821-31；參，1834-45。林肯，眾，1847-49。約翰生，眾，1843-53；參，1857-62、1875。海斯，眾，1866-67。賈飛德，眾，1863-80；參，1880。本嘉明・哈利生，參，1881-87。麥金利，眾，1877-83、1885-91。哈定，參，1915-21。杜魯門，參，1935-45。甘迺迪，眾，1947-53；參，

1953-61。詹森，衆，1937-49；參，1949-61。尼克森，衆，1947-51；參，1951-53。福特，衆，1949-73（少數黨領袖1965-73）。布希，衆，1967-71。

2. *曾執業律師的總統二十四人*：約翰・亞當斯、哲斐遜、孟羅、約翰・昆西・亞當斯、傑克遜、范布倫、泰祿、波克、費爾摩、皮爾斯、布坎南、林肯、海斯、亞瑟、克利夫蘭、本嘉明・哈利生、麥金利、塔虎脫、威爾遜（總統卸任後）、柯立芝、佛蘭克林・D.・羅斯福、尼克森、福特及柯林頓。

3. *共和黨連續執政的最長期間二十四年*，1861-85，六位總統相繼執政：林肯、約翰生、格蘭特、海斯、賈飛德及亞瑟。

二十八

民主共和黨(the Democratic-Republican Party)連續執政二十八年，1801-29年，迄今尚無其他政黨超過。四位總統相繼入主白宮：哲斐遜、麥迪遜、孟羅及約翰・昆西・亞當斯。

三十五

聯邦憲法明定年齡未滿三十五歲者，不得當選爲總統。

四十五

自約翰・亞當斯迄亞伯特・A.・高爾四十五位副總統，其中滿兩任者，7人；一任而止者，19人；總統缺位，繼任總統者，9人；在職死亡者，7人；辭職者，2人；未經選舉，依憲法修正案第25條任命者，2人。其中福特既係任命的副總統，又曾繼任總統，故統計數字多出1人。另假定高爾任滿兩任。

五十

1. 阿拉斯加及夏威夷兩個非毗連的州於 1959 年相繼加入聯邦，美國成為 50 州的合眾國，艾森豪是第一位 50 州合眾國的總統。

2. 50 州中只有 1 州以總統命名：華盛頓州。

一〇三

1924 年民主黨全國代表大會投了一〇三次票，始提名約翰‧W.‧戴維思(John W. Davis)為總統候選人，大選中仍敗於共和黨的柯立芝。

一八六

美國有一八六個郡以總統命名，多為早期總統，其中以華盛頓命名者最多，計三十一郡；次為哲斐遜及林肯，各二十五郡；再次為傑克遜，二十三郡；孟羅及麥迪遜，分別為十七郡及十九郡。

五〇〇

自從美國國會兩院議員人數超過 500 人以來，1912 年迄 1996 年 84 年間 22 次總統大選中候選人獲得選舉人票超過 500 者，只有 3 次：1936 年佛蘭克林‧D.‧羅斯福，523 票；1972 年尼克森，520 票；1984 年雷根，525 票。

主要參考書目

Boller, Paul E. (Jr.). *Presidential Anecdotes*. New York: Penguin Books, 1987.

——*Presidential Campaigns*. New York: Oxford University Press, 1985.

Brallier, Jess & Chabert, Sally. *Presidential Wit and Wisdom*. New York: Penguin Books, 1996.

Davis, Kenneth C. *Don't Know Much About History*. New York: Avon Books, 1990.

Degreggrio, William A. *The Complete Book of U.S .Presidents*. New York: Wing Books, 1997.

Phillips, Louis. *Ask Me Anythihg About the Presidents*. New york: Avon Books, 1994.

Ross, Shelly. *Fall From Grace: Sex, Scandal, and Corruption in American History*. New York: Ballantine Books, 1988.

Schlesinger, Arthur M. (Jr.). *The Almanac of American History*. New York: Barnes & Noble Books, 1993.

Shenkman, Richard. *Legends, Lies & Cherished Myths of American History*. New York: Harper & Row Publishers, Inc., 1988.

——& Reiger, Kurt. *One-Night Stands with American History*. New York: Quill, 1982.

Shields-West, Eileen & MacNelly, Jeff. *The World Almanac of Presidential Campaigns*. New York: World Almanac, 1992.

Stewart, James, B. *Blood Sport: The President and His Adversaries.*
　　New York: Simon & Schuster, 1996.

Worth, Fred L. *The Presidential Quiz.* New York: Bell Publishing
　　Company, 1989.

美
國
總
統
趣
譚

附錄一
美國歷任總統

	姓名及政黨[1]	任期	出生地	出生	死亡	就職年齡	死亡年齡
1	喬治・華盛頓(F)[2] (George Washington)	1789-1797	維吉尼亞	2/22/1732	12/14/1799	57	67
2	約翰・亞當斯(F) (John Adams)	1797-1801	麻薩諸塞	10/30/1735	7/4/1826	61	90
3	湯瑪斯・哲斐遜(DR) (Thomas Jefferson)	1801-1809	維吉尼亞	4/13/1743	7/4/1826	57	83
4	詹姆斯・麥迪遜(DR) (James Madison)	1809-1817	維吉尼亞	3/16/1751	6/28/1836	57	85
5	詹姆斯・孟羅(DR) (James Monroe)	1817-1825	維吉尼亞	4/28/1758	7/4/1831	58	73
6	約翰・昆西・亞當斯(DR) (John Quincy Adams)	1825/1829	麻薩諸塞	7/11/1767	2/23/1848	57	80
7	安德魯・傑克遜(D) (Andrew Jackson)	1829-1837	南卡羅來納	3/15/1767	6/8/1845	61	78
8	馬丁・范布倫(D) (Matin Van Buren)	1837/1841	紐約	12/5/1782	7/24/1862	54	79
9	威廉・亨利・哈利生(W)[3] (William Henry Harrison)	1841	維吉尼亞	2/9/1773	4/4/1841	68	68
10	約翰・泰祿(W) (John Tyler)	1841-1845	維吉尼亞	3/29/1790	1/18/1862	51	71
11	詹姆斯・K.・波克(D) (James K. Polk)	1845-1849	北卡羅來納	11/2/1795	6/15/1849	49	53

	姓名及政黨 [1]	任期	出生地	出生	死亡	就職年齡	死亡年齡
12	撒迦利・泰勒(W)[3] (Zachary Taylor)	1849-1850	維吉尼亞	11/24/1784	7/9/1850	64	65
13	米拉德・費爾摩(W) (Millard Fillmore)	1850-1853	紐約	1/7/1800	3/8/1874	50	74
14	佛蘭克林・皮爾斯(D) (Franklin Pierce)	1853-1857	新罕布夏	11/23/1804	10/8/1869	48	64
15	詹姆斯・布坎南(D) (James Buchanan)	1857-1861	賓夕凡尼亞	4/23/1791	6/1/1868	65	77
16	亞伯拉罕・林肯(R)[4] (Albraham Lincoln)	1861-1865	肯塔基	2/12/1809	4/15/1865	52	56
17	安德魯・約翰生(U)[5] (Andrew Johnson)	1865-1869	北卡羅來納	12/29/1808	7/31/1875	56	66
18	尤里西斯・S.・格蘭特(R) (Ulysses S. Grant)	1869-1877	俄亥俄	4/27/1822	7/23/1885	46	63
19	拉塞福・B.・海斯(R) (Rutherford B. Hayes)	1877-1881	俄亥俄	10/4/1822	1/17/1893	54	70
20	詹姆斯・A.・賈飛德(R)[4] (James A. Garfield)	1881	俄亥俄	11/19/1831	9/19/1881	49	49
21	契斯特・A.・亞瑟(R) (Chester A. Arthur)	1881-1885	佛蒙特	10/5/1830	11/18/1886	50	56
22	格羅佛・克利夫蘭(D) (Grover Cleveland)	1885-1889	新澤西	3/18/1837	6/24/1908	47	71
23	本嘉明・哈利生(R) (Benjamin Harrison)	1889-1893	俄亥俄	8/20/1833	3/13/1901	55	67
24	格羅佛・克利夫蘭(D)[6] (Grover Cleveland)	1893-1897	-	-	-	55	
25	威廉・麥金利(R)[4] (William McKinley)	1897-1901	俄亥俄	1/29/1843	9/14/1901	54	58

	姓名及政黨[1]	任期	出生地	出生	死亡	就職年齡	死亡年齡
26	狄奧多・羅斯福(R) (Theodore Roosevelt)	1901-1909	紐約	10/27/1858	1/6/1919	42	60
27	威廉・H.・塔虎脫(R) (William H. Taft)	1909-1913	俄亥俄	9/15/1857	3/8/1930	51	72
28	伍佐・威爾遜(D) (Woodrow Wilson)	1913-1921	維吉尼亞	12/28/1856	2/3/1924	56	67
29	華倫・G.・哈定(R)[3] (Warren G. Harding)	1921-1923	俄亥俄	11/2/1865	8/2/1923	55	57
30	卡爾文・柯立芝(R) (Calvin Coolidge)	1923-1929	佛蒙特	7/4/1872	1/5/1933	51	60
31	赫伯特・胡佛(R) (Herbert Hoover)	1929-1933	愛阿華	8/10/1874	10/20/1964	54	90
32	佛蘭克林・D.・羅斯福(D)[3] (Franklin D. Roosevelt)	1933-1945	紐約	1/30/1882	4/12/1945	51	63
33	哈利・S・杜魯門(D) (Harry S Truman)	1945-1953	密蘇里	5/8/1884	12/26/1972	60	88
34	德懷特・D.・艾森豪(R) (Dwight D. Eisenhower)	1953-1961	德克薩斯	10/14/1890	3/28/1969	62	78
35	約翰・F.・甘迺迪(D)[4] (John F. Kennedy)	1961-1963	麻薩諸塞	5/29/1917	11/22/1963	43	46
36	林敦・B.・詹森(D) (Lyndon B. Johnson)	1963-1969	德克薩斯	8/27/1908	1/22/1973	55	64
37	理查・M.・尼克森(R)[7] (Richard M. Nixon)	1969-1974	加利福尼亞	1/9/1913	4/22/1994	56	81
38	吉拉德・R.・福特(R) (Gerald R. Ford)	1974-1977	內布拉斯加	7/14/1913	-	61	-
39	吉米・卡特(D) (Jimmy Carter)	1977-1981	喬治亞	10/1/1924	-	52	-

	姓名及政黨[1]	任期	出生地	出生	死亡	就職年齡	死亡年齡
40	隆拉德・雷根(R) (Ronald Reagan)	1981-1989	伊利諾	2/6/1911	-	69	-
41	喬治・布希(R) (George Bush)	1989-1993	麻薩諸塞	6/12/1924	-	64	-
42	威廉・J.・柯林頓(D) (William J. Clinton)	1993-	阿肯色	8/19/1946	-	46	-

1. F──Federalist（聯邦黨）；DR──Democratic-Republican（民主共和黨）；
   D──Democratic（民主黨）；W──Whig（輝格黨）；R──Republican（共
   和黨）；U──Union（聯合黨）。

2. 第一次大選無政黨。美國政黨體系出現於華盛頓第一任期間。

3. 在職病死。

4. 在職遇刺死亡。

5. 1864 年共和黨全國代表大會採用聯合黨的名稱，再提名林肯競選總統，提名原
   屬民主黨而支持林肯作戰政策的約翰生為副總統候選人。約翰生雖常列為共和
   黨副總統及總統，但他卻自認屬於聯合黨。1868 年該黨分裂，約翰生重回民主
   黨。

6. 第二個非連續任期。

7. 1974 年 8 月 9 日辭職。

美國總統趣譚

附錄二
美國少數總統得票數

大選年	總統	選舉人百分數	選民票百分數
1824	約翰・昆西・亞當斯(DR)	32.2	31.9
1844	詹姆斯・K.・波克(D)	61.8	49.6
1848	撒迦利・泰勒(W)	56.2	47.4
1856	詹姆斯・布坎南(D)	58.7	45.0
1860	亞伯拉罕・林肯(R)	59.4	39.9
1876	拉塞福・B.・海斯(R)	50.1	48.0
1880	詹姆斯・賈飛德(R)	57.9	48.4
1884	格羅佛・克利夫蘭(D)	54.6	48.7
1888	本嘉明・哈利生(R)	58.1	47.8
1892	格羅佛・克利夫蘭(D)	62.4	46.1
1912	伍佐・威爾遜(D)	81.9	42.5
1916	伍佐・威爾遜(D)	52.2	49.3
1948	哈利・S.・杜魯門(D)	57.1	49.5
1960	約翰・F.・甘迺迪(D)	56.4	49.7
1968	理查・M.・尼克森(R)	56.1	43.4
1992	威廉・J.・柯林頓(D)	68.8	43.2
1996	威廉・J.・柯林頓(D)	70.4	49.9

附錄三
美國總統奇特事蹟

一、總統週期

美國總統有兩個奇特的週期，一為二十年劫運週期(The 20-Year Curse Cycle)，另一為五十年醜聞週期(The 50-Year Scandal Cycle)。

二十年劫運週期：所謂二十年劫運週期，通稱為死亡週期，其意謂自 1840 年以來，每位第五個四年一度大選產生的總統，不在職病故，即遇刺死亡，未有終其任者。威廉‧H‧哈利生 1840 年當選，1841 年就職一個月病故。林肯 1860 年當選，1865 年第二任期內遇刺死亡。賈飛德 1880 年當選，1881 年在職第一年遇刺死亡。麥金利 1900 年當選連任，1901 年遇刺死亡。哈定 1920 年當選，1923 年中風猝死。佛蘭克林‧D‧羅斯福 1940 年第三度當選，1945 年第四任期內中風猝死。甘迺迪 1960 年當選，1963 年遇刺死亡。雷根 1980 年當選，1981 年遇刺受傷，為第一位、迄今唯一躲過一劫的總統。他受的槍傷至少和賈飛德一樣嚴重，但他很幸運，生長在醫藥比較發達的近代，遭受暗殺之處距近代緊急醫療中心只有數分鐘車程。

五十年醜聞週期：所謂五十年醜聞週期，指十九世紀中葉以後每五十年即發生一次重大醜聞，動搖總統職位。1870 年代初格蘭特受到投機客詹姆斯‧費斯克(James Fisk)及傑伊‧古爾德(Jay Gould)的「黃金陰謀」(the "gold conspiracy")傷害；國會議員及內閣閣員多人涉及興業公司(the Crédit Mobilier)弊案、威士忌酒貪污集團(Whiskey Ring)、貝爾奈普受賄事件(Belknap bribery)、欠稅貪污等多項醜聞。1920 年代初哈定死時，他的政府牽連到茶壺蓋(the Teapot Dome)和鹿角山(the Elk Hills)等石油保留地醜聞及其他多項不當行為隨即爆發。1970 年代初水門事件及其他醜聞毀了尼克森的總統職位。2020 年代初如何？屆時便知分曉。

二、總統類同

美國不少總統有許多類同之處，哲斐遜與尼克森是一例：二人第一次競選總統，均敗於來自麻州的世家，同叫約翰、同為哈佛畢業的人——約翰・亞當斯及約翰・F・甘迺迪；二人的副總統——艾倫・柏爾(Aaron Burr)及斯派羅・T・安格紐(Spiro T. Agnew)——均因為不太光榮的事件而去職；接替二人而當選的，同叫詹姆斯——詹姆斯・麥迪遜及詹姆斯（吉米）・卡特。賈飛德與麥金利又是一例：二人同為共和黨人，同生於俄亥俄州，同在內戰中服過役，同任過聯邦眾議員，同在任內遇刺，同死於9月，同由留有鬍鬚的副總統繼任，而繼任的契斯特・A・亞瑟(Chester Alan Arthur)及狄奧多・羅斯福(Theodore Roosevelt)的姓名同為 17個字母。兩位羅斯福的類同之處更多：同受教於家庭教師，同生於紐約（一為紐約市，一為紐約州），同畢業於哈佛大學，同就讀過哥倫比亞大學法學院，同服務過紐約州議會，同擔任過海軍部助理部長，同當選過紐約州長，同競選過副總統（佛蘭克林1920 年競選失敗），同以姓名首字母著稱（TR 及 FDR），同遇刺過（一在總統卸任後，受傷；一在總統當選後，逃過一劫），一次大戰期間同打算從軍（一為威爾遜拒絕，一為威爾遜勸阻），同為富有改革思想、深孚眾望的總統，同提出 deal 作為施政綱領（一為 the Square Deal，一為 the New Deal），同為荷蘭移民後裔，為宗親（第五代宗兄弟相隔一輩），又為姻親（佛蘭克林娶狄奧多的姪女），同在住處設有夏日白宮——在薩迦摩爾山(Sagamore Hill)，一在海德公園(Hyde Park)，同有 4 子參加過世界大戰。

　　然而最多最不可思議的則爲林肯與甘迺迪的類同：

　　1. 二人都是三十多歲（林肯 33，甘迺迪 36）結婚，娶二十多歲的女子爲妻（瑪利 23，賈桂琳 24）。

　　2. 二人均富於機智，不過甘迺迪的機智比較文雅(urbane)，林肯則比較通俗(folksy)，但二人同樣間或有弦外之音，貶抑自己。

　　3. 二人同樣討厭自以爲是、虛僞謙卑和嘮叨不休的人。

　　4. 二人同是著名的民權總統。

　　5. 二人同是星期五遭暗殺：一爲 1865 年 4 月 14 日，一爲 1963 年 11 月 22 日。

　　6. 二人同爲從身後被子彈射中頭部後腦而死。

　　7. 二人遇刺時，其夫人均在場，目擊慘案發生。

　　8. 暗殺林肯的約翰・威克斯・布斯(John Wilkes Booth)在戲院(Ford's Theatre)槍擊林肯後，逃到倉庫（煙草倉庫）；暗殺甘迺迪的李・哈威・歐斯華(Lee Harvey Oswald)從倉庫（教科書倉庫）槍擊甘迺迪後，逃到戲院(the Texas Theatre)。

　　9. 兩名刺客均在受審前遭槍擊斃命（一爲追兵所殺，亦可能自殺，一爲一夜總會老闆所殺）。

　　10. 暗殺林肯的兇手生於 1839 年，暗殺甘迺迪的兇手生於 1939 年，相去 100 年。二人的姓名同爲 15 個字母。

　　11. 林肯於 1846 年選入國會，甘迺迪 1946 年，相去 100 年。

　　12. 林肯於 1856 年尋求共和黨副總統提名，甘迺迪於 1956 年尋求民主黨副總統提名，均未成，二者相去 100 年。

　　13. 林肯於 1860 年以不及 50 ％選民票當選總統，甘迺迪於 1960 年以不及 50 ％選民票當選總統，相去 100 年。

　　14. 林肯與甘迺迪的副總統同姓 Johnson。林肯比其副總統安德魯・約翰生年輕，甘迺迪同樣比其副總統林敦・詹森年輕，兩位副座同爲南方人，同屬民主黨，一爲 1808 年生，一爲 1908 年生，相去 100 年。二人的姓名同爲 13 個字母。

15. 1860 年林肯的競選對手史蒂芬・ A.・道格拉斯(Stephen A. Douglas)1813 年生，1960 年甘迺迪的競選對手理查・ M.・尼克森 1913 年生，相去 100 年。

16. 林肯與甘迺迪的姓氏同爲 7 個字母，二人的姓名均爲 7 的倍數。

17. 林肯的秘書甘迺迪(Kennedy)曾勸告林肯不要去戲院，甘迺迪的秘書林肯(Lincoln)曾勸告甘迺迪不要去達拉斯。

18. 林肯在福特戲院遇刺，甘迺迪遇刺時乘坐福特汽車廠(Ford Motor Co.)製造的林肯牌汽車(Lincoln Continental)。

19. 林肯下葬後其子遷到喬治城(Georgetown)N 街，甘迺迪下葬後其子也遷到同一地址。

20. 林肯與甘迺迪的事蹟均拍成電影：《林肯傳》及《誰殺了甘迺迪》。

美國總統趣譚 / 朱建民著. －－初版. －－臺北
市：臺灣商務，1998 [民 87]
面 ； 公分
參考書目：面
ISBN 957－05－1524－4（平裝）

1. 總統－美國－傳記

785.22   87013410

美國總統趣譚

定價新臺幣 320 元

著 作 者　朱 建 民
責 任 編 輯　雷 成 敏
封 面 設 計　張士勇　謝富智
校 對 者　呂佳眞　陳寶鳳　許素華
發 行 人　郝 明 義
出 版 者　臺灣商務印書館股份有限公司
印 刷 所
　　　　臺北市重慶南路 1 段 37 號
　　　　電話：(02) 23116118 · 23115538
　　　　傳眞：(02) 23710274
　　　　郵政劃撥：0000165－1 號
　　　　出版事業：局版北市業字第 993 號
登 記 證

• 1998 年 12 月初版第一次印刷

ISBN　957－05－1524－4（平裝）   86224000

讀者回函卡

感謝您對本館的支持，為加強對您的服務，請填妥此卡，免付郵資寄回，可隨時收到本館最新出版訊息，及享受各種優惠。

姓名：＿＿＿＿＿＿＿＿＿＿＿＿＿＿＿　　性別：□男 □女

出生日期：＿＿＿年＿＿＿月＿＿＿日

職業：□學生　□公務（含軍警）　□家管　□服務　□金融　□製造
　　　□資訊　□大眾傳播　□自由業　□農漁牧　□退休　□其他

學歷：□高中以下（含高中）　□大專　□研究所（含以上）

地址：□□□＿＿＿＿＿＿＿＿＿＿＿＿＿＿＿＿＿＿＿＿＿
　　　＿＿＿＿＿＿＿＿＿＿＿＿＿＿＿＿＿＿＿＿＿＿＿＿＿

電話：（H）＿＿＿＿＿＿＿＿＿＿（O）＿＿＿＿＿＿＿＿＿＿

購買書名：＿＿＿＿＿＿＿＿＿＿＿＿＿＿＿＿＿＿＿＿＿＿

您從何處得知本書？
　　　□書店　□報紙廣告　□報紙專欄　□雜誌廣告　□DM廣告
　　　□傳單　□親友介紹　□電視廣播　□其他

您對本書的意見？（A/滿意 B/尚可 C/需改進）
　　　內容＿＿＿＿　　編輯＿＿＿＿　　校對＿＿＿＿　　翻譯＿＿＿＿
　　　封面設計＿＿＿＿　價格＿＿＿＿　其他＿＿＿＿＿＿＿＿＿

您的建議：＿＿＿＿＿＿＿＿＿＿＿＿＿＿＿＿＿＿＿＿＿＿
　　　＿＿＿＿＿＿＿＿＿＿＿＿＿＿＿＿＿＿＿＿＿＿＿＿＿
　　　＿＿＿＿＿＿＿＿＿＿＿＿＿＿＿＿＿＿＿＿＿＿＿＿＿

臺灣商務印書館

台北市重慶南路一段三十七號　電話：（02）23116118・23115538
讀者服務專線：080056196　傳真：（02）23710274
郵撥：0000165-1號　E-mail：cptw@ms12.hinet.net

100臺北市重慶南路一段37號

臺灣商務印書館 收

對摺寄回，謝謝！

傳統現代　並翼而翔

Flying with the wings of tradition and modernity.